# データ・マーケティング時代の
# ブランディング

今井秀之──◎ 著

創 成 社

# まえがき

　地方創生・活性化としてビッグデータやAIを活用した農産物が6次産業の素材としてよく取り扱われる。特に米，果物や牛肉など，国際競争の激化が加速し，より差別化された独自性を打ち出す為に，そのブランド数は非常に増えてきている。しかし，数多ある書籍や研究は，ブランド開発のみに終始し，結果としてマーケティング投資に見合う成果は期待通りにならず，中途半端な現実だけが残っているように思われる。

　重要なのは，新製品開発や新規ブランド開発ばかりに注力せず（上市することが目的），新製品発売後の既存ブランドをいかに育成するか（プロダクトライフサイクルを科学的に管理できるか）に，神経をより注入すべきなのである。なぜならば，ブランド数を自社の経営体力以上に増やすことは投資の分散と経営効率の低下を招き，最終的にはブランドが生活者の中に浸透しなくなってしまうからであり，新製品発売後のブランドの育成こそが，失敗の確率を減少させる最善の策であるからである。

　この書はブランド・ビルディングを成長段階（プロダクト・ライフサイクル）毎に把握し，どんな価値を高めるべきかを示唆し，実務に則したマーケティング施策を見出した書である。ブランド戦略を構築するためには，ブランドを通じ顧客への提案を行い，常に顧客を観察し，顧客から評価を得，その反響に耳を傾け，ブランド形成施策へフィードバックするブランドデータ・マネジメントシステムを構築しなければならない。このブランドマーケティングを実践していく為に，ブランドマネジメントをサイエンスとして捉え，ブランドデザイン（設計書）に加え，客観的な指標の導入によりブランド価値の評価，ブランドフォーメーションの見直し，マーケティング施策の修正などを可能とするマネジメントシステムを構築する。

　このマーケティング・マネジメント活動を概括すると次のようになる。ブランドマネジメント意思決定システムの目的としては，主要ブランド戦略の評価および方向付けの審議，ブランド価値最大化に向けたブランドマネジメントルールの運営・改廃が経営層の意思決定目的となる。ブランドマネジメントを行うにあたっては，（1）管理する経営資産としてのブランドの単位・範囲を定義したブランド設計書と（2）無形資産としてのブランド価値が顧客の中に，どの程度形成されたかを診断するブランド価値診断システムを両輪とする。

　そして計画と実績との間に誤差が生じているのであればマーケティング施策，ブランドフォーメーション，当初に設計したブランド・コンセプトや目標値などが修正可能な（3）PDCA運用サブシステムを構築しなければならない。更に，それらが①ブランド設計承認のためのサブシステム，②ブランド構築の為のマーケティング施策サブシステム，③ブランド価値見直しサブシステムを実行レベルで提案している。実例として，日用品市場における約500ブランドの分析結果とマーケティング戦略におけるプロダクト・ライフサイクルにおける各ステージを同定させる指標を示唆し，本来実務化が行うべきマーケティング・アクションを，そのブランド戦略からシステマチックに構築されたマーケティング・サイエンス・モデルとして提案している。つまり，実務での失敗の確率を減少させるツールとして提案している。

　この様に，ブランド・コンセプト開発〜育成〜再生までを一気通貫で扱った数少ない書ではないかと認識している。ブランドを成功させるか，打ち上げ花火で終わらせ失敗に終わるかは，情報が氾濫している現代だからこそ，上市後の育成シナリオが非常に重要である。なぜならば，ブランドは生きている「生モノ」であり，マーケティングは実践的学問であるからである。実践的だからこそ，このような失敗の確率を減少させるツールとしての説明・解説書が必要ではないかと考える。その為に必要な理論と実践的アクションを解説したこの書が，日々頭を悩ませている実務家の業務に役立つ1つの処方箋となれば幸いである。

　2020年4月

今井秀之

# 目　次

# 第 1 章　序　論（本書における目的と問題意識）

## 1. 背景と目的

　先行きの見えない時代にモノを売ろうとするとき,「一体,自社は何を売っているのか」という原点に戻って見直す必要があるのではないだろうか。マーケティング分野における製品開発視点から,顧客が求めているものはニーズを充足する為の商品機能であり,便益（ベネフィット）であるという考え方が主流をなしてきた。しかし,コロンビア大学のバーンド・H・シュミットは,実際の顧客の価値判断や購買意思決定は,ニーズを充足できれば良いという単純なものではなく,多くの商品の使用経験や多面的情報収集から,商品やサービスへの経験価値（感覚的価値や情緒的価値,さらには準拠集団への帰属的価値など）が大きな購入への意思決定要素として捉えなければならない時代であると主張している[1]。

　従って,より一層モノからの発想だけではなく使用者・生活者の使用場面や感性からの発想が大事になり,顧客価値の創造により顧客満足を目指し,商品とともに過ごす時間やそれが作り出す空間（つまり「場」）までを商品価値としてデザインし,顧客の新鮮な驚きと感動をもって支持される「ブランド」を提供することが,今後のモノづくりのメーカーにとって最も基本的な企業価値の源泉となるのではないかと考えている。従来型のマーケティング・マネジメントでもその出発点は,顧客主義であり,ユーザー満足であり,ユーザー欲求であった。しかし,そのマネジメントシステムにおける目的や目標は予算であったり売上,利益,シェアであったりと,マーケティング目標までもが販売目標に大きく重点が置かれたシステム構築がなされている。

　物が売れない時代こそ,本来のマーケティング発想,顧客第一主義を忠実に

反映した，ブランドを中心にしたマネジメントシステムを構築することが必要なのではないだろうか。なぜならば，購買決定の最終的な手掛かりとして想起・再生されるものは最終的にはブランドであり，そのブランドの価値を記憶に残し，蓄積することができるのは，唯一消費者本人だからである[2]。つまり，現代のマーケティング・マネジメントは，ブランド価値を中心としたマネジメントシステムへと再構築しなければならないというのが本書の着眼点である。その際，マーケティング・サイエンス，消費者行動論，人間工学，感性工学やシステム工学などを学際的，多角的視点から統合的にデータ収集し，マーケティング・アプローチ視点からまとめることとした。

## 2．ユーザー要求の変化とマーケティング

顧客が商品・サービスのどこに価値を見出し，購入し，利用するのかという問題については歴史的に変化してきている。マーケティング活動も顧客が何を必要としているかを把握し，それをどのように満たすか，という点にフォーカスされていた。しかし，実際の顧客の価値判断や購買意思決定は，ニーズを充足できればよい，というような単純なものではなく，使用時の感覚，情緒など，種々の要因に左右される部分が大きいと考えられるようになってきた[3]。その結果，商品の使用場面，保管場所やその時の感覚・感情，感性などを考えた外観，デザイン，高級感の演出などにも大きな注意が払われるようになってきたのである[4]。

一方，ユーザーの製品に対する要求についても，従来からの品質・性能といった基本的価値に加えて，デザインなどの感性価値についても高まっている[5]。製品のテクノロジーが初期の頃は，競争の中心は性能であるが，製品の性能の供給過剰（テクノロジーが成熟）が発生すると，製品市場の競争基盤は信頼性，利便性，価格へと移ると言われている[6]。まさにこの状況は，市場が成熟していく段階にみられるものであり，製品はその性能だけでは差別化が難しく，別の手段が必要になる[7]。さらに，近年の日本の国民生活に関する傾向として，

物の豊かさを重視する割合は減少し，心の豊かさを重視する割合が上昇していることが報告[8]されている。

このような背景の中で性能中心とされてきた家庭電化製品でも，製品の「かんたん，やさしい」などということを超えて，「使って楽しい」と感じられる要素も重要とすべき状況になってきている[9]。すでに，モノの視点である「性能品質」に加えて，ヒトの視点に立った「魅力品質」の実現も重要視されてきている[10]。このように，様々な分野でユーザーに感動や魅力を与える，あるいは感性を感じさせる製品やサービスの開発手法も提案・実践されてきている[11]。メーカーは，製品開発プロセスの中で，製品の進化とともに変化するユーザー要求を的確に捉え，製品性能や，品質向上の取組みに加えて，ユーザーにとっての魅力要素を効果的・効率的に特定し，製品開発に反映していく取組みが必要であろう。

これらのユーザーニーズや要求の潮流を捉えて経験価値マーケティングとてB. J. パインは，『経験価値マーケティング』という著の中で，「経験というものは原材料，製品，サービスという，それぞれの商品（販売可能な価値）に続く，第4の価値として捉えるべきである」[12]と述べている。経験価値にはSENSE（感覚的価値），FEEL（情緒的価値），THINK（創造的・認知的価値），ACT（肉体的・ライフスタイルに関わる価値），RELATE（準拠集団への帰属的価値）などの要素が含まれている[13]。

ここでの大切な主張は，これらの価値を提供するための「場」をどのようにデザインするかによって，経験という価値品質が変わって行くのである。つまり，対象とするモノと共に過ごす時間や空間（つまり「場」）は，自らの心と脳で創造した思い出，記憶であるが故に，代替性が無く（identity），独自性（originality）が高く，創造的（Only-One）である。したがって，内面で形成，保有，蓄積される「自分だけのモノ」であるが故に，非常に価値の高いものとして取り扱われるということである[14]。

製品やサービスだけの企画設計ではなく，その商品とユーザーがどのように関わりあうのか，どういう体験を共有していくのかというところまでを含めた

デザインが要求されている[15]。つまり，現在製品品質を企画する際に考えられている「～ができればいい，早く動けばいい」という設計思想や機能のみを重視した技術偏重主義から脱却しなければならないことを意味しているのである[16]。

　なぜならば，商品機能品質のみの企業間競争が行きつくところは，コストだけが競争力となる顧客満足を度外視した競争へと入り込んでしまうからである。故に，顧客達はモノが豊富にあるのだが，ほんとうに欲しいモノがないと叫びつつ，どんなものが欲しいかと言われても答えられないのである。したがって，いくらアンケート調査をしてもデプスインタビューをしても，なかなかヒット商品に繋がる調査結果が得られないのは，この要因が大きいと思われる。

　今までのマーケティングでは，商品，名前やブランドを知る瞬間はあくまで，認知の過程であり，商品の経験価値とは商品機能を問われる使用場面から始まるとして，別フェーズとして捉えていた[17]。しかし，経験価値や情緒的価値をブランド価値の一部として捉えると五感で感じる実感品質，香りの嗜好性による知覚品質，使用場面を想定した表層品質などを包含して，製品開発をしなければならなくなってくる。同時にネーミング，キャッチコピー，TVCMの画面開発やコミュニケーションワードなどとも，同期をとった統合的なマーケティング・ミックスを構築しなければならない。つまり，顧客にとっての商品価値の範囲を広く捉え，顧客が商品・サービスを購入し利用する際の体験データを収集・分析し，読み解くことで意識的に全マーケティング施策全体にデザインし，統合的にブランド価値を高める開発・育成システムを構築しなければならない時代なのである。

　特に，これまでブランド・マーケティングと無縁だと考えられてきた農林水産物等については，パソコンやカメラなどの専門品や買回り品などと同様，マニュアルを含み，まずは供給者側がユーザーに伝達しなければならない情報が確固として存在するために，情報の伝達の確実性や伝達効率が問題とされてきた[18]。この様な，供給者側が高度な情報を持ち情報格差を生む情報参照系の

情報提供に関しては，顧客が理解できればいい，伝達できればいい，と言うタスク達成型の消極的なコミュニケーション品質しか確保することができず，他社と差別化することができない。

　しかし，このレベルに留まっているコミュニケーション品質では，顧客の情緒的な部分に踏み込めない（心の琴線に触れない）ため，共感性が高く，感動的で臨場感あふれるユーザー体験を提供できず，結果として農産物やブランドに対する信頼感を醸成できないと言うのが現状である。したがって，タスク達成型の思考形態から早期に離れ，ユーザー体験型価値を重視した発想を取り入れることが重要なのではないだろうか。

## 3．ブランド・マネジメントの必要性

　近年のヒット商品の中から川島蓉子は，ブランドを意識的に立ち上げたコピーライターやクリエイティブディレクターたちの取材を通して，その成功要因を①魅力的なブランドは蓄積に基づいた技術力と時代に合ったデザイン力，②自らの美学と受け手の共感，③ゆるぎない伝統と絶えざる革新，④歴史的な哲学・信条と現代的な物語性，⑤世界に通用することと一人の心を打つこと，⑥開放的な枠組みと突き詰めていく価値，としている[19]。そして，この6つのテーマにどれだけ関心を高め意識し，達成できたかであると強調している。

　これまでマーケティング・マネジメントの中でマーケティング・ミックスを構築する場合，ブランドは単なるプロダクト（Product）の一部として，あるいは宣伝や販売促進といったプロモーション（Promotion）の際の媒介として取り扱われることが多かった。しかし，これからのブランドを起点にした製品開発では，事前に製品コンセプト構築をする際に，そのブランドが持つ世界観や提供できるイメージについても同時に設計・デザインしておかなければならない。したがって製品コンセプトとして含まれていなかったブランド構成要素を含んだコンセプト，あるいはこれまでとは異なるコンセプト構造でデザインすることが必要になるのである。

　このような大きな流れの中で，マーケティング学者であるP・コトラーも，近年の世界政情不安や市場の成長路線が停滞あるいは減速・下降してきている現代社会において安定的，継続的に生き残っていくためには，消費者が購買選択する際に究極的に手掛かりとするブランドというものをマネジメントしていくことが，最終的には企業の生き残る手段であると強調している[20]。

　一方，企業の中では，一つの商品ブランドが消費者に届くまでに，営業・宣伝・販売促進・商品企画・研究技術開発・デザインなど様々な部署が介在している。あるいは，その中における一人の仕事を取り上げてみても，複数の商品ブランドを手掛けており，当初は共有化されていた商品ブランドの意味やシナリオが分散，希薄化し，目の前の雑事に追われて置き去りにされてしまうことは日常，散見されがちである。

　その時に「ブランドが意味するところは何か」について簡単に触れておきたい。いずれの場合も商品や企業そのものというよりは，そこから呼び覚まされるイメージがブランドを形作っている。「シャネル」と聞けば，シックで贅沢，良い意味でのクラシックさが思い浮かんでくるし，「とらや」の羊羹と聞くと，由緒正しい伝統とコンサバティブな味覚と上質さがイメージされる。つまり，人はブランド名を耳にしたときに，商品や企業を取り巻いている世界観を自然と思い描いているのである。この様に，ブランドとは，実に様々な使われ方をする言葉である。商品名そのものを指すこともあれば，いわゆるラグジュアリー・ブランド群を総称して使うこともある。また，企業名をブランドとして用いるケースも少なくない。

　そこで，あらゆる消費者行動データが入手可能になった現代において，ブランドを構築およびマネジメントしていく際には，これまで以上にシステム化され統合化された思想の下，ブランドを設計・開発していかなければならない。本書では，この問題解決へのアプローチ手法として，一貫性と統一性を確保していくシステム思考[21]をブランド・マネジメントの中に取り込み，データ・マーケティング・システムとして取り上げることとした。因みに，日本工業規格（JIS：Japanese Industrial Standards）が，システム化を「システムとは，多

数の構成要素が有機的な秩序を保ち，同一目的に向かって行動するもの」[22] として定義している。

## 4. 消費財市場（日用品・農産物）等におけるマーケティングの現状と課題

　マーケティングにおける市場の捉え方として，消費財市場は，その商品を流通面での商品の購入頻度，取り扱い難度，絶対価格などにより，最寄り品，買回り品，専門品として区別して取り扱っている。その中で日用品や農産物は，市場の平均売価が数百円台と廉価なため，見た目の形状，デザイン性や容器機能による技術的差別性がつけにくい市場である。同時に大量消費，多頻度購入，大衆対象，全国どの店舗でも取り扱いがあるなど，マスを対象とするため，消費者による購入頻度，使用経験や知識が豊富となり，購買での判断基準は多岐に亘り，非常に複雑な市場構造を示すようになる。そのため現在のような成熟市場では，技術や機能による差別化が非常につけにくく，マーケティング技術による差別化技術が非常に発達している市場となっている[23]。一方で，一般的に技術や機能による差別化が図りやすいと思われていたパソコンの市場においても，近年のデジタル化と水平分業が進んだことにより，製品自体による差別化が困難になり，コモディティ化が進んでいるようである[24]。

　そんな日用品の製品機能評価について一例を挙げてみると，ユーザーの衣料用洗剤についての汚れ落ち実感の評価・判断場面が時代や技術進歩により大きく異なってきている。以前は，ユーザーの洗濯洗剤の効能・効果評価は，洗濯機の蓋を開けたときの汚れ落ちや臭いの無さが，洗い上がりの良さの判断基準となっていた。しかし，近年では洗濯物を干すとき，たたむとき，あるいは着用するときの心地よさや香りの良さが評価基準になってきている。また，台所用洗剤も皿を何枚洗えるということが汚れ落ちの品質評価実験における判断基準であったものが，弁当箱の四隅のヌルつきやプラスチック容器の内側をこすったときの指の感触なりキュキュッとする感触で油の汚れ落ち実感や洗い上が

りを品質として評価するようになっている。

　これら市場では，製品それ自体だけで機能が判別できず，衣料用洗濯洗剤や食器洗い機用洗剤は基本機能がハード（洗濯機，食器洗い機）に影響される。台所洗剤はスポンジや人の手の力加減，お風呂掃除の場合にもモップやスポンジ，ブラシなどの道具，人の力，使用方法により大きな評価差が出る。また，歯ブラシや歯磨きなどのオーラルケア製品は，その効果はすぐに出ない。衣料用の洗濯洗剤の汚れ落ちについても何回洗っても黄ばみが出ないなど，使用法や効果実感の時期が大きく異なるものが多くある。

　まさしくコモディティ化（英語のCommodityは，日用品という意味）とは，商品の機能，形状，品質やブランドなどにより市場において差別化されていた製品カテゴリーに対し，多面的な技術開発や品質面の向上により，機能やブランドなどにおいて差のない商品が多数市場に投入される。その為，主たる消費者の選択基準が分化し，飽和状態になりやすく，価格に偏りがちになり，価格以外の要素での差別化が困難になることが特徴となっている[25]。

　この様に，食生活，生活様式やライフスタイルなどの変化や多様性（世帯構成や構造が大きく変化してきている）が高まっている現代では，「ユーザー」という使用者・消費者としてだけの視点で商品開発を行うのではなく，「生活者」という生活意識や生活態度をも加味した視点で顧客を捉えなければ品質設計や評価基準・判断基準を大きく誤ってしまうのである[26]。

　このようなコモディティ化が進んだ市場では，消費者の要求事項（ニーズ，ウォンツや不満解消など）や製品に対する不満・未充足ニーズは，自己の生活文化・スタイルに根ざしているため，深く意識下に潜在化している。したがって，差別化市場を創り出すために顧客の要求事項や未充足ニーズを掘り起こすには，日用品市場はあまりにも身近で製品に対する関与度やブランド間の知覚差異が低いために，アサエルが言うところの習慣購買型商品群の領域に商品群が位置づけられている[27]。

　この商品関与度の低い市場の中で，顧客の要求事項や未充足ニーズを掘り起こすには，行動観察調査だけではなく，実験協力者へのインタビューを取り入

れた新しい調査手法を開発していかなければならない。調査ターゲットも，これまでと同様な単なるデモグラフィック的要素（年齢，家族構成，男女など）からの分析だけではなく，ペルソナ分析アプローチのように，生活文化が見え，生活者の顔が浮かび，製品開発関係者全員が共通概念として捉えられるように「見える化」して，分析できるように工夫していかなければならない[28]。また，実験協力者をリクルーティングする際にも，製品に対する使用価値や機能価値だけではなく，所有価値までを表現できるような人材（後に4章で述べるエクストリームユーザー，アナリスト，プロモータなど）をリクルーティングできる技術を考案しておかねば，製品コンセプト開発の為の重要情報が収集できないのでは無いかと考え，本書でも事例研究テーマとして取り上げる。

## 【注】

1）シュミット（2004），10-23ページ。

2）Aaker (1991).

3）青木（2010）。

4）Urban & Hauser (1993).

5）井上（2005），101-126ページ。

6）経済産業省『生活者の感性価値と価格プレミアムに関する意識調査』
　http://www.meti.go.jp/policy/manufacturing/report/070126kansei_kakaku.pdf, 2006

7）下川，伊藤，丸尾（2004），28-51ページ。

8）経済産業省編（2007）。

9）ノーマン（2004），21-43ページ。

10）魅力工学研究フォーラム編（1992），7-46ページ。

11）長沢（2003）。

12）パインII＆ギルモア（2005），38-39ページ。

13）シュミット（2004），10-23ページ。

14）マズロー（1987）。

15）平野（2008），420-424ページ。

16）シュミット（2000）。

17）ケラー（2010）。

18) クリステンセン（2001），247-270ページ。

19) 川島（2005）。

20) Kotler (2002).

21) 井上，陳，長谷川（2011）。

22) 井上，陳，長谷川（2011），2ページ。

23) 今井，丸山，山岡（2012），1-10ページ。

24) パインⅡ＆ギルモア（1993）。

25) 和田（1979）。

26) 長町（2005），55-155ページ。

27) 井上（2005），101-126ページ。

28) 朝野（2001），40-42ページ。

【引用文献】

青木幸弘『消費者行動の知識』日本経済出版社，2010年。

朝野熙彦編『魅力工学の実践』海文堂，2001年，40-42ページ。

井上勝雄編『デザインと感性』海文堂出版，2005年，101-126ページ。

井上雅裕，陳新開，長谷川浩志『システム工学』オーム社，2011年。

今井秀之，丸山泰，山岡俊樹『ブランド価値評価指標開発とその活用』日本感性工学会論文誌 Vol.11 No.2，2012年，1-10ページ。

A. H. マズロー『人間性の心理学 モチベーションとパーソナリティ』産業能率大学出版部，1987年。

川島蓉子『ブランドのデザイン』弘文堂，2005年。

クレイトン・クリステンセン著，伊豆原弓訳『イノベーションのジレンマ 技術革新が巨大企業を滅ぼすとき』増補改訂版，翔泳社，2001年，247-270ページ。

経済産業省偏『感性価値創造イニシアティブ —第4の価値軸の提案—感性☆21 報告書』経済産業調査会，2007年。

経済産業省『生活者の感性価値と価格プレミアムに関する意識調査』
　http://www.meti.go.jp/policy/manufacturing/report/070126kansei_kakaku.pdf，2006

ケビン・レーン・ケラー（著），恩藏直人（監訳）『戦略的ブランド・マネジメント』東急エージェンシー，2010年。

下川一哉，伊藤郁乃，丸尾弘志『足りなかったのは感性品質』日経デザイン，2004年，28-51ページ。

D. A. ノーマン『エモーショナルデザイン―微笑を誘うモノたちのために―』新曜社，2004
　　年，21-43ページ。

長沢伸也編『感性商品開発の実践』日本出版サービス，2003年。

長町三生編『商品開発と感性』海文堂，2005年，55-155ページ。

バートン・H・シュミット（著），嶋村和恵，広瀬盛一訳『経験価値マネジメント マーケテ
　　ィングは製品からエクスペリエンスへ』ダイヤモンド社，2004年，10-23ページ。

B. J. パイン II，J. H. ギルモア著，岡本慶一，小高尚子訳『経験経済エクスペリエンス・エコ
　　ノミー』ダイヤモンド社，2005年，38-39ページ。

平野哲行『デザインマネジメントと「感性価値創造」の企業戦略への組み込み』日本感性工
　　学会論文集，第7巻3号，2008年，420-424ページ。

魅力工学研究フォーラム編『魅力工学』海文堂，1992年，7-46ページ。

和田充夫『ブランド・ロイヤルティ・マネジメント』同文館，1979年。

Aaker, D. A., *Marketing Brand Equity*, The Free Press, 1991.（陶山計介他訳『ブランド・エ
　　クイティ戦略』ダイヤモンド社，1994年）

Kotler, Philip, *Marketing Management Eleventh Edition*, Pearson Education International,
　　2002.（村田昭治監修，小坂恕，疋田聡，三村優美子訳『マーケティングマネジメント』
　　プレジデント社，1996年）

Urban, Glen L. & John R. Hauser, *Design and Marketing of New Product*, Prentice-Hall Inc.,
　　1993.

# 第2章　経営戦略とマーケティング関連理論

## 1．経営戦略とマーケティング

　先行して市場参入することの経営上の意義について考えてみよう。市場に最初に参入したブランドの方が後から参入してきたブランドよりも優位になる理由は，消費者が心の中に参入障壁を形成するということ，経験効果が得られるということ，価格に拘らない上澄み層を獲得することができるという3つの要因が挙げられる。先発ブランドはその製品カテゴリーを代表するものであり，市場や顧客との間に強い関係性を形成することができるからである。例えば，ビールといえば「キリンビール」というように，真っ先に消費者に思い浮かべてもらうことができるからである。言い換えると先発ブランドがマーケティング戦略に成功すれば，製品カテゴリーの代名詞的存在となり，新規参入の障壁を高くすることができるからである。

　つまり，先発ブランドのほうが後発ブランドよりも優位な立場を占める傾向にあるからである。これを先発優位性という。市場に最初に参入したブランドの方が後から参入してきたブランドよりも，大きな売り上げやシェアを獲得できる可能性が高くなるということである。新規に市場参入に当たって，まず，経営環境や市場構造について分析し，新規に参入すべきかどうかの意思決定を行う。以下に経営環境分析や市場構造分析に利活用されるアプローチ手法について解説をしていく[1]。

### 1．1．外部環境分析

#### （1）PEST分析

　外部環境分析はマクロ環境とミクロ環境に分けることができる。マクロ環境

| | 項　目　　　→　　　関連分野・業界 |
|---|---|
| Politics（政治・法律的要因）<br>・政治・法律・法令・通達の動向<br>・業界規制の内容 | ・薬事法改正　　→ 医薬会社，薬局，CVS<br>・セーフガードの発令 → 輸出入産業<br>・酒税改正　　　→ ビール会社，酒屋，量販店 |
| Economic（経済的要因）<br>・インフレ・デフレ，景気動向<br>・為替・金利など金融動向 | ・円高，円安 → 原料高騰<br>・景気動向　→ 設備産業，半導体産業<br>・失業率　　→ 人材紹介会社 |
| Social（社会・文化的要因）<br>・社会構造の変化<br>・社会・環境的要請 | ・高齢化　　→ 健康意識の高まり<br>・生産学習意欲 → 文化学習産業<br>・環境意識　→ 環境負荷の少ない商品開発 |
| Technology（技術的要因）<br>・技術革新・素材革新<br>・情報・流通などシステム | ・IT化，インターネット化 → 全産業，情報産業<br>・デジタル化　　　　→ 放送，メディア<br>・バイオテクノロジー　→ 医薬会社，食品企業 |

図2－1　PEST分析（マクロ環境分析）

には政治・経済，社会，技術等があり，ミクロ環境にはライバル企業，提携企業，供給業者，流通業者，最終顧客等がある。マクロ環境の分析では，Politics（政治・法律的要因），Economic（経済的要因），Social（社会・文化的要因），Technology（技術的要因），この4つの英文の頭文字をとって「PEST分析」（図2－1）という。

① Politics（政治・法律的要因）

　参入しようとする国・市場に関連のある政治・政党の力関係や動向，関連法律，規制や業界内の規制や慣習などを十分に把握しておく必要がある。例えば，消費財市場においては消費税，酒税や薬事法の規制や変更が大きく経営に影響する。

② Economic（経済的要因）

　インフレ，デフレなどの経済環境にどの程度影響される市場なのか。また海外との貿易関係による原材料の供給状況，円高・円安動向が挙げられる。例えば，円が1円安くなったら原材料費が何％上がるのか，1円高くなったら輸出価格がどのくらい安くなるか等，その影響度合いを把握し，事前に対応できる施策を十分に検討しておく必要がある。最近では，少子化の影響を受け労働環

境が逼迫し，人件費が更に高騰していくことが懸念され，人材派遣業や労働集
約的生産業種は，相当の打撃を受けることが懸念されている。

③ Social（社会・文化的要因）

　参入しようとする国・市場に関連のある政治・政党の力関係や動向，関連法
律，規制や業界内の規制や慣習などを十分に把握しておく必要がある。例えば，
宗教，生活習慣や気候風土など様々な社会環境やライフスタイルなどに，消費
行動や経営活動が大きく影響される。

④ Technology（技術的要因）

　最近では，インターネットをはじめとしたデジタル技術やIT技術の発展が
目覚ましくなっている。例えば，ネット販売が浸透してきていることで，流通
や購買行動が変わり生活環境や産業界に大きな変化や影響を与えている。ある
いは，バイオ技術の革新，素材産業などにおいての技術革新は，環境問題や産
業構造に影響を与え，これまで競合や補完産業と捉えていた業界が，まったく
別の分野に新規参入している事例が散見される。


## （2）市場機会の分析（3C分析）

　市場機会とは，企業が競争優位（自らの強み）を発揮でき，かつ魅力ある市場
領域のことを言う。魅力度とは，高い市場成長率（需要数量の高い伸び），大きい
市場規模，低い競合度合，高い利益幅が取れる可能性，政府の法的規制や環境
規制がない，といった条件の度合のことを言う。魅力度の高い市場であっても，
企業がその領域で競争優位性を発揮できなければ市場機会にならないという点
に留意しなければならない[2]。

　そこで，重要なのが自らの置かれた環境の分析である。経営環境分析は外部
環境と内部環境に分けることができる。外部環境とは，自社を取り巻く環境の
事であり，内部環境とは自社の内部の状況のことを言う。外部と内部から自社
の強みと弱みを知ることが市場機会の分析を行う上で重要になる。

　外部環境と内部環境の双方を組み合わせて分析する方法に「3C分析」（図
2-2）がある。3Cとは，経営環境の外部・内部の分析のアプローチ視点とな

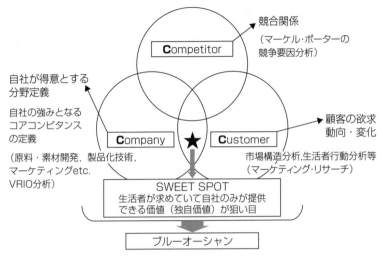

図２－２　３Ｃ分析のフレームワーク

る以下の３つのＣの英文の頭文字をとったものである。まず始めに，内部環境である自社の強み（Company）としてのコアコンピタンスを把握することが挙げられる。その強みを発揮できるかどうかを決める，市場環境の外部要因としての競合関係（Competitor）を把握し，参入に障害となる要因を探る。一方で，一番重要となる顧客（Customer）の欲求構造やその動向，変化といったものをマーケティング・リサーチによって十分に把握する必要がある。

　従って，市場参入に最適な領域は上記の図にあるように，自社の最大の強みであるコアコンピタンスを生かし，市場機会となる顧客ニーズを自社のみが満足させられる領域（図中の★印）が，市場参入や拡大への最大のチャンスとなる。この領域は，競合企業が参入することに躊躇せざるを得ない領域となっていることから，過剰な経営投資を避けることができる。この最適な領域へ経営資源を集中的に投資することをブルーオーシャン戦略と呼ぶ。これに対し，既存市場内で競合企業と一定の市場シェアを食い合うことを目的に，各企業の経営資源をフル活用し，互いの経営資源が続く限り投下され，力の限り戦い，血を血で洗うような戦いになることからレッドオーシャン戦略と呼ばれる[3]。

## （3）市場参入方法の戦略分析（アンゾフの市場成長分析）

　新規参入にあたって，自社のどの製品で参入するかを考える際に，最適な投入戦略を選択するアプローチ方法にアンゾフの成長戦略がある（図2－3）。既存製品の成長戦略として，既存製品を既存市場へ展開することを①市場浸透戦略と呼ぶ。既存市場に新規に参入することになるので，既存製品とは異なる特徴を生かして参入するために，市場細分化が必須条件になる。

　一方，既存市場になるが，自社にとっての新規事業や製品で参入する方法を②事業・商品開発戦略と言う。新規に開発した事業や新規ブランドになるほど魅力的な市場と判断された場合なので，投資額として大きなものになるため，相当の技術力を持った製品を開発して参入することが条件になる。既存製品で新市場を開拓する場合を③市場開拓戦略と呼び，既存製品を使用してるユーザーとは全く異なるターゲットを想定しての参入になる。

　従って，既存製品の新しい用途や使用目的を開発できていることが条件になる。そして，最後に新製品で新規市場への参入を行う戦略のことを④多角化戦略と呼ぶ。現在保有しているコアとなる事情や技術を活用し，シナジー効果を狙って新市場を狙う戦略となる。M&Aで迅速に参入したり，既存の経営資源のシナジーを活かしたりしたビジネスを行う[4]。例えば，カメラメーカーが医療の分野へ参入したり，印刷技術メーカーが3Ｄプリンターを開発したり，汚

〈 製　品 〉

|  |  | 既　存 | 新　規 |
|---|---|---|---|
| 〈市場〉 | 既存 | （1）<br>市場浸透<br>(Market penetration) | （2）<br>事業・商品開発<br>(Product development) |
| | 新規 | （3）<br>市場開拓<br>(Market development) | （4）<br>多角化<br>(Diversification) |

図2－3　アンゾフ成長戦略概念

れを落とすための界面活性剤の親油性機能を活用し，新聞紙の印刷された文字を消す脱朴剤を開発したりして古紙からトイレットペーパーを作る企業へ販売するなどが挙げられる。

　いずれの場合も，自社の成長の為に企業が競争優位（自らの強み）を発揮でき且つ，高い市場成長率（需要数量の高い伸び），大きい市場規模，低い競合度合や高い利益幅が取れる魅力ある市場領域を形成することが目的になる。

## （4）市場参入機会の為の分析（SWOT分析）

　市場参入際の時点でのマーケティング戦略は，参入市場がまだ小さいので，おのずと競争よりも市場拡大が課題となっている。したがって，今後伸びそうな市場機会を発見し，自社の強みをどこで発揮できるかを見極める意思決定が重要になる。そこでの市場機会分析を行う上で重要になるのが，外部と内部から自社の強みと弱みを知ることである。外部環境と内部環境の双方を組み合わせて分析する方法に「SWOT分析」（図2－4）がある。

　SWOTとは，内部環境である自社の強み（Strength），弱み（Weakness），外部環境である機会（Opportunity）と脅威（Threat）の4つの英文の頭文字をとったものである[5]。従って，①自社の強み（Strength）であり市場機会（Opportunity）となるSOは，自社の最大の強みであるコアコンピタンスを生かし，市場参入や拡大への最大のチャンスとなる。②のWOでは，競合に対しての弱み（Weakness）に，外部環境である参入に有利となる市場機会（Opportunity）に自社の弱点を改善し対応する施策を，いかに迅速に打ち出し，実践していくかが重要となる。③のTSでは，社会環境・競合動向の変化や法的規制などの変更による脅威（Threat）に自社の強みを利活用して，現在の障害を排除していく施策を打っていく必要がある。④のTWは，自社が最も劣勢となり，今後自社にとって不利となる環境変が予測される場合であり，その脅威を回避できるようなリスクヘッジをしていく必要がある。これをコンティンジェンシー・プランと呼んでいる。

| | 内部要因 | |
|---|---|---|
| | 強み（Strength）<br>・企業がそもそも持っていた強み<br>・今後強みを発揮する要因<br>・競合企業と比較して優れている点（コアコンピタンス） | 弱み（Weakness）<br>・企業がそもそも持っていた弱み<br>・今後弱みとなる要因<br>・競合ブランドと比較して劣る点 |
| 外部要因　機会（Opportunity）<br>・企業にとって今後有利となる環境要因<br>→需要・顧客，社会情報環境，競合等 | 「最大の機会」 | 「弱点改善」 |
| 脅威（Threat）<br>・企業にとって今後不利となる環境要因<br>→需要・顧客，社会情報環境，競合等 | 「脅威打開」 | 「脅威回避」<br>コンティンジェンシー・プラン<br>（不測事態対応計画） |

図2−4　SWOT分析のフレームワーク

**（5）競争環境分析**（M.ポーターの5フォース分析）

　外部環境分析の中にも業界の外部環境に焦点を当てた分析手法としてマイケル・ポーターの「5フォース分析」がある（図2−5）。これは自社が対象とする市場領域の魅力を5つの競争要因から判断する枠組みである。この分析手法を使って，経営資源の投資に見合うだけの市場であるかどうかを判断していく。もし，自社の強みを発揮し大きな顧客ニーズを獲得できる魅力的な市場が見つかれば，積極的に参入することを決める。それでは，マイケル・ポーターの「5フォース分析」のそれぞれの競争環境分析について図2−5を参照しながら解説していこう[6]。

　まず，①の既存市場における対抗の脅威は，ライバル企業が多く激戦の市場かどうかを検討する。競合企業の力関係が拮抗していたり，巨大な企業が独占状況にあったりとすると，一般的には後発者として参入するにはあまり魅力的な市場とはいえないことになる。

　②の新規参入者の脅威では，参入障壁の高さを判断する。参入障壁が低けれ

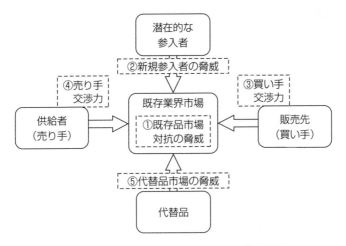

図2－5　マイケル・ポーターの5つの競争要因

ば誰でも参入することが可能であるため魅力的な市場はいえなくなる。したがって，研究技術的な障壁では，知的財産（特許や意匠権など）や属人的な伝統技術では一子相伝のように他社へ真似されないように壁を作っておくのが一般的である。

　③の買い手の交渉力では，買い手がどれほど強い交渉力を持っているかを検討することになる。買い手に強大な交渉力がある場合，こちら側の思ったとおりに広く流通させる場合に，メインとなる顧客に届けるためのコストが非常にかかってしまうなど，市場の魅力度は低下する。

　④の売り手の交渉力では，供給業者をスイッチできる可能性について検討する。簡単に供給業者を変更できないとなると，原材料などの買い入れる時期や量の交渉がうまくいかなくなり，計画したとおりの生産量や柔軟・迅速な生産体制が組みにくく，適切な競争戦略が実行できなくなってしまう。

　⑤の代替製品・サービスの脅威では，代替製品が存在するかどうかを検討する。多くの代替製品が存在すると，顧客満足維持のためのスタミナとコストが非常にかかる結果となり魅力的な市場とはいえなくなる。

## 1．2．内部環境におけるミクロ分析

（1）製品ライフサイクル分析

　内部環境分析の中にも市場環境に焦点を当てた分析手法として製品ライフサイクル分析（Product Life Cycle分析：PLC分析）がある（図2－6）。製品にも一生があり，その流れを捉えた分析である。製品ライフサイクルは導入期（市場導入後で小さな需要しか獲得していない時期），成長期（需要が急速に拡大している時期），成熟期（成長の鈍化により需要がピークに達している），衰退期（需要が減少期に入っている）の4つの段階をたどる。

　導入期における顧客は，新しいものや珍しいものが好きなイノベーターやマニアとなる。市場は，まだ小さいので，おのずと競争より市場拡大が課題となる。成長期の顧客は，オピニオン・リーダーや比較的新しいものが好きな大衆層（早期大衆追随者）に移っていく。イノベーターやマニア層が社交的というより独立性の高い人たちであるのに対し，オピニオン・リーダーは社交性があって周囲の人々の購買行動に影響を与える人のことを言う。市場が成長しているため，競争相手も続々と参入してくる。従って，市場性長期の課題は競争対応

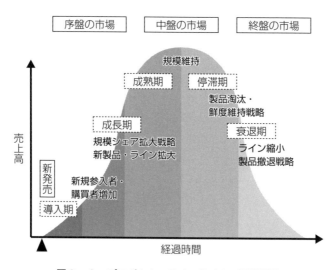

図2－6　プロダクト・ライフサイクル理論概要

となり，いかに自社製品を選んでもらえるかが重要なマーケティング戦略となる[7]。

　成熟期の顧客は，普通の人（後期大衆追随者）となっていく。利益も徐々に少なくなりはじめ，成長のないところで企業が互いのシェアを奪い合うゼロサム・ゲームが繰り広げられる。このような局面で課題となるのがブランド・ロイヤルティの形成である。ブランド・ロイヤルティとは，特定のブランドに対し繰り返し購入する顧客がいることをさす。できるだけ獲得した顧客が離れないように管理していくことが成功要因となる。衰退期の顧客は，遅期（ちき）追随者といい，周囲の人が皆買っているから自分も買うといった，保守的な志向の人たちである。情報にも疎く，ブームが去って下火になった，この頃になってようやく製品の存在を知ったというタイプである。ここでの課題は，撤退，展開（市場の再拡大，製品の新しい用途や市場の発見），存続（他企業が撤退する中で，残存者利益を狙うこと）という3つの意思決定の中から選ぶことになる。

## （2）ポートフォリオ分析

　ボストン・コンサルティング・グループ（BCG）が開発したポートフォリ分析では，市場成長率（縦軸）と相対シェア（横軸）の高低による4つの象限で，どのように経営資源が配分されるべきなのかが判断される（図2-7）。市場成長率の高低を分ける絶対的な基準はないが，自社が参入している既存市場の平均成長率をとるのが一般的である。相対シェアでは，当該市場における市場シェアの上位3社ぐらいの平均シェアによって求めることができる。例えば自社のシェアが10％で，上位3社の平均シェアが20％であれば，0.5の値に付置される。一般的には，相対シェアの高低は1.0を境界線として描かれる。各象限の商品ブランドや事業で採用される戦略案は成長戦略，維持戦略，収穫戦略，撤退戦略の4つになる。

　第一象限にある商品ブランドや事業はまだ市場シェアが低く明確なポジショニング確保するための投資が必要となる一方で，市場成長率が高くライフサイクル上では正に成長期にあたる。ここでは，新製品が投入されたり，新しい企

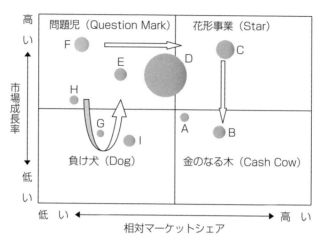

図2－7　ポートフォリオ分析

業が続々と市場参入してきたりするので，この象限では短期的な利益を犠牲に
して積極的なマーケティング投資を行う成長戦略が採用される。キャッシュフ
ロー・マネジメントからは金食い虫の領域になる。従って，将来有望となるか
どうかの見極めが必要であり，場合によっては収穫戦略・撤退戦略も考慮に入
れなければならないことから問題児（Question Mark）として注目される象限と
なる。

　第二象限にある商品ブランドや事業は，高成長率を示す中で高いシェアを確
保し，その高シェアを維持するため花形事業（Star）として，同様に積極的な
投資を行う成長戦略が採用される。

　第三象限にある商品ブランドや事業では，市場成長率がピークを迎え安定し
た成熟期となる。既に一定の企業が市場から撤退し，その中で積極的なマーケ
ティング投資をせずとも高シェアを確保し存続（他企業が撤退する中で，残存者利
益を狙うこと），維持する金のなる木（Cash Cow）としての維持戦略・収穫戦略
が採用される。

　第四象限にある商品ブランドや事業は，市場成長率も低下し，市場シェアも
低く，劣勢に立っている負け犬（Dog）と位置づけられる。できるだけ早期に

赤字を回収する収穫戦略や最小限の赤字で済むように撤退する戦略が求められる。

## 2．マーケティングとは

### 2．1．マーケティングの定義

　かつて経済学者のガルブレイスが「豊かな社会」と呼んだように，大量生産一大量消費の時代を迎えた先進諸国では，消費者が選択に悩むほどモノが氾濫する社会が出現した。常に生産が消費を上回る供給過剰の状態では，モノ不足の時代のように「作れば売れる」ことなどあり得ず「売れるモノを作る」ことこそが，企業の生き残るための条件となってきた。すなわち「はじめに製品ありき」から「はじめに顧客（ニーズ）ありき」といった「プロダクト・アウト」から「マーケット・イン」へという発想の転換であり，経営戦略・方針の変換が求められる時代となってきていた[8]。

　そこで注目されたのが顧客志向を原点としたマーケティング概念の登場である。経営学者のドラッカーは「マーケティングの目的は，セリングを不必要にすることである」[9]と述べているが，その真意は顧客について十分に理解し，それ（ニーズ）にあった製品・サービスを提供できれば，無理に販売せずとも自然に売れていくはずだと言う点にある。このように顧客志向のマーケティングと消費者行動の理解とは密接不可分の関係にあるといえるのである。日々の生活は，様々な製品やサービスを購入，消費（使用）し，処分することで成り立っている。

　米国マーケティング協会（AMA）によると，最新のマーケティングの定義は，「組織とステークホルダー双方の利益のために，顧客に対して価値を創造・伝達・提供し，かつ，顧客との関係性を管理していく組織活動」であると定義している。「マーケティングとは顧客に対する価値を創造し，価値についてコミュニケーションを行い，それを届ける為の一連のプロセスであり，さらに組織及びその利害関係者に恩恵をもたらす方法で，顧客との関係性をマネジ

メントするための，組織の機能及び一連のプロセス」[10) となっている。また，日本マーケティング協会（JMA）では，「マーケティングとは，企業および他の組織がグローバルな視野に立ち，顧客との相互理解を得ながら，公正な競争を通じて行う市場創造のための総合的活動である」としている。

また，研究者たちの中では，フィリップ・コトラーが，「製品と価値を生み出して他者と交換することによって，個人や団体が必要なものや欲しいものを手に入れる為に利用する社会上・経営上のプロセスである」としている。

本書では，マーケティングとは，『お客様がある商品（財・サービス）について心に"必然性"を生み出すための組織行動』として捉える。時折，実務家の中では，マーケティングを販売（売り込み）であるとかプロモーション（店頭陳列，人的販売）やコミュニケーション（TV広告，パブリシティ）であると解釈している人が存在するが，この認識はまったくマーケティング概念とは異なる。これらはマーケティング活動の要素のひとつではあるが，マーケティングそのものではない[11)。

具体的な概念としては，顧客ニーズや競合商品との差別化を踏まえた商品を，コミュニケーションを取りながら，顧客が最終的に必要だと感じ，購買したいと思えるような状況を導き出し，その理由を作り上げていくプロセスであり，仕組みづくりである。つまり，「お客様に満足してもらえる製品とは何か。その製品をどのように消費者に伝え届けるのが良いのか」を考え実現することであり，お客様との関係性を構築する，顧客を中心とした価値創造のためのインタラクティブ・プロセスだと言える。

## 2．2．マーケティングの種類

### （1）プッシュ型マーケティング

顧客と直接接する小売業や代理店といった流通業者の協力をもらい，自社商品の説明や紹介を行うことで，顧客の購買意欲を引き出すマーケティング活動のことを言う。

① 一般に単価が高く，複雑，認知されていないなど，購買につなげる為には

詳しい説明が必要な商品などで見られ，顧客の購買に対して納得度合いの影響が大きな商品群に見られる。

② 化粧品の対面販売，薬剤師の推奨品はプッシュ型の販売促進の代表例である。しかし，実務マーケティングの中での現象としては，セリングがある。セリングとは，売り込む為の手法・行動でありマーケティング概念の中に入るもので，営業マンの営業活動が典型例となっている。


### （2）プル型マーケティング

広告宣伝等で訴えかけることにより，顧客を自社商品のところまで誘引し，指名買いを引き出し，卸や小売業者が自社商品を取り扱うように仕向ける活動のことを言う。

① インテル社の「インテル，入ってる」という広告宣伝は，最終消費者がインテル商品内臓のPCを指名買いするように仕向けた，プル型マーケティングの典型的な成功事例だと思われる。


## 2．3．市場細分化アプローチ
### 2．3．1．消費者構造分析（どのような「軸」で消費者を捉えるか）

顧客が求めるものを提供しようにも，すべての顧客が求めるものを提供することは困難なことである。そこで，自社が切り開く「基盤となる市場は何か？」を設定する。ある属性をもつ顧客をグループ化し，市場を細分化（セグメンテーション（Segmentation））をした後，それを絞込み（ターゲッティング（Target）），自社商品にあわせて差別化（ポジショニング（Positioning））をすることで，市場を設定し顧客を特定化することになる。既存のもの，細分化したもの，新たに創出するものがある。想定市場を決めることで想定競合も明確になり，競争戦略策定に繋がっていく[12]。これをSTP戦略と呼ぶ。ではどのような視点，切り口で参入すればよいのであろうか？　次の節から，参入にあたっての切り口を考えてみよう。

## （1）序盤の市場

　新規市場の形成を構成するのは，イノベーター理論（図2−8）が示しているように，初期の消費者はイノベーターやマニア層が中心で，彼らは技術信奉的であり，社交的というよりは強い意志を持った独立性の高い人となる。この層は，市場全体の2.5％を構成している。そして，彼らのように新製品に興味があり，価格にそれほど執着しない層をコア・ターゲットとしている限りにおいては価格設定においても，うまみのある上澄み層を獲得できる戦略になる。このことにより，他社からの新規参入者に対した価格競争にも対抗できるだけの体力・利益を確保することができる。ただし，この層は大きな市場を形成するには影響が少なく，情報発信力も限定的となる。従って，ビジネスレベルに達するためには，次に控えるアーリーアダプターと呼ばれる層を顧客として獲得しなければならない。

　アーリーアダプターと呼ばれる層は，社交的でその分野や市場では多くの人から注目を浴び，市場全体に対しても影響を持つオピニオンリーダー的存在と

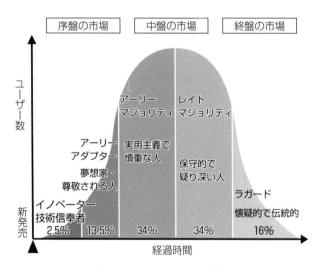

図2−8　イノベーター理論

出所：ロジャース（1962）。

なっている層である。彼らは，知識人としてライフスタイルの最先端を生活に取り入れ，新製品に興味があり購買力もあるため，多くの人から尊敬される存在となっている。この層は，市場全体の13.5％を構成しており，スケール的にも市場拡大に大きな影響を与える存在となっている[13]。この層にまで，浸透していくことができれば，一般市場の大きな構成比を占める，実用的で慎重な生活・消費スタイルを実践しているアーリー・マジョリティへと伝播させることができ，このアーリー・マジョリティと呼ばれる層を顧客として獲得できれば，大ヒット商品となる。なぜならば，この市場における3つの層の構成比を累積すれば50％となることから，直接的な購買者にすることができなくても，何らかの形で新製品を認識した層が半数を占め，評判になっていることが確実だからである。

## （2）中盤の市場

　一方で，新規市場が大きく成長している段階では，競合企業もどんどん参入してくる。市場成長期のマーケティング戦略上の課題は，競争対応となり，いかに自社ブランドを選んでもらうかを形成することが重要となる。従って，今までに無い，目新しい製品や周辺市場をいかに取り込んでいくか，既存の市場では飽き足らない欲求や不満をどのように取り込むかが重要な参入起点であり視点となる。

　成長期の顧客は，オピニオンリーダーや比較的新しいものが好きな大衆層（早期大衆追随者）に移っていく。この段階でプロモーション・ミックスの中で重要な施策が，直接購買行動を起こさせ，選好態度形成に影響を及ぼす直接的な販売促進が重要となる。この段階では顧客ニーズの多様化が進み始め，既存の商品では満足せず，より自分にあった商品を待ち受ける層が拡大してくる。つまり，多様化する顧客ニーズにいかに的確にかつ，迅速に適合して市場導入できるかが成功を規定することになる。

　例えば，特定多数の顧客に対しての懸賞キャンペーンや商品応募クイズなど，狭義の販売促進も商品理解には大変効果的な施策となる。更にコストはかかる

が，企業にとってのコア・ターゲットに向けた，双方向のコミュニケーションというメリットを生かした店頭での化粧品カウンセリングやお試しコーナーがある。また，小売店での店頭試食販売などによる人的販売も，特定の少数への顧客対象であるが，個別のカウンセリング効果や直接のコミュニケーション効果により，深く自分ごと化への関心が高まり，一部の顧客を中心に市場浸透化への足がかりとなり有効なマーケティング施策となる[14]。

　更に，この段階では，既存の新製品だけでは飽き足らず，次の新商品開発が可能となる絶好のチャンスとなる。この時期に，いかに多様化したニーズに適用した商品展開ができるかは2つの視点で整理できる。一つは，間口拡大といわれる製品の水平的ライン拡大である。水平的ライン拡大とは，多様化する顧客ニーズに答えるために，女性用にデザインをかわいらしくしたり，外出先で使用できるように，軽量にコンパクトにして持ち運びが便利にしたり，海や山でも使用できるように防水機能を付加したりするなど，できるだけ多くの人に浸透化させるようにして，対象顧客を拡大することが製品開発の目的となる。もう一方は，垂直的ライン拡大志向である。このアプローチは，品質や機能のレベルアップが上位機種に組み込まれ，初心者向きからプロ仕様までを取り揃え，高級レベル品質の信頼感を醸成するように志向され，拡張された製品展開である。

　この様に，多くのマーケティング投資が必要となることだけは，覚悟せねばならない。むやみにすべてのブランドに投資することは経営戦略としての分散を招くことになり，引いては脆弱なブランドを投入・育成することに繋がるのである。そこで，重要なのは，ブランド・ビジョン実現を事前に設計し，いつ，どのように，どんなブランドフォーメーションで実現するかのロードマップを明示することである。何の為に，どんな製品開発をしなければならないのか，どのような製品を開発すべきなのか，どのぐらいの成熟した製品を取り扱うのかなど，ブランドを開発・育成する際の必要な前提条件を十分に把握しておくことが重要となる[15]。

## （3）終盤の市場

　この市場状況としては，成長鈍化が始まり陰りが見えてきており，企業が互いのシェアを奪い合うゼロサム・ゲームが繰り広げられている。場合によっては各企業の経営資源が枯渇し始めていたり，撤退する企業が出始めていたりする環境下にあるはずで，撤退した企業の残存者利益を狙うことが参入余地としてあるかもしれない。

　この衰退期の顧客は，遅期（ちき）追随者といい，周囲の人が皆買っているから自分も買うといった，保守的な志向の人たちである。情報にも疎く，ブームが去って下火になった，この頃になってようやく製品の存在を知ったというタイプである。これまで，多くの人たちが購入に至っているのにもかかわらず簡単に購入に至らず，価格にも敏感で収入も少なく，余分なものには手を出さない保守的な考え方の層である。参入に当たっては，この層を獲得し，維持・確保していくための新しい用途や新しい使用場面の発見なども考えられる。一方で，この製品の最初からの愛用者で，生活スタイルの一部の必須アイテムとして習慣購買をする層が存在している。固定された顧客層がターゲットとなるので販売に当たっては，ほとんどコストを要することはない。

　従って，ここでの課題は，徹底したSCM（サプライチェーン・マネジメント）戦略が成功要因を決定付ける。ごく限られたターゲットしか見込めない為，限定した製品ラインで且つ，少量でも生産ができる生産システムを実現できるかどうかを検討しなくてはならない。つまり，多品種，少量生産且つ，低価格で生産できる能力の確保が必要条件となる。

　その実現のためには，居ぬきで生産工場を買い取ったり，簿価で生産設備を購入したりしながら，徹底した固定費削減によりコストを下げることが必要である。更に，変動費部分としての原材料を如何に安定的の供給してくれる仕入先を確保できることも必要条件になる。原材料の供給が無ければ商品は作ることができなくなるので，最終的には原材料メーカーまで傘下に入れるか，自社で生産することを考えておかねばならない。この施策が生産技術や有給資産などの有効活用としてシナジーを生かし，固定費の吸収や自社の将来の技術戦略

に貢献できるのであれば後発参入の意義は十分考えられる。

## 2. 3. 2. セグメンテーション (Segmentation)

　ある類似した属性・欲求をもつ顧客をグループ化し，顧客を細かなグループ単位で捉え，そのグループごとにマーケティング活動を適合させ，効率的なマーケティング活動が行えるように絞り込むという考え方が，マーケット・セグメンテーション（市場細分化）である。細分化されたセグメントは，当該マーケティング活動から見ると「類似した顧客特性を持つ部分市場」と捉えることができる。その細分化された市場参入の「軸」って何であろうか？　それは，消費者同士の「何らかの共通点」を見出すことに他ならない。

　ここでいう特性とは，一般的には，下記（図2－9）に示すような4つの基軸が考えられている[16]。別の言い方をすると，これらの特性を基準にして顧客を細かなグループ単位で捉える事になる。

| 〈人口統計的機軸〉<br>・性，年令<br>・所得，職業<br>・家族，ライフステージ<br>・社会階層，民族 | 〈心理面的機軸〉<br>・ライフスタイル<br>・社交性・性格<br>・楽観的，悲観的 |
|---|---|
| 〈地理的機軸〉<br>・地域，規模<br>・人口密度<br>・気　候<br>・地理的特徴 | 〈行動面的機軸〉<br>・購買機会（使用経験）<br>・便益，価格弾力性<br>・使用頻度（HML）<br>・ロイヤルティ |

図2－9　市場細分化機軸

　上記にあるように，地理的特性，人口統計特性，心理特性，ライフスタイル・価値観といった一般的な特性だけでなく，ブランドへの忠誠心，製品使用場面・使用頻度，属性間相対重視度，選好順位，購買意図，価格弾力性，といった製品特定的な特性がある。この差別化市場を決定する際に，留意しなけれ

ばならない点を下記に整理しておく。

① セグメント内が同質であること。(効率的なマーケティング活動を行うため, 投資が分散化しないよう, 何らかの共通欲求項目で同質でなければならない)

② セグメント間が異質であること。(効率的なマーケティング活動が集中的に効果を発揮するには, 他の市場と混同されないようには明確に区分されていなければならない)

③ セグメントに対して操作できること。(企業がターゲットとした顧客に, アプローチでき操作できる可能性を見込めなければ, 偶発性になり意図した効果を発揮することができないからである)

④ セグメントの規模が一定以上であること。(営利企業である以上適切な利益が確保できる, 一定以上の市場規模が見込めなければならない)

　これらの点に注意を払いながら, 幅広い顧客ではなく限られた間口の中で, 継続購買をする奥行きある市場としてマネジメントしていくようにしなくてはならない。

## 2. 3. 3. ターゲティング (Target)「狙うべき生活者は誰か?」

　セグメンテーションを行い, いくつかのセグメントが作られたとき, そのすべてのセグメントに対応するためには, 費用の増大を伴ってくる。ここで重要なのは, 商品の見込み客をきちんと規定することである。なぜならば, 製品の種類がそのセグメントの数だけ必要になるため, 製造費用や在庫が増大し, 宣伝をする活動の効率が悪くなる。販売にも余計な手間がかかってくる。従って, 幅広い顧客への適合を考えて, むやみにセグメンテーションを行い, それへの対応を行うことは得策ではない。つまり, 製品や商品の顧客ニーズ適合と効率追求とはトレードオフの関係にあるということである。

　この様な視点を持ちながらどのセグメンテーションをマーケティング活動の対象とするかを意思決定する。これをターゲティング (標的市場の選定) という。この場合には, 年齢, 性別 (デモグラフィック) 的なものだけでなく, 商品の情報の入手方法, 商品の使い方, 購入の思考, なども表わす。ターゲットの人物

像とオケージョンまで想定する[17]。商品を発売する場合，顧客像が明らかになることで，顧客に伝えるべきメッセージやキーワードが明らかになりコミュニケーション方法を明確にすることができるからである。

### 2. 3. 4. ポジショニング（Positioning）「購入動機は何か？」

差別化達成のために必要となってくるのが，ポジショニングの考え方である。ポジショニングとは，顧客の心，頭の中で自社の製品がユニークで明快なコンセプトと結びつくようにすることである。いわば，顧客にどう思われたいかという視点を明快に設定することである。ここで重要なことは，実際の製品がどうであれ，顧客がどう感じるかという点にある。従って，下記のような事柄を明確にする必要がある。

① 商品を購入する理由を規定する。その内容は，「狙うべき消費者は誰か」の項目から引き出されるべきものとなる。

② ユーザーベネフィット，競合比較で差別化ポイントを明確にする。

つまり，類似商品と比較されながらも，顧客に自社の製品を購入してもらえるように製品特徴や品質・価格・付帯サービスなどで識別できるようにすることになる。以下に，これまでのSTP概念の要素項目と具体的な活動を整理した図を掲載する（図2−10）[18]。

セグメンテーションとターゲティングを行い魅力的なセグメントができたとしよう。それでも往々にして，そのような魅力的な市場セグメントは競合他社も気がついている場合が多くある。従って，早急に検討しなければならないことは，ターゲットとして定めたセグメントに対して，どのように接触し販売するかということになる。この戦術には，他社と同じようなものを安く売る方法（低価格化）と他社とは違うものを売る方法（差別化）の2つがある。一般的には，差別化のほうが大きな利益を獲得できるといわれているが，どちらの戦略を採用するかは競争局面におかれた企業の状況に依拠する。その標的としてSTPが決定されたら，次に検討するのが，マーケティング・ミックスである。STPが「誰に」「何を」提供するのかという価値創造を策定するものだとするとマ

| 項　目 | 行動内容 |
|---|---|
| **(S)**「基盤となる市場は何か？」＝セグメンテーション | ・商品が存在する市場を規定する。<br>・既存のもの，細分化した新たに創出するもの。<br>・想定市場を決めることで，想定競合が明確になる。 |
| **(T)**「狙うべき生活者は誰か？」＝ターゲティング | ・商品の見込み客を規定する。<br>・年齢，性別（デモグラフィック）的なものだけでなく，商品情報の入手方法，商品の使い方，購入の思考，なども表わす。<br>・ターゲットの人物像とオケージョンを想定する。 |
| **(P)**「購入動機は何か？」＝ポジショニング | ・商品を購入する理由を規定する。<br>・「狙うべき消費者は誰か」の項目から引き出される。<br>・ユーザーベネフィット，競合比較で差別化ポイントを明確にする。 |

図 2−10　市場細分化機軸

出所：廣田，石井（2004）を筆者が修正。

ーケティング・ミックスでは「どのように提供するか」を策定するものだということになる。

## 2. 4. マーケティング・ミックス戦略

### 2. 4. 1. 最適なマーケティング・ミックスの考え方

　マーケティング・ミックスは，顧客との関係の価値創造と維持にあたって，企業が用いる手法や活動の総称，もしくは集合と考えることができる。マーケティング・ミックスでは，製品（Product），価格（Price），流通（Place），販売促進（Promotion）の 4 つのことをいう。製品では消費者に対して提供される価値を具現化していくので，「価値形成」をしているといえる。価格では価格を通じた「価値表示」が行われ，流通では実際に消費者に対して価値を送り届けるという意味で「価値実現」がなされ，プロモーションでは「価値伝達」が行われると考えることができる。そして，その 4 つのカテゴリーを分けて把握し，それぞれをどのように組み合わせるかが具体的に策定される。

　マーケティング・マネジメントにおいて重要なものは，2 つの意味での適合

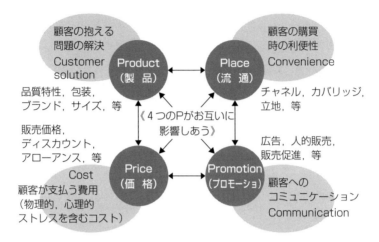

図2－11　マーケティング・ミックス4P－4C概念図

性といわれている。そのうち1つは「標的市場（顧客）ニーズや行動」と「マーケティング・ミックスの諸要素」との適合性である[19]。企業にとって重要なのは，もうひとつの適合性といわれるマーケティング・ミックスの諸要素間の整合性である。

　各企業の強みを発揮するためには，現在の市場に潜在的な不満や未充足の部分が存在していないかを顧客の立場から見直す必要が出てくる[20]。そのアプローチ視点が4C（Customer solution, Cost, Convenience, Communication）といわれる概念である（図2－11）。以下で，マーケティング・ミックスの4Pのそれぞれについて説明し，その4Pに4Cを加味した特徴を説明しながら，成功のための留意点を解説していくことにする。


## 2．4．2．製品（Product）

　マーケティング・ミックスにおける顧客との関係の価値創造と維持にあたって，消費者が求めるものを具現化したものが製品（Product）になる。従って，製品は提供すべき顧客価値を製品・サービスとして具現化したものであり，顧客にとっての価値を具現化形成させるもので「便益の束」と捉えることができ

る。ひとつの製品が，消費者に提供する便益は1つとは限らない。例えば，自動車のユーザーは「スピーディな移動」「快適な空間」「駆け抜けるような爽快感」「自分らしさの実現」といった複数の便益を自動車に期待しているかもしれない。この様な意味で製品とは便益の束といえる。

　製品の基本価値を構成する要素には，機能・特性，性能・品質，デザイン，サイズ，パッケージ，ネーミング，ロゴマーク，シンボル，スローガン，ジングル（音楽）など，様々なものがある。無形なものでも製品に付帯している保証やサービス，また製品イメージなども製品要素の一部となる。製品に対する後発企業における見直し視点としてのC（Customer solution）は，消費者にとっての製品の魅力を単純な機能だけにとどめず，その製品を使用・保管・廃棄したりする際の利便性を高めたりした便宜的価値機能を高めて参入する差別化戦略となる[21]。

　更に，補助的（感性的）価値での差別化において，触ったときの感覚やデザイン性の魅力度を向上させ感性に訴えることにより，その価値を向上させたり，製品を所有していることの達成感や楽しさ，日常のライフスタイル内での充実感や高揚感を刺激した観念的価値を高めたりすることにより，先発企業にはない魅力を付加していくことが可能となる[22]。

　その製品の価値は有用性×希少性によって構成される[23]。従って，後発での製品開発の成功要因は，徹底した差別化が基本となる。顧客の欲求は，徐々に多様化し自分らしさや自分にとっての使いやすさの欲求が大きく且つ，様々な欲求が顕在化してくるので，これらの欲求を先発企業より早くとらえ，満足度を高める製品構造を形成することが重要となる。

　製品マネジメントでは，消費者が製品に求める価値を下記のような製品価値構造を大きく本質的（機能的）価値と補助的（感性的）価値とに分ける（図2−12）[24]。

　その製品価値の内訳を，各々2つに分けて且つ，階層化して消費者にとっての製品の魅力を幅広い視点から検討する[25]。この場合に重要なアプローチが，製品のライン拡大への考え方である。個々の製品だけでなく，自社の製品構成

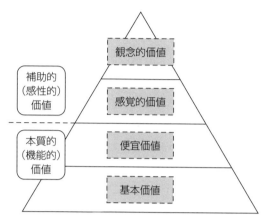

図2−12　製品価値の構造

に目を向けることも重要である。互いに関連性の高い製品グループを製品ライ
ンといい，製品ラインを構成する個別の製品のことをアイテムと言う。そして，
アイテムの集合全体を製品アソートメントと言う。新製品の開発にあたっては，
自社のアソートメントにおいて新製品はどのように位置づけられるか，新製品
は単一アイテムで市場参入するのか，複数のアイテムからなる製品ラインとし
て市場参入するのかという問題を検討しなければならない。

　製品アソートメントに目を向けることで，個別の製品開発だけでは解決でき
ない問題への対応が可能となる。例えば，自動車メーカーは，価格帯の異なる
多様なモデルを生産することで多様な顧客に対応できるだけでなく，買い替え
時においても顧客をそのライフステージの段階に応じた別の製品へ誘導するこ
とができる。また，幅広く奥行きのある製品アソートメントは，人件費や生産
設備の固定費を吸収したり，共通の原材料の大量購入が可能したりすることか
ら，自社に規模の経済性をもたらすことで，流通業者や販売業者との取引を有
利にする可能性がある。このように，巧みなアソートメントの構成がビジネス
チャンスを作り出す要因となることがある。

## 2．4．3．価格（Price）

　製品に対する差別化視点としてのＣ（Cost）は，消費者にとっての顧客が支払う費用（物理的，心理的ストレスを含むコスト）として捉え直すことである。製品の価格は利益が出てなおかつ，需要が発生する範囲で設定しなければならない。最適な価格設定を行う場合の基本方針には，コスト・需要・競争という3つの視点から検討する必要がある[26]。そこで，下記にその各々アプローチ視点について考え方を整理しておく。

### （1）コストによる価格設定

　ある一定の利益率をコストに上乗せして価格設定をする方法を「コスト・プラス法」と言う。そのコスト・プラス法の構造は，以下の4つの算式によって表わすことができる。

① 　製造原価 ＝ 製造変動費（原料費，材料費等）＋ 製造固定費（製造人件費，経費等）

② 　販売費 ＝ 物流費 ＋ 販売変動費（広告費，販売促進費，販売リベート等）

③ 　一般管理費 ＝ 一般人件費，経費

④ 　利　益　　∴ 価格＝① ＋ ② ＋ ③ ＋ ④

　このように販売価格や販売計画を考える場合，売上高と原価費用（設備投資や研究開発投資などによる減価償却費額と材料費などの費用）に目配せしながら，販売数量を予測，考慮した販売価格を設定しなければならないことになる。その際に必要な手法が，販売数量の増加によって赤字から黒字へ変化する損益分岐点（BEP：Break Even Point）である（図2－13）。

　図で示すように，「売上高」と「費用（＝固定費＋変動費）」を，それぞれの直線Ａ，Ｃで示し，この2つが交わる点Ｂが損益分岐点となる。ここで売上高と費用からそれぞれ変動費を差し引いくとどうなるかを見てみる。「売上高－変動費」は，先の定義により「限界利益」となる。「費用－変動費」は，固定費に他ならない。この2つの直線の差が限界利益となり，ここでも交点は損益分岐点を示すことになる。この概念を用いて適正な利益が出るように製品価格設定を行う。ただし，企業側の理由（コスト）で価格を決めるので，買い手に対

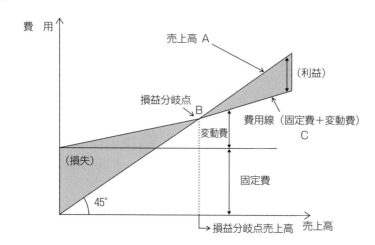

図2－13　損益分岐点分析図（Break Even Point）

して十分な説得・理由が必要になる。

　損益分岐点とは，最低どれだけの売上高を出せば黒字になるか，その売上レベルを算出するための定量分析の代表的なツールである。経営者は損益分岐点を把握することにより①あるコスト構造下で売上高や費用経費が変わったときに，どれだけの利益が得られるか，②コスト構造が変わったときに売上高や費用経費が，どのようなレベルであれば利益を維持できるか，などを予想することができる。つまり，売上高から変動費を引いたものが限界利益額となるのである。この値は，ある時点で，追加で売上が増えたときにどれだけの利益が手元に残るかを示している。

　新製品の市場導入にあたっては，高価格設定で早期に利益回収する上澄み吸収価格戦略（スキミングプライス法）と低価格設定で，まずは大きく市場シェアを獲得した後に，利益回収する市場浸透価格戦略（ペネトレーション法）の2つがある。上澄み吸収価格戦略では，価格に敏感ではない顧客層への販売を狙う。高価格であるために便益も大きいことを示唆し，顧客にとっての付加価値を認識させる。市場の一番うま味のある部分をすくい取り，利益を早期に回収するという意味で上澄み吸収と呼ばれている。市場浸透価格戦略は，価格に敏感な

顧客が多く，需要の弾力性が大きいとみなされるときに採用する。低価格によって顧客に価値を認識させ利益よりも市場シェアを優先させる施策になる。このように市場への迅速な浸透を狙うという意味で市場浸透と呼ばれている。

## （2）需要による価格設定

　買い手が製品にどれだけの価値をおいているかを出発点として価格設定を行う方法である。買い手が受け入れられる価格が先に決定され，その後にコスト計算や利益加算が行われる。コストによる価格設定とちょうど真逆の発想で算定される。後発参入の見直しのC（Cost）としては，消費者にとっての顧客が支払う費用が，製品機能としての物理的機能便益としてのコストとして見合うほどの便益を実感できるかどうか捉え直すことになる。つまり，販売価格を下げた分以上に需要が喚起された数量が確保され，トータルとしての売上高が望めるかどうか。また，差別化原材料を使用しているために，高価格で参入せざるを得ない場合などを想定し，需要が減少しても高価格分の付加価値でトータルとしての売上高が望めるかどうかを検討しなければならない。

　この様に顧客が商品に対する期待価値が高まるような場合や，競合企業が同様な価格訴求を行っている場合などであれば売上高傾斜角度が低くなり，単位当たり売上増難易度（ベクトル）が変化すると捉えるべきなのである。いずれの場合も，損益分点売上高の必要額が増加しリスクの高い事案になることがわかる。この場合，後発企業における分析ツールとしては，価格弾力分析がある。事前調査により，市場規模拡大や売上予測が想定されるので，最適な価格差を持って自社により有利な販売計画を策定することができる。

## （3）競争による価格設定

　競合製品に付けられている価格に価格設定の基準を置く方法である。いわば実勢価格を重視する方針と言える。市場での力関係やブランド・イメージなどが加味されて価格設定されるので，競合価格より高く設定することもあれば低く設定することもある。競争企業が提示してきそうな価格を想定して自社製品

の価格を設定する，最近ネットオークションと言われる入札価格制度もこのような価格設定の一部と言える。

　既に先発企業により設定された価格浸透がどの程度まで進んでいるかによるが，一般に消費者は先発企業の製品に対して，後発製品価格が高いか安かを判断することになる。その心の中にある価格を参照価格と言う。例えば，消費者の参照価格に合わせた下位価格製品を投入することにより，既存製品の高価格を演出することもできるし，本体＋リフール商品を抱き合わせにして販売価格を設定するキャプティブ価格（本体の価格を安く設定し，詰め替え用の製品価格を相対的に高く設定）で参入することも可能となる。この場合，後発企業は，消費者にとって競合製品からブランドスイッチしてもなお価値ある製品であるかどうかを検討せねばならない。この場合の分析ツールとしては，価格交差弾力分析がある。もし，顧客が支払う費用（心理的ストレスを含むコスト）が，購入後にバランスが取れなければ，再度元の競合製品へと戻ってしまう。

## （4）消費者心理を活用した価格設定

　上記以外の価格設定に，消費者の心理を踏まえた端数価格，威光価格，慣習価格がある。3万円のものが29,800円であった場合，200円しか違わないのに消費者に与える影響は大きなものがある。消費者は8や9を伴った価格に対して，最大限に引き下げられていると感じるからである。このようにして，設定された価格を端数価格設定と言う。また，消費者は製品の品質を判断する基準として価格を考慮することがある。このため品質の高さを消費者に伝えるために意図的に高く設定された価格を威光価格と呼ぶ。また，社会慣習上ある価格帯に定まってしまっている製品カテゴリー（例えば，缶入り清涼飲料水等）がある。このような価格を慣習価格と呼ぶが，このように一度定まってしまった価格を逸脱した値付けをしても顧客の心理的には異常値に思われうまくいかないであろう。

## 2.4.4. 流通 (Place)

　マーケティング・ミックスにおける顧客との関係の価値創造と維持にあたって，消費者に提供すべき顧客価値を顧客の手元に適切に届ける方法が流通 (Place) になる。つまり，消費者が求めるものを手元に届けることで，価値の実現化が図れることになる。従って，流通とは，製造業者（メーカー）からターゲットとなる最終ユーザー（消費者）に製品が渡るまでの場所（経路（チャネル））のことを言う。その機能は，生産者と消費者の懸隔を埋めることを意味する。生産者と消費者の懸隔を埋めるには，①場所（空間），②時間，③所有，④形態を検討する必要がある。

　各流通段階の機能としては，①メーカー：商品流通の促進により顧客満足の充足，②卸売業：流通コスト，時間などの投資資源の効率化，③小売業：購入の機会損失の最小化が挙げられる。流通を検討するうえでは，商取引の流れとしての経路（商流），製品の輸送・保管に関する経路（物流）という2つの視点がある。物流機能とは，①配送（商品・品揃え・誤置き（場所・人）），②配達時間（配車・ピッキング），③保管場所（ロケーション管理FTコード，先入先出し，日付管理），④商流補完（納品・検品・伝票）に分けられる。商流機能とは，①受発注（受注・発注），②代金回収（納品受領伝票，振込），③顧客管理（名簿，与信管理），④金融リスク分担（流通に必要な資金の調達と融資）に分けられる。

　そこで，生産者と消費者の懸隔を埋めるための方法として直接流通か間接流通の2つの手段がある。直接流通は，生産者と消費者が直接接触し取引することで，そのメリットは，情報伝達，商品配送などの取引が確実且つ迅速になる。一方，デメリットとして，流通コストが相対的に高くなる。その事例としては，通信販売（カタログ，インターネット，TV等），訪問販売などが挙げられる。また，間接流通は，生産者（M）と消費者（C）の中間段階に流通業者（卸売業者（W），小売業者（R））が介在することになる。そのメリットとしては，流通コストが相対的に低くなる（図2-14）。

　その理由は，図2-14にあるように製造業（M1-3）と消費者（C1-3）との間の取引数は，間接流業者（W）が介在することにより9（3×3）から6

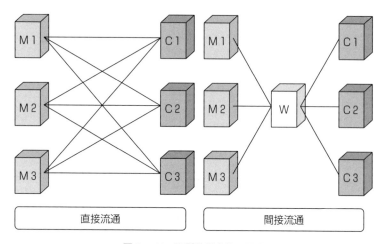

図2－14　取引数最小化の原理

（3＋3）に減少する。製造業と消費者の取引数は直接流通では製造業数Xと消費者数Yの掛算になるが，間接流通では製造業数Xと消費者数Yの足算になる。従って，流通業者の数が増加すればその効果は大きく増加する。但し，デメリットは，仲介業者が入ることにより情報伝達，商品配送などの確実性・迅速性が低下することである。消費者の数が増えチャネルの数や段階が増えると，コストが増加する。十分な経済性分析と同時に，商品配送などの確実性・迅速性が低下しないように，物流サービス品質等の「見える化」が必要になる。

　そこで，中間業者を選択する場合の重要な評価機軸は，①調査力（製品の交換を計画し，実施する為の情報収集），②プロモーション（広告，販売促進の促進，人的販売），③接触力（見込み客を探し，コンタクトをとること），④マッチング力（顧客の要求にあわせた製品を提供する為に，包装・組み合わせを行うメンテナンス・サービス），⑤交渉力（価格を含む販売に関わる諸条件の最終合意作りを行う）が挙げられる。その流通戦略の種類には，①直販流通（通信販売），間接流通，②オープンチャネル（開放的）政策，③セレクトチャネル（選択的）政策，④クローズドチャネル（排他的・代理店）政策がある。その流通戦略選択の意思決定は，商品特性，ターゲットとする顧客特性，競争環境，経営資源等から十分な検討を行い意思決定す

る必要がある。

## 2.4.5. 販売促進（Promotion）

　販売促進（Promotion）とは，消費者に対して，商品，購入場所・方法，及び価格について説得し，想起（思い起こさせる）情報提供活動であるといえる[27]。どんなに良い製品を開発しても，消費者にそれを知っていただけなければ販売には結びつかない。その具体的な活動には，広告，人的販売，販売促進（狭義のプロモーション），パブリシティ等がある。これらの販売促進手法を表側に，その特性，機能，具体的方法を表頭にして，一覧化したものが下図2－15となっている[28]。以下に，そのおのおのについて説明を加えながら解説をしていく。

　広告とは，広告主が優良の媒体を通じてメッセージを伝達する施策である。広告の特徴には，広告主が明示される点，非人的媒体が介在している点，広告

|  | 特　性 | 機　能 | 具体的方法 |
|---|---|---|---|
| 広　告 | 広告主負担で行う宣伝<br>発信者の一方的な方法<br>マス市場へのアプローチ | 認知，リマインド<br>情報提供 | TVCM広告<br>新聞・雑誌広告<br>ネット広告 |
| 販売<br>促進 | 特定の興味・関心を持つ対象者への一方的なコミュニケーション | 購買促進 | クローズド・キャンペーン，<br>サンプリング，値引き，<br>POP広告 |
| 人的<br>販売 | 営業販売活動。顧客に対する双方向コミュニケーション | 購買促進<br>取引先支援<br>市場の声吸い上げ | セールス・フォース，新製品説明，<br>配荷率キャンペーン，<br>代理店発表会 |
| 口コミ | 消費者同士のネットワークによる双方向コミュニケーション | 情報信頼性の向上<br>確認行動 | 口頭，電話，電子メール<br>ホームページなどの掲示板 |
| パブリ<br>シティ | マスコミなどの第三者が商業的意味あるニュースを公の媒体に発信・報道する一方的なコミュニケーション。企業負担無し | 信頼性の高い<br>情報認知 | TV／ラジオ，雑誌などの<br>ニュースや編集者記事 |

図2－15　グロービスMBAマーケティング

出所：『ダイヤモンド』を参考に筆者作成。

44 |

主が料金を支払っている点，の３つがある。そのコミュニケーション効果は，如何に最良顧客に効率よく情報を伝達し，購買行動を起こしたくなるような動機付けができるかどうかとなる。

　これまでの広告効果理論はAIDMA理論が主流となっていた（図２−16）。広告は当該広告に目を向けることから始まるので，まずは①注目（Attention）を引かねばならない。次に，その内容に②関心（Interesting）を持ってもらい，この商品だと自分も買っても良いかなという③積極的な態度に変化（Desire）させなければならない。その感情を④記憶（Memory）し，心に留めておかれることで，ある購買のチャンスがあった場合に，記憶の中からその商品に対する積極前向きな態度を思い出し，⑤購買行動（Action）に移すことになるというものである。

　この伝統的なAIDMA理論に対し，SNSが普及した現代では，この購買行動要因構造がAISAS構造へと変化してきているといわれるようになった[29]。

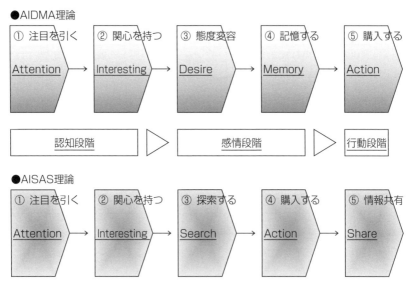

図２−16　広告効果理論比較

出所：Hall（1985）を筆者修正。

導入部分としての①注目（Attention），②関心（Interesting）では変化は無いが，この商品だと自分も買っても良いかなという意思決定の場面が③情報検索（Search）へと変わっている。これがAISAS理論である。当該商品に関する商品情報を十分に検討した期間を経る，これまでより慎重な購買行動が顕在化してきているのである。その検討期間を経た後の④購買行動を起こした結果については，他の顧客へ情報を⑤共有化（Share）し同調者や共感者を確認することで，より満足度を得られる行動に出るというものである。

　使用される媒体にはマス媒体（テレビ・ラジオ・新聞・雑誌），口コミ，インターネット広告，屋外広告（地域セグメンテーションが可能，再接触率が大きい）などがある。これらの媒体を最適に組み合わせ，コア・ターゲットにメッセージが十分に伝達できるようにすることをメディア・ミックスという。この媒体ミックスを通じた顧客へのメッセージが，本当に消費者にとって分かりやすく，納得のいく表現になっているかどうかという視点から，コミュニケーションを考えるよう検討が必要となる。

　人的販売とは，販売員や営業担当者を媒体として行われるコミュニケーションと販売の活動である。人的販売は顧客ニーズや状態に合わせて説明活動や販売活動が行われるため，市場導入して間もない製品や消費者に使用方法を伝える必要の在る製品などのプロモーションに効果を発揮する。しかし，人を媒介としているために高いコストが必要になる。

　販売促進（狭義のプロモーション）とは，消費者の製品購入を促進させる短期的な動機付け施策である。販売促進の目的は，具体的な購買行動を促すことにある。具体的には，クーポン，プレミアム（おまけ），懸賞キャンペーン，ポイント制度，キャッシュバック・キャンペーンなどがある。また，店内に入店する前に購入する製品を決定させることを目的にするものと，入店後の購入を促進させる目的のもの（特にこれをインストア・プロモーションという）とがある。使用者（ユーザー）と購買者（ショッパー）は異なるという視点から，ショッパー行動の分析を行うショッパー・マーケティングという考え方がある。

　口コミとは，消費者同士のネットワークによるSNS情報のやり取りを利用

した販売促進方法である。近年では，このTwitterやブログ，インスタグラムといったSNSを活用して，話題に上ったキーワードやビジュアル映像を活用し，一連の販売促進サイクルとした活用が目立ってきている。また，企業が行った販売活動が即日，消費者反応として，手元に届くことから双方向のコミュニケーションが可能となり，これまででは考えられないほど速いスピードで，販売施策評価と変更が可能な手段となっている。

　パブリシティとは，自社や自社製品の情報がTV番組や新聞・雑誌などのマス媒体やインターネットの記事として取り上げられることを言い，番組や記事として取り上げられる活動のことをパブリシティ活動と言う。媒体側が情報を取り上げるかどうかを判断するため広告料は無料となり，パブリシティに対して企業側がその内容や時期についてもコントロールすることができない。但し，媒体側が公平な観点から情報を報じていると消費者が判断しているため，同じ内容を広告で伝えた場合よりも，その内容について信憑性を持つ場合がある。その他，媒体が企業から費用を支払ってもらった上で記事風に情報を取り上げる活動ペイド・パブリシティといったものもある。

## 3．消費者行動における先行研究

### 3．1．消費者行動研究の歴史

　研究の現状を的確且つ体系的に把握するために，その歴史的な発展経過を見ていくことにする。

#### （1）1950年代の研究と課題

　第二次大戦後のこの時期，いち早く大衆消費社会に突入した米国では，マーケティング実務上の要請を受け，様々な領域の理論や知見，方法論を援用しながら直接的に消費者行動を研究する試みが盛んになった。中でも，一番もてはやされたのが，消費者を購買へと駆り立てる動機付けの心理的メカニズムを解明しようとするもので，「人はなぜそのモノを買うのか」「どうすれば買物意欲

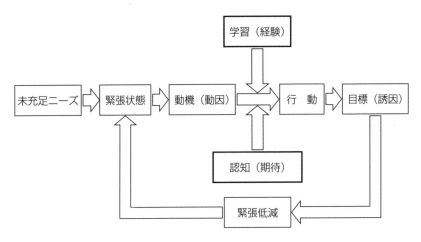

図2－17　動機づけプロセスの概念モデル

を刺激できるのか」といった素朴な問いかけに対して，精神分析学の概念や手法を用いて解明しようとするものであった。後述する購買者（ショッパー）分析に関連するため，少し詳しく概念的な整理をしておくことにする。

　一般的に「動機づけ」（Motivation）とは，人を行動へと駆り立て，その行動を方向付け維持する心理的なメカニズムを指し，「動機」（Motive）とは，そのようなメカニズムの中で，特定の行動を駆動し方向付け維持する内的な要因や状態を指す概念である。このような動機づけのプロセスを図示したものが，図2－17である[30]。

　図中左側に位置する未充足なニーズによって緊張状態が生じ，それが引き金となってニーズの充足や緊張状態の緩和に繋がる行動が生起する。その際，行動の駆動力となる内的状態を動機ないし動因（Drive）と呼ぶ。一方，行動を生起させる外的要因は，目標（Goal）ないし誘因（Incentive）と呼ばれ，前者は望ましい理想状態のことであり，後者は，ニーズを充足する能力を持った対象のことを指す（購買行動においては，製品やサービスが誘因に当たる）。そして，動機や動因によって，目標の達成や誘因の獲得に繋がる行動が駆動され，その結果，ニーズの充足と緊張状態の低減（解消）がもたらされるのである。

　ここで，「ニーズ」（Needs：欲求）とは，行動を発現させる生理的な未充足状態（あるいは不均衡状態）のことである。ニーズには，一次的（生理的）なものと二次的（心理的・社会的）なものがあり，前者は，生命を維持するために生理的に不可欠で生得的なニーズ（渇き・空腹・性・睡眠・苦痛回避など），後者は，後天的な学習によって獲得された真理的・社会的なニーズ（達成・神話・依存・攻撃など）のことである。特に後者の社会的ニーズに関しては，マレーによる詳細分類があり，中でも，獲得（モノを所有する），遊び（リラックスする），自己顕示（他者の注意を引く）などのニーズは，消費者行動を考える上でも示唆的である。

　またよく知られているように，マズローの欲求階層理論[31]では，ニーズには，①生理的ニーズ，②安全のニーズ，③所属と愛情のニーズ，④自尊のニーズ，⑤自己実現のニーズ，という順序での階層構造があり，低次のニーズが満たされると高次のニーズに移行して行動に影響すると考えられている（後に，知識ニーズや美のニーズが追加されている）（図2－18）。

　また，この時期には心理学だけではなく，社会学（社会階層，準拠集団，対人的影響などの理論）や社会心理学（認知不協和理論など）に依拠した研究や，消費者態度指数の開発代表される経済心理学などが，消費者行動研究の領域でも積極的に援用されてきた[32]。

図2－18　マズローの欲求階層理論

　すなわち，消費者の購買行動にかかわる心理的要因の中でも，特に，潜在的欲求（建前ではなく本音）に着目し，「なぜ」の部分に光を当てたことから，別名「Why research」とも呼ばれている。また，その目的からフロイト流の精神分析学に基盤を置き，潜在意識や無意識の世界に潜む一見，非合理的な動機や情動的な動機を積極的に扱った点も，この研究の特徴と言える。

　例えば，モチベーション・リサーチでは，意識を①意識，②前意識または潜在意識や③無意識の3つに区分し，質的調査技法を駆使して，②潜在意識や③無意識に根ざす購買行動を探り出そうとしている。これらモチベーション・リサーチは，消費者の潜在的欲求を探り出すため，あるいは製品やサービスのシンボリックな意味合いを映し出すために質的な調査技法が多用されている。

　ここでいう「質的（定性的）調査技法」とは，消費者の深層にある考えや感情，あるいは様々な刺激に対する反応を引き出すために用いられる構造化されていない調査技法のことで，具体的には，次のような技法が開発された。

① 　深層面接法：ある事柄についての深層心理を探り出すために行われる個別面接技法

② 　連想法：刺激語を与え，それに対する本能後を調べる方法

③ 　文書完成法：課題として文書を提示し，その欠けている箇所を補わせる方法

④ 　絵画統覚テスト（TAT：Thematic Apperception Test）：ある状況を描いた絵を見せて物語を語らせる方法

⑤ 　略画法：人物の会話場面などを見せて，吹出しの中に言葉を記入させる方法（TATの簡略版）

　これらのうち③〜⑤は投影法（Projective Technique）と呼ばれる方法である。投影法は，ややもすると抑圧されて回答としては表面化されにくい被験者自身の観念や感情を，間接的な形で，あるいは，他者のものとして回答の中に投影（Project）する調査技法のことである。これによって「タテマエ」の回答ではなく消費者の「ホンネ」を探りだせると考えられている。

　また，通常これらの技法は少数の被験者に対して精神分析学や臨床心理学の

専門化が十分な時間を掛けて面接し，事例の詳細な記録と観察を行う形で実施
される。その点で，多数を対象とした，定量調査とは大きく異なるものであっ
た。最近では，「コンシューマー・インサイト」などと呼ばれ，潜在意識や深
層心理への関心が深まる中で脳科学研究などとも結びついて，ザルトマンの
ZMET（ザルトマン・メタファ表出法）などに代表される新たな手法にも，その思
想や手法は受け継がれている。

　また，従来の定量的技法では（1）意識領域における合理的動機しか解明で
きないとして，むしろ非合理的な動機や情動的な動機の解明に取り組んでいる。
この書でザルツマンはマーケティング調査に関する6つの間違った考え方を指
摘している[33]。

① 消費者の思考プロセスは，筋が通っており合理的且つ線形である。
② 消費者は，自らの思考プロセスと行動を容易に説明できる。
③ 消費者の心，脳，体，これを取り巻く文化や社会は個々に調査可能である。
④ 消費者の記憶には，彼ら彼女らの経験が正確に現れる。
⑤ 消費者は，言語で考える。
⑥ 企業から消費者にメッセージを送りさえすれば思うままに解釈してくれる。

　そして，このような間違った使用理論がまかり通ってしまった結果，「調査
の80％以上は，新たな可能性を試したり発展させたりするものではなく，主
に既にある結論を強化する為に使われている」とも指摘している。

### （2）1960年代の研究と課題

　異なる学問的背景を持った研究者が消費者行動研究の領域に数多く参入し，
多方面での研究が一気に進展したのがこの時代である。まず，50年代から続
く研究の流れとして買い物日記式のパネル調査データを用いたブランド・ロイ
ヤルティ研究が盛んになり，やがてそれはOR（オペレーションズ・リサーチ）や
経営科学の研究者たちを巻き込む形で，確率型ブランド選択モデルの構築へと

発展していった。これら一連の研究は，ある意味で，消費者の潜在意識を扱ったモチベーション・リサーチ研究の反動もあり，分析対象を観察可能な行動の側面に限定し，客観的で科学的な研究を行おうとした点に特徴がある。また，それらの多くは消費者の行動を刺激と，それに対する反応によって捉えようとした点で，刺激—反応（S-R）アプローチと呼ばれる研究の流れを形成した。

　そして60年代後半，態度などの媒介変数を組み込んだ消費者行動の包括的概念モデルとして，ハワード＝シェス・モデルなどが構築された[34]。

## （3）消費者行動研究の滋養期（1970〜90年代の研究）

　1970年代にはいると，それまでの「刺激（stimulus）—反応（response）」（S—R）アプローチから「消費者情報処理」（S—O（organism）—R，ここで示すOは生体organismを表し，刺激を受けて反応する消費者自身の内的なメカニズムを指している）アプローチへとパラダイム変換が起こった。ここでいう消費者情報処理アプローチ（消費者情報処理理論）とは，認知心理学などの影響を受ける形で形成された消費者行動の新たな分析の枠組みのことである。消費者が自ら進んで情報を探索・取得・処理して行く内的なプロセスに焦点を当てた研究のことである。本来S−Rアプローチは，観察可能な顕示的行動のみに分析対象を限定し，内的プロセスは対象としないと言う点で，一種のブラックボックスモデルを前提にしていた（図2−19）[35]。

　これとは一線を画すように消費者の情報探索行動や選択行動を起こす内的なプロセスに関する研究，あるいは広告情報処理に関する研究などが行われた。具体的には，刺激と反応を結ぶ媒介変数としての「態度」が注目されるようになった。ここでいう態度とは，ある対象に対して個人が持つ心理的な構えのことである。

　従来，態度は好意的—非好意的といった単一次元で捉えられていた。それが，製品やブランドに対する消費者の態度を，多元的に説明する多属性態度モデルが発表されることで見直されるようになった。この多属性態度モデルは，フィ

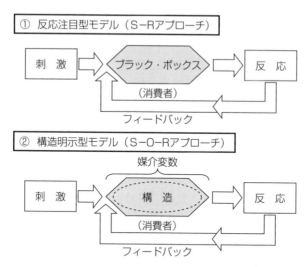

図2-19　ブランド選択モデルの構造対比[36]

ッシュバインとエイゼンが提案したものである。それは，製品やサービスは，消費者の複数のニーズに対応し，それらを満たすために複数の属性（多属性）を保有している。例えば，歯磨きであれば，味や香り，成分，デザイン，価格などが属性に当たる。そして，このような多属性に対する態度という視点から，全体的態度を多元的に説明するモデルとして提示された。

　このモデルは，動機づけのメカニズムを説明する理論である「期待―価値」モデル（個人のある行動の傾向性は，その行動がある結果をもたらす期待の強さと，その結果の価値によって決まるとするモデル）をベースに，それを多属性な対象に対する態度構造に当てはめたものである。すなわち，このモデルでは，ある対象に対する個人の態度は，ある属性を当該対象が有すると思う個人の期待と，その属性の価値との積を，すべての属性について計算し，合計した総和によって決まると考えられた。これを計算式で表せば，次のようになる[37]。

$$A_0 = \sum_{i=1}^{n} biai$$

A$_0$：ある対象O（製品やブランド）に対する態度（全体的評価）

bi　：対象Oが属性iを備えている確度（期待値に対する充足度）
ai　：属性iに対する思い，記憶や評価
n　　：属性の総数（全体的評価）

したがって，あるブランドに対する消費者の態度を変化させたいのであれば，①ある製品属性への期待，思いに対する充足度を改善する，②ある製品属性に関する思いや記憶を改善する，③全く新しい製品属性を付与する，という施策がこの式からわかる。

## 3.2. 消費者行動における用語の定義

日用品市場を理解し，消費者の行動観察を分析していく上で，必要となる消費者行動における用語をここで定義する。生活行動は，次の3つの環境要素，（1）生活環境，（2）生活構造，（3）生活意識と相互に影響しあい，広義の消費者行動として（4）消費行動，（5）使用行動，（6）購買行動，（7）買物行動の4つのレベルとに分類することができる[38]。

### （1）生活環境

生活主体としての家族や家計の行動に対して，生活構造や生活意識を経由して間接的な影響を及ぼす外的な環境要因群である。具体的には人口動態，経済動向，政治情勢，社会的風潮，社会制度，技術動向などのマクロ的要因が含まれている。例えば，景気や雇用状況といった経済動向は生活主体の所得面に，また，社会的風潮などは意識面に影響を与えられる。

### （2）生活構造

生活主体の構造的側面として生活資源の量や内容を規定し，生活行動を条件付け，制約する要因群のことである。具体的には世帯収入，家族構成，居住形態，資産の保有パターンなどが挙げられる。この内，世帯収入などはフロー的要因であるが，資産の保有パターンなどは過去の生活行動（ここでは所得配分）の結果として形成されたストック的要因である。

## （3）生活意識

　生活主体の価値意識的側面として，生活構造と相互作用しつつ，生活行動を方向付ける要因群である。具体的には，価値意識，生活信条，生活目標，生活設計，帰属意識，動機，パーソナリティなどが挙げられる。

　図2−11で双方向の矢印で示されているように，各要因間および行動レベル間には相互作用があると考えられる。例えば，生活意識が，生活構造を方向付けていくだけでなく，生活意識それ自体も，生活構造によって条件付けられる（生活設計や生活目標によって，家族構成や居住形態は異なり，反対に世帯収入によって生活設計も変わる）。

## （4）生活行動

　生活構造と生活意識から直接的影響を受け，また，生活環境から間接的影響を受けつつ，生活主体が行う行動のことである。具体的には時間，所得，空間などの生活資源の配分行動として捉えられる。また，生活資源配分としての生活行動は，生活構造と生活意識によって制約され，方向付けられ，コントロールされるが，中・長期的には，それらを修正していくものと考えられる。そして，購買行動や使用行動の結果も消費行動，更には生活行動へとフィードバックされていくのである。

　このように，消費行動を単に所得配分・支出配分として限定的に捉えるのではなく，生活資源の配分の枠組みの中で位置づけると，その体系が理解できる。

## （5）消費・使用行動

　生活行動の中でも，経済的資源としての所得配分に関わる行動を指す。具体的には，消費と貯蓄の選択，費目別支出配分などを内容とし，時間配分や空間配分との相互作用の中で実行される。消費者行動は製品やサービスを購買するだけではなく，それらを消費（使用）して，最後に処分・廃棄して完了する。

　このような製品・サービスの購買後における消費・使用方法の決定，保管・

廃棄・リサイクルの決定などの部分を指して「使用行動（処分行動）」と呼ぶ。例えば，製品の使用場面や使用方法は，製品開発や製品改良との関連で重要な分析視点であり，また，処分や廃棄，あるいはリサイクルについても環境問題意識との関連で分析の重要性は高まってきている。

### （6）購買行動（製品やサービスの選択と調達）

　消費者行動の中でも，具体的な形での製品，サービスの入手・調達に関わるレベルを指して，「購買行動」と呼ぶ。狭義には製品カテゴリーの選択，ブランドの選択，購入量・購入頻度の選択などが含まれ，広義には次に述べる買物行動も含めて考える必要がある。

### （7）買物行動

　購買行動の内，買物の場所の選択，店舗の選択を内容とする部分を指して「買物行動」と呼ぶ。買物行動には，実際に店舗にまで出向く地理的・空間的な行動としての買物出向だけではなく，無店舗販売（ネットを含む通信販売など）を利用したホームショッピングなども含まれる。

　買物行動は銀座や新宿・渋谷といった商業集積空間，あるいは三越や伊勢丹といった店舗間で行われる店舗間買物行動と，特定の店舗内での売り場間や売り場内で行われる店舗内買物行動に分類される。このような「どこへ買物に行くか」あるいは「どこまで買物に行くか」に着目した買物行動分析レベルは，特に小売業の立場からは有用である。例えば，店舗間買物行動分析に関しては立地や商圏問題への適用が，また，店舗内買物行動の分析では，売場レイアウトや商品陳列・品揃えなど店頭マーケティングへの展開が有用となる。

## 3. 3. 消費者行動分析における構造的アプローチ

　生活を創造し維持するために消費者が行う活動を総称して「消費者行動」と呼んでいる。米国マーケティング協会（AMA）の定義によれば，消費者行動（consumer behavior）とは，「製品やサービスの市場における消費者ないし意思

56 |

決定の行動」でありかつ，「そのような行動を理解し記述することを企画した学術的で科学的な研究領域」を指す用語だとされている[39]。

このように，英語表記では，消費者行動それ自体と，それを対象とする研究領域を区分していないが，筆者は後者を指す用語として「消費者行動論」を用いることとする。消費者行動研究の歴史を辿ると，当初は「人々はなぜ購買するのか」という購買動機や「どのように階買するのか」といった購買行動の問題に，研究の焦点が当てられていたが，近年では，それに加えて「人々はなぜ消費するのか」，あるいは「どのように消費するのか」といった消費者行動にも光が当てられるようになってきた[40]。また，それに伴い購買時点での選択行為だけではなく購買行動後の消費や使用のプロセスに対しても研究上の関心が向けられ始めている。

### （1）消費者行動の生活体系アプローチ

消費者は，1日24時間という生活時間を労働と（広義の）余暇時間とに配分し，労働として得た所得を原資に，生活に必要な製品やサービスを手にいれる。このような所得配分に関わる行動，具体的には①消費と貯蓄の配分，②消費支出の品目別配分，といった支出配分行動を指して「消費行動」と呼ぶ。現在の為の消費か，将来の為の消費（蓄積）かの選択に始まり，製品（モノ）かサービスかの選択，あるいは衣・食・住のどこにウェイトを置くかなど，支出配分は消費者の価値意識を反映した生活様式・消費様式の選択問題でもある。

こうした消費行動の変化は，マクロ的には様々な市場動向（その成長や衰退）に影響を及ぼし，産業構造の変化の遠因ともなる。それゆえに，これまでにも市場機会の発見を意図した消費者行動分析（例えば，ライフスタイル分析など）が数多く行われている。このような生活資源の配分行動を「生活行動」と呼ぶならば消費行動は，その一部，一側面であって「所得配分」という経済資源配分，具体的には家計の支出配分として位置づけられる。

元来「Home」（家庭）の古語に当たる「Ham」には2つの河が合流する三角地帯に造られた自然の砦という意味があり，流動的な河と固定的な砦という2

つの力のバランスの上に成り立つ「家なるもの」を維持することが「Household」（家計）の語源だといわれている[41]。また，家庭を拠り所として，様々な社会関係の中で営まれているところの「家庭生活」とは，生活主体である家族が，家族を取り巻く状況や事象の下で，家族の生活資源を用いて，家族の生活欲求を満足させ，家族の生活価値を実現させる生活行為の連続過程であるとする考えもある[42]。

　このような生活主体としての「家族」，生活の場としての「家庭」，生活の仕組みとして「家計」という用語法を，日常生活における消費の位置づけとして整理するならば，次のようになる。すなわち，生活主体としての家族は，もてる生活上の諸資源（時間・所得・空間など）を用いて，日々，様々な生活上の課題を解決しつつ，生活自体を「再生産」している。このような生活資源の配分行動を「生活行動」と呼び，その中で「所得配分」という経済資源の配分，具体的には，家計の支出配分として位置づけられるものが消費行動である。

　また，生活行動は，生活主体としての家族や家計がおかれている「生活環境」やその構造的側面である「生活構造」，あるいは意識的側面である「生活意識」の影響を受けており，これらの全体的関係を踏まえた上で，消費者行動および購買行動・消費行動が規定されるものと考えられる。生活環境を背景として，生活構造—生活意識—生活行動の3点セットで生活主体の行動を説明しようとする分析アプローチを生活体系アプローチと呼んでいる[43]。

### （2）消費者行動のメカニズム

　経済学者のベッカーは，ほとんどの消費には家計内での最終加工過程が必要であるとし，通常は家事活動が担うこの部分を 「家計内生産」と呼んでいる。また，家計は家事の一部を市場でのサービス購入という形で外部化することができ，家計内生産か市場購入（家事の外部化）という消費様式の選択は，当該家計にとっての時間コスト（損じた時間を働いた場合に得られる所得額といった機会コスト）に依存するとしている[44]。

　この考え方に基づけば，一方には多くの生活時間を家計内での最終加工に投

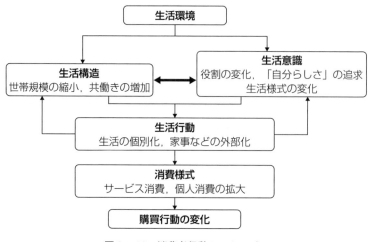

図2-20　消費者行動のメカニズム

じて，手間隙をかけた消費を行うという時間集約的で家計内生産型の消費様式
があり，他方には出来る限り家事は外部化し，加工度，完成度の高い製品（そ
のまま消費できる製品）やサービスを利用した消費を行うという時間節約的で市
場購入（外部化）型の消費様式を時間コストに勘案して選択しているのである[45]。
それを生活体系アプローチから図式化したのが図2-20である[46]。

　まずは生活様式や消費様式が規定され，それが具体的な支出配分に反映され
ると考えられる。ここでいう「生活様式」とは時間・空間・所得といった生活
上の諸資源を，どのように配分し利用していくかという生活行動様式の様式
（型）であり，その基本パターンのことである。同時に「消費様式」とは，特
に所得配分に焦点を当てた財・サービスの選択行動の様式（型）であり，その
基本パターンのことを指す。このような生活様式・消費様式の有様は，特に生
活構造や生活意識の変化を受けて変容し，結果として消費の変化を生み出して
いくと考えられる[47]。

　例えば，単独世帯の増加に代表される世帯規模の縮小や，共働きの増加とい
った生活構造の変化は，まずは「時間コスト」を増大させ「家事の外部化」
といった生活様式の変化を生み出す。そして，それはサービス消費の増大とい

う消費様式の変化と家事の代行サービスなどへの支出の増大といった具体的な消費・購買行動に繋がっていく，といった具合である。あるいは，家庭内での役割意識の変化や「自分らしさ」の追求といった生活意識の変化が，時間的・空間的な「生活の個別化」や「家計の固別化」を推し進め消費支出におけるパーソナルユースの割合を増大させていくと考えられる。

### 3．4．消費者行動様式からのアプローチ

　支出配分としての消費行動は，生活様式や消費様式をベースとして規定されると考えられる。このような消費行動を分析する視点として（1）ライフサイクル（ライフステージ），（2）ライフスタイル，（3）ライフコースという3つのアプローチについて整理しておくことにする[48]。これら3つのアプローチは生活主体としての家族（場合によっては個人）の生活構造上ないしは生活意識上の特徴に着目し，その集約的指標と消費行動とを関連づけて分析するための視点である。

#### （1）ライフサイクル・アプローチ（ライフステージ）

　一般に「ライフサイクル」（Life cycle）とは，生物の一生に見られる個体の発生から消滅に至る循環のことで，「生命周期」とも訳される。人間のライフサイクルも，出生―成長―成熟―老衰―死亡といった規則的な推移を辿るが，これを家族の生活周期として捉え直したものが「家族ライフサイクル」（Family life cycle）の概念である。すなわち家族それ自体は集団であって，生命を持たないが，夫婦の結婚によって成立し，子どもの誕生によって構成員を増やしている。またこどもが成長して独立した後，やがて夫婦の一方が死亡することで家族という集団は消滅して行く。このような家族の形成―発展―衰退―消滅という規則的周期に着目し，各段階における生活行動や消費行動を分析対象とするのが，ライフサイクル・アプローチである。

　ライフサイクル上での典型的な段階設定（これを「ライフステージ」と呼ぶ）を示したものである。基本は「独身段階」から「新婚段階」，「満杯の巣段階」

（フルネストfull nest），「空の巣段階」（エンプティ・ネストempty nest）を経て，「高齢単身段階」にいたる単線的な流れが想定されている。

　また，ある段階と次の段階とを画する出来事は「ライフイベント」（life event）と呼ばれる。例えば，「新婚段階」と「満杯の巣段階」を画する出来事は第一子の誕生である。家族は様々なライフイベントを経験しながら，次の段階へと移行していく。そして，各ステージによって，家族構成や家計収入などの生活構造は大きく異なり，その結果，消費の特徴も大きく異なってくる。

　ライフサイクル・アプローチでは，人々は皆，同じような形でライフサイクル上の段階（ライフステージ）を経験し，また各段階は同質的であるという前提が置かれていた。しかし，当然，同じ段階にいる家族でも価値意識は異なる。また，非結婚化や晩婚化，あるいは未婚の一人親の増加などにより，そもそも家族ライフサイクルが「結婚」から始まるという前提も大きく揺らいできている。こうした中，消費者の価値意識の違いに着目したライフスタイル・アプローチの重要性が増してきた。また，単線型のライフサイクルを想定するアプローチの妥当性や有効性が疑問視される中から，後で紹介するライフコース・アプローチが登場する[49]。

## （2）ライフスタイル・アプローチ

　「ライフスタイル」（Life style）という言葉自体は，マーケティングや広告の実務で古くから多用され，すでに日常語化している用語であろう。このライフスタイルの概念は，古くは社会学者のウェーバーを起源としており，特定の社会階層内部で共通化される財の消費や価値観，生活態度に関する複合的なパターン（特定の生活様式で表現される財の消費原則）として捉えてきたといわれている[50]。またライフスタイルを「生活空間，生活時間，そして価値観のすべてを包括した，その人の生活様式，生活スタイル」と定義し，ほぼ「生活様式」に近い概念として捉えることができる。

　このようにライフスタイルとは，人々の生活の仕方，その人の価値意識を反映し，具体的には，そのお金の使い方，選択する財やサービス，行動の組み合

わせの型（パターン）として捉えられる概念である。また，ウィルキーは，ライフスタイル研究の歴史を整理し，その源流にモチベーション・リサーチやパーソナリティ研究から発展した「サイコグラフィックス」（Psychographics）を位置づけている[51]。

　ここでサイコグラフィックスとは，「消費者を心理的次元上に位置づける定量的調査技法」の総称であるが，その調査手法は，初期のAIOアプローチに始まり，その後は，消費者の下位意識に注目してライフスタイルを類型化する試みへと発展している。次にコンセプト開発やコンセプト構造分析などに，良く活用される，ライフスタイル分析の代表的手法の３つの調査・分析アプローチを紹介しておく。

① AIO（Activities, Interests, Opinions）アプローチ

　ウェルズらによって提唱された初期の代表的な分析手法である。ジフが提案したサイコグラフィックスの具体的手法としても位置づけられている。頭文字の『活動（A）：どのようなこと（仕事，趣味，娯楽など）に時間を使っているか』『関心（I）：どのようなこと（ファッション，食事など）に興味・関心を持っているのか』『意見（O）：政治，社会問題など，様々な出来事をどのように感じているか』という３つの側面（＋デモグラフィック特性）について質問することで，生活全般に関するライフスタイル，あるいは特定の生活領域や製品カテゴリーに関するライフスタイルを測定しようとするものである[52]。

② VALS（Value and Lifestyle）アプローチ

　スタンフォード大学の研究センターで開発されたライフスタイル類型で，その理論的ベースはマズローの『欲求階層理論』やリースマンの『性格類型論』などにあり，価値やライフスタイル，消費行動に関する約800問の質問項目を用いて，９つの価値類型が抽出されている。具体的には，①生存者型（生きていければ，よいと思っている人々），②受難者型（社会の底辺にいるものの上昇志向は強いが未だに成功していない人々），③帰属者型（伝統を重んじ保守志向の強い人々），④競争者型（上昇志向は強いが未だに成功していない人々），⑤達成者（すでに体制を作り上げ，その頂点にいる人々），⑥自分は自分型（外向きよりも自分の内面への志向性が強

い人々），⑦試行者型（いろいろなことへの挑戦志向が強い人々），⑧社会意識型（内部志向だけでなく社会的な出来事へも積極的に参加する人々），⑨統合型（内外共にバランスのとれた人々）の9つの類型である（これらの内，①と②は欲求追随型群，③〜⑤は外部志向群，⑥〜⑧内部志向群，⑨は統合群という4つのグループに大別される）[53]。

③　LOVアプローチ

　VALSに対抗する形でミシガン大学調査研究センターが開発した手法で，AIOアプローチやVALSと比較して，きわめて単純な調査によって対象者の価値意識を測定する点に特徴がある。具体的には「帰属意識」「人生の楽しみや喜び」「他人との温かい関係」「充足感」「他人からの尊敬」「興奮」「達成感」「安心感」「自尊心」という9つの価値意識項目を被験者に提示し，自分にとって最も重要な価値を2つ選択，9つの価値項目の相対的な順位づけ，価値意識項目ごとの9段階評定評価によって知識を測定する。

（3）ライフコース・アプローチ[54]

　ここでいう「ライフコース」（Life course）とは文字通り「人生の筋道・軌跡」のことであり，「個人が一生の間に辿る筋道（人生行路）」を指す概念のことである。元来，家族社会学の分野において，従来の「ライフサイクル」概念に変わるものとして，1970年代に登場した分析アプローチであるが，近年では，個人の生き方の選択と社会変動とを結びつける分析視点として独自のスタンスを表現したものである。

　人は一生の間に就学，就業，結婚，出産，といったライフイベント（人生上の出来事）を経験し，そこでの選択に伴って，様々な社会的な役割を獲得していく。例えば，結婚に伴って夫ないし妻の役割，出産に伴って父親ないし母親の役割を獲得している。こうしたライフイベントの継起や役割の配列を，そのタイミングや間隔に注目しながら分析していくところに，このアプローチの特徴がある。

　先に取り上げたライフサイクル・アプローチでは最頻値として現れるモーダル・コース（典型的なコース）を念頭に置き，人は誰でも，独身，新婚，子育て

（満杯の巣），子育て開放（空の巣），高齢単身という段階を踏んでいくことを想定していた。このため典型的でない家族（例えば，子供のいない夫婦，離婚，再婚の夫婦など）をモデルの中に取り込んで分析することは困難であった。また現実の社会に目を向ければ，単に離婚・再婚の増加にとどまらず長寿化によって「空の巣」期間や「お一人様の老後」の期間は伸び，晩婚化や晩産化で結婚・出産のタイミングは遅れ，さらには生涯未婚者や子供を持たない夫婦が増加するなど，家族のライフサイクルは急速に複線化・多様化してきている。その結果，もはや従来型のライフサイクル・アプローチでは，現実に十分対応できなくなってきている。

　この点で，まずは家族の中での個人の生き方（人生）に着目するライフコース・アプローチは，先述した「家族の個人化」が進む現代社会に適した分析視点ではないかと考えられる。また「生き方の選択」が可能となり，選択したライフコースによって生活上の大きな違いが生まれる。特に，長寿化社会を迎えた日本においては，必要不可欠な分析アプローチ視点であると考える。

## 3. 5.　消費者行動調査手法の先行研究[55]

### 3. 5. 1.　エスノグラフィ的アプローチ

　ここでは，エスノグラフィとは何かを簡単に解説しておく。フェッターマンによれば，エスノグラフィの定義は以下のようになる[56]。エスノグラフィとはある集団の文化を記述する作法であり，（中略）その記述は遠く離れた土地の小さな部族社会についてのこともあれば，中流階級のクラス郊外の教室についてであることもある。その仕事は，問題を明らかにするに相応しい人々にインタビューし，関連する文献や記録をあさり，ある人の意見を他の人の意見と突き合わせながら，その信頼性を確認し，特定個人の関心と集団全体との間をつなぐ道筋を探し，（中略）その問題に関心のある人々のために言葉にしていく。

　エスノグラフィック調査は，主に消費者の無意識の行動を直接観察することで，隠されたニーズを発掘し，新たな可能性を見出そうとするアプローチだが，消費者の本心については，行動を観察するだけでは分からず，推測するしかな

いと考えられている。そこで，投影法やコラージュ法，物語法，など潜在ニーズを深く掘り下げる効果的なインタビュー手法と組み合わせるべきであろう。これらを組み合わせたのが，先のジェラルド・ザルツマンらによって体系化された「ZMET」(Zaltman Metaphor Elicitation Technique) 法である。ZMET法には神経科学や心理学，現語学の研究成果に基づく原則が背景には流れている[57]。

① 思考や感情，学習の大部分は，無意識に起こる。

② メンタル・モデルがどのような刺激や情報を選考し，どのように判断するかを決める。

③ 思考は，言葉ではなくイメージに基づいている。

④ コミュニケーションの多くは，非言語による。

⑤ 意思決定には，意識的な判断の前に感情が先行する。

⑥ メタファは思考の中心である。

⑦ 人間は身体を通じて，物事の見方を獲得する。

　これらの原則を踏まえたZMET法には次のような特徴がある。

① 実験協力者が用意したビジュアル素材を用いて，イメージやメタファを駆使するインタビュー手法を通じて言語化が難しい思考や感情を引き出せる。

② 1つのトピックスについて120分を使い，深く掘り下げられる。

③ 潜在ニーズを捉える為に，複数のインタビュー手法を組み合わせ，様々な切り口からアプローチする。標準的には7つのステップが使用される。

④ 実験協力者に共通する思考や感情のつながりやパターンを把握する。人間が何を知覚し，どのように評価しているのかという，人間の認知構造を明らかにする手法であるラダーリング法を用いて，概念自体だけでなく，個々の概念間の関係を抽出し，胸中のメンタル・マップを作成することが出来る。

⑤ 意思決定の土台になっているディープ・メタファ（無意識レベルの認知の枠組み）を特定し，当該製品や当該サービスについて，ユーザーが無意識下で

どのように感じ，どのような意味を見出しているかを明らかにする[58]。

　より機能的に言えば，エスノグラフィは「フィールドワーク」と「解釈」の2つの手続きにより成り立つ。ここでフィールドワークとは，ある探索領域（フィールド）における人と人の行動，もしくは人とその社会及び人工物との関係を，人間の営みの文脈をなるべく壊さないように探索する手法を指し，解釈はフィールドワークで収集したデータに意味を付与し，理解を深める過程を示す。例えば，中根千枝が異文化社会でのフィールドワーク期間は，最低でも2年間が必要であろうとしているように，従来の人類学におけるエスノグラフィにおいて，フィールドワーク期間は長期間のフィールドワークが必要とされていた。一方ビジネス上の実用性を考慮すれば，実施に要する期間は解釈の過程を含めても，長くとも数ヶ月程度に収める必要がある[59]。

## 3. 5. 2. ペルソナ分析的アプローチ
### （1）ペルソナ分析アプローチの概要とその特徴

　エスノグラフィック調査で収集したデータを統合する手法の一つに「ペルソナ法」がある。ペルソナとは，クーパーインタラクションのアラン・クーパーがデジタル製品の設計ツールとして考案したもので，新しい製品やサービスの開発，マーケティング・コミュニケーションなど，実務界では幅広い領域で活用されている。様々なニーズを同時に満たそうとすると，結局のところ誰にとっても使いにくいものになってしまう。そこで対象顧客をユーザーという曖昧な存在ではなく，ひとりの仮想人物として具体化し，この仮想人物にふさわしいカスタマイゼーションを表現するというのが，そもそもの出発点である。

　この手法を使うことで，次のようなメリットが得られる。

①　プロジェクトのプロセスすべてにおいて，常にひとりの人物を想定して作業を進めるため，関係者全員が「誰のために開発しているのか」を共有し，一貫性のある顧客経験を考案・検討できる。

②　調査データの解釈や結論が人によって，様々になるという事態を回避できる。

③　プロジェクトを進めていく過程で様々な意思決定に迫られるが，個々の状況において，「そのペルソナは何を求めているか」という大前提の下，共通のイメージを引き出し，共有化できる。

④　プロジェクトの初期段階では，プロジェクトの今後を左右する難しい判断に直面するが，ペルソナによって，これがスムーズになり，その結果として後工程が効率化し，時間やコストを圧縮できる。

⑤　つぶさに生活者の行動観察を行い，その後のデプスインタビューでペルソナ的にまとめあげ，その行動の背景となる心理的要因（メタファ）を深く理解し，読み解くことが可能となり，心理的共感性の高いキーワードを発見する手助けになる。

## （2）ペルソナ調査手法の特徴

①　多様なメンバーによるチーム構成：従来エスノグラフィが人類学，社会学，心理学の分野からの複合的アプローチを是としている。

②　例外的ユーザーを対象としたフィールドワーク。

③　ストーリー・テリングによる即興的な解釈の場作り。

④　新たなビジネス機会を示す解釈の表現。

## （3）ペルソナ開発の手順

　標準的なペルソナは，まず5－10人程度の消費者への観察とインタビューによって収集したデータから，共通するニーズや行動パターンを抽出し，ひとりの仮想人物を作り出す。次にこの人物の顔と名前，属性，ゴール，台詞，物語といった要素について一枚のシートにまとめ作成する。ペルソナの場合，これらユーザー・ゴールに到達する間の一連の状況をシナリオ法で物語のように組み上げていく。これは物語を順序に従って分解し，それぞれの場面でもとめられている欲求事項を抽出，洗い出し定義していくのである。

　ペルソナの最大の特徴は，対象セグメントをひとりの人物として理解することで，ユーザー・ゴールを具体的に定義できることである。通常，それは次の

3つに集約することが出来る。

① エンド・ゴール

ユーザーが何らかのジョブを処理することで，具体的に得たい結果を表す。

② エクスペリエンス・ゴール

一連の体験によって得たい情緒的価値を表す。

③ ライフ・ゴール

行動のモチベーションになっている基本的な欲求を表す。

ペルソナの場合，これらユーザー・ゴールに到達するまでの一連の状況を架空の物語として描き出すが，その際，シナリオ法を利用する。これは，物語を順序に従って分解し，それぞれの場面で求められている要件を洗い出し定義する。またペルソナを使ってコンセプトを開発する場合，ユーザー・ゴールに焦点を当てたブレーンストーミングを行うことによって多種多様なアイデアを出し合いこれらをペルソナの視点から評価し，一つのコンセプトにまとめあげていくのが効率的である。ライバルがまだ気がついていないインサイトをエスノグラフィック調査によって見出し，ペルソナを用いて一連のユーザー・ゴールとして定義することで，イノベーションが生まれてくる確率は高まるであろう。

### 3.5.3. 人間行動学的アプローチ

ドナルド・ノーマンは「アフォーダンス」という言葉をデザインと人間の適合性の説明に使ったことで有名である。ある動作がしやすい形をデザインに付加してやると，自然にユーザーの動作が誘導され，ひいては使いやすいデザインができるというのがアフォーダンスの意図するところである[60]。

ドナルド・ノーマンの言う「シグニファイア」(signifier) は，何かをしても良いという認識可能なサインである。例えば，出っ張った取っ手があれば自然にドアをこちら側に引こうとするし，取っ手がなければ，ドアを向こう側に押そうとするというレベルのものから（その意味では以前からアフォーダンスとシグニファイアは同義語であるのだが），横断歩道や手紙の封印などは，物理的に動作を

しやすくする以上に社会的制度・ルールや道義的規範の意味を視覚的に伝える役割を果たしているとしている。もともとアフォーダンスとは生物が生きていくうえで，生命の危険を左右するものなのかどうかを判断するものという意味で，心理学者のギブソンが提唱した概念だが，それを人間にとっての意味にまで広げて混乱したという経緯があり，その意味では以前からアフォーダンスと呼んでいるものはシグニファイアと区別して提唱されている[61]。

### 3. 5. 4. 深層心理を探るインタビュー手法
（1）セルフ・ドキュメンタリー
　一般的に，「アメリカ前衛映画のゴッドファーザー」と呼ばれるリトアニア人映画作家ジュナス・メカスによるニッキ映画や物語映画（narrative film）がセルフ・ドキュメンタリーの始まりといわれているが，自分のありのままの姿やその身辺を撮影することである。実験協力者にセルフ・ドキュメンタリーを製作させ，これらについて語らせ，観察者がセルフ・ドキュメンタリーから実験協力者の態度や動作といった非言語情報を収集したりする。

（2）投影法
　そもそも心理検査として始まったもので，正誤や優劣の判断が難しい，課題（あいまいな刺激）を与え，その結果から実験協力者の感情や欲求，連想，その過程について分析する調査手法である。「ロールシャッハ・テスト」が有名で，そのほか，実験協力者に絵画や日常生活の一場面を見せて語らせたり，未完成の文章を実験協力者の連想によって完成させたり，絵や物語を書かせたりする手法がある。

（3）コラージュ法
　うまく言語化できない欲求や感情，更には，ブランドへの思いや連想などを引き出す為に，実験協力者に写真や絵などのビジュアル素材を与え，（あるいは切り抜きさせる）何らかのテーマを表現するコラージュを作成させ，それについ

て語らせる手法である。

## （4）カード・ソーティング法

　定性調査手法の一つで，実験協力者に概念やキーワード，文書などを記した カードを渡して，実験協力者自身が考える基準に従って，カードを分類させる ことで，そのメンタル・モデルをあぶりだそうとする手法である。

## （5）ライフ・ヒストリー

　実験協力者が語ったり記述したりした過去の人生記憶や思い出を分析するこ とで，実験協力者のメンタル・モデル，その形成に影響を及ぼした出来事，実 験協力者が属する文化との関連を理解する為の調査手法である[62]。

## 3. 6. 消費行動における情報処理理論

　消費者がある製品を認知，識別するためには，蓄積されている事前の商品認 知情報と適合性を確認し，それが新規商品であるのか，既存の商品群と同一性， 類似性があるのかという情報処理（類推）をして，その商品を識別している。 さらに新規商品の場合で必要な商品，関心の高い商品であればその情報を長期 記憶に記銘，保持する情報処理を行っている[63]。

　そのような消費者の商品を識別する場合の情報処理プロセスやメカニズムを 整理しておくことは非常に重要であると考えられる。なぜならば，ブランド戦 略における第一義の目的は，他との差別性，識別性を高めることであり，どの ようなメカニズムで消費者は，その商品を識別するのかを知ることにより，よ り効果的に識別させる手段や蓄積する方法を見出すことができるからである。

　そこで，まず消費者の情報記憶処理のメカニズムを述べ，次に記憶に貯蔵さ れる事前知識構造を確認し，最後に認知情報処理のプロセス構造を論じる。

## （1）消費者情報記憶処理メカニズム

　消費者情報処理理論の特徴は，消費者の行動をコンピュータのような情報処

理システムのように捉え，必要な外部情報を探索・収得・解釈・統合・貯蔵するプロセスとして説明するものである。この一連の情報処理において重要なのが製品やブランドの記憶メカニズムである。一般に，人間の記憶とは，過去の経験を保持し，後にそれらを何らかの形で再現して利用する心理的機能のことであり，情報の符号化（記銘），貯蔵（保持），検索（想起）という３つの処理操作からなっている。

このようなメカニズムで処理された記憶には２つの記憶タイプがある。入力された情報の一時的貯蔵庫である短期記憶と，様々な処理を経て貯蔵される長期記憶の二重貯蔵庫モデルとなっている。それを概念モデル化したのが図２－21である。この概念モデルによれば，目や耳といった感覚レジスターを経由して，記憶システム内部に取り込まれる。この時の保持時間は，視覚情報で，数百ミリ秒以内，聴覚情報でも数秒以内と言われている[65]。この入力情報の中で特に注意が向けられた情報だけが短期記憶へと送られる。したがって，新ブランドなどは，特に注意喚起できる情報を発信しなければならない。次に，

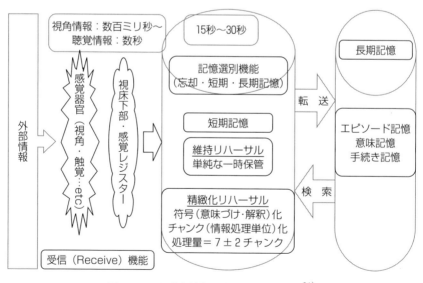

**図２－21　消費者情報記憶処理メカニズム**[64]

一時的な作業領域に保持された情報は，既存の事前知識を使って符号化（意味づけ）される。このため短期記憶は作業記憶とも呼ばれる。

そして，その一部が長期記憶へと転送され，内部情報として貯蔵される。また，貯蔵された長期記憶は必要に応じて検索という形で短期記憶に取り出され，入力情報の符号化に利用される。また，他の情報と統合され意思決定にも用いられる。

短期記憶では，単純な一時保管を表す維持リハーサルと長期記憶と関連付けて入力された外部情報を符号化（意味づけ）する精緻化リハーサルと呼ばれる2種類の処理操作が行われる。短時間で処理するため情報処理単位（チャンク（chunk））は7±2チャンク程度だと言われている[66]。

長期記憶では，エピソード記憶，意味記憶，手続き記憶という3つに区分され保持される。エピソード記憶は，カレーの味はキャンプの味といった，特定の出来事についての記憶である。意味記憶は，歯磨きは虫歯を防ぐものでフッ素が入っているものがあるといった，概念ないし一般的な知識記憶である。手続き記憶は，自動車の運手の仕方といった手続きに関する記憶である。

## （2）事前知識

消費者の情報処理における記憶形式によって事前知識は，以下の宣言的知識と手続き的知識の2種類に大別できる。①宣言的知識：事実，概念，関係についての事前知識であり，これら全ては言語または「AはBである」という命題形式で記憶されている。先述した，①エピソード的知識，②意味的知識の2種類が含まれる。②手続き的知識：物事の手続きややり方に関する事前知識であり，「AならばBである」というプロダクション形式で記憶されている。

これら事前知識は，消費者の長期記憶（大量の情報を永続的に貯蔵できる記憶）に貯蔵されている。そしてこれら体制化された事前知識の認知構造には，以下の3つの種類がある（表2－1）[68]。

これらは，消費者情報処理理論の中で展開されてきた多属性態度モデルと情報処理プロセスにベースをおいている。多属性態度モデルは，消費者は商品の

表2－1　事前知識構造の分類[67]

| スクリプト構造 | スキーマ構造 | 階層的認知構造 |
|---|---|---|
| 　連続的な因果関係の連鎖から体制化された事前知識構造。時系列に記憶されており，例えばスーパーマーケットでの消費者の買い物行動も1つのスクリプト化された事前知識に基づいたもの | 　ある対象を認知する際に能動化するフレームワークとして体制化された事前知識であり，消費者の過去の経験や直面した具体的な出来事が一般化された知識群 | 　上位レベル，基礎レベル，下位レベルに階層的に分類かされた事前知識のことであり，上位レベルの階層ほど抽象的な定義的特性が記憶されている |

　属性（認知的要素）をひとつずつ評価し，その積和によって購買意思決定を行っていることを示したもので，対象に対して断片的（ピースミール）に，その構成要素を分解し，情報処理を促進させようとするものである。これは，消費者の完全な認知的合理性を仮定したうえで，すべての属性がその情報処理過程に組み込まれる対象として考えられている[69]。

　一方，情報処理プロセスは，人間の脳をコンピュータに例え，広告などの外部情報が入力され，記憶され，貯蔵されるというプロセスを提唱し，消費者行動の体系的説明を試みたものである。消費者は製品の特徴をどちらかといえば理性的に評価し，客観的に見て最も優れた製品であると認識されたものを購買する合理的な存在として想定されている[70]。

## （3）認知処理プロセス構造

　新商品を市場に投入する場合，重要なことは，既存の製品群とその新製品を消費者に識別してもらうこと，他の製品群とは異なるユニークなポジショニングを獲得することである。

　そこで，消費者の情報処理としては，まず，対象商品をどのカテゴリーに付置するか，新規のカテゴリーとして蓄積するのかの処理が行われる。このように，蓄積された事前知識とその中へ投入される新製品情報とをマッチングさせ

る認知の為の情報処理行動が3種類ある（図2-22）[71]。

① 1つ目が，カテゴリーベースによる認知処理行動で，消費者が事前知識として保持している何かしらのスキーマを使って行う，トップダウン型の情報処理のことである。したがって，カテゴリーベース処理はピースミール処理に比べて消費者の情報処理が速く，製品属性ではなく製品カテゴリーに関する発言が多く観察されることを明らかにしている[72]。さらに，これらのことは事前知識が精緻化している消費者ほど顕著である。

② 2つ目が，ピースミールモードによる認知処理行動である。その基本は，フィッシュバイン（Fishbein）型の多属性態度モデルで仮定されている断片的な情報処理である。製品属性を細かく情報処理するボトムアップ型の情報処理（＝ピースミール処理）である。

③ 知識転移処理とは，新しい対象に直面した消費者が，事前知識を有効に利用することによって，知識獲得，知覚，評価を行う情報処理過程を捉える

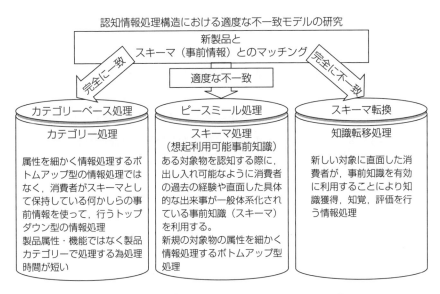

図2-22　製品認知における情報処理構造とその分類

出所：Sujan（1985）を一部修正。

概念である。知識転移にはカテゴリーベース処理と類推という2つの情報
処理方法がある。

　これまでは，新製品とスキーマの完全一致または完全不一致しか考えなかっ
たところの間を捉えようとした概念が，適度な不一致概念である。新製品とス
キーマとの適度な不一致は，一致または不一致した場合よりも消費者の興味・
関心を刺激して情報処理を促進させ，認知的精緻化の程度を高める。結果とし
てより好ましい製品評価の判断を下せることを明らかにしている[73]。

　事前知識があまり精緻化していない消費者ほど製品評価が高くなることを明
らかにしている。その理由としては，事前知識が精緻化している消費者ほど階
層的認知構造はリジットに体制化されているため，新商品とスキーマの間で適
度な不一致が生じにくくなっているようである。

## 3. 7. 購買行動分析に関する先行研究

　1950年代の米国では，目に見えない購買動機への関心が高まる一方で，目
に見える行動（顕示的行動）としてのブランド選択を，実際のデータに基づいて
分析しようとする動きが出ていた[74]。パネル調査とは，パネラーとして，調
査に継続して参加する消費者（世帯）に対して，買い物日記を付けることを依
頼し，購買データ（いつ，どこで，何を買ったか）を系統的且つ継続的に収集する
ための仕組みである。この買物日記データを製品カテゴリー別に購買履歴デー
タとして加工すればブランド選択に関する様々な分析が可能になる。もちろん
加工の仕方では，店舗選択の分析も可能になっている。

　購買動機の探求が購買行動の「なぜ」を明らかにしようとするものであれば，
購買行動の「何」を問題とするものが購買行動分析である。すなわち，何が購
買されたのかを記述し，何が購買されるのかを予測しようとするものである。
具体的には，買い物日記パネルから得られる購買履歴データを用いたブラン
ド・ロイヤルティ分析，様々なタイプのブランド選択モデルまである[75]。

　企業としてのマーケティング施策の目標は，先発企業や他の新規後発参入企
業のブランドに対して，どの程度のインパクトのあるブランド特徴を理解して

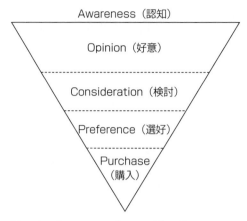

図 2 － 23　パーチェス　ファネル　モデル（Purchase Funnel）

もらえるかが重要なマーケティング課題となる。認知されたブランドが十分な
理解と知識になることで，自分ごとへと変換されることにより好意を抱き，購
買してよいかどうかの考慮集合へと記憶され市場浸透化が図られていく。この
様に，ブランドを認知してから購買行動へと実行に移行するまでのプロセスを
構造化したものがパーチェス　ファネル　モデル（Purchase Funnel）というもの
である（図 2 － 23）[76]。

　その他，顧客の製品カテゴリーに対する関与度（関心，興味の深さや強さ）と市
場に存在する商品ブランドに対する識別性の高さで，消費者の購買行動を 4 つ
に類型化しようとしたのが購買行動における先行研究（アサエルの購買行動類型
(1987)）である（図 2 － 24）[77]。

　第一象限に付置される購買行動様式である情報処理型の購買層は，商品関与
が高く，ブランド間の知覚格差が大きいため，意思決定には十分な時間をかけ
ている。消費者は複雑な情報処理を行いながら購買している。例えば，高価な
時計やカメラなど製品購入の事前情報探索や特徴理解に時間がかかる製品など
の専門性の高い製品では，一般的には関与度が高くなる傾向がある。問題認識
⇒ 情報探索 ⇒ 代替案評価 ⇒ 選択・購買 ⇒ 購買後評価という意思決定プロセ
スをたどる。特に，情報探索や代替品評価において時間をかけた情報処理が行

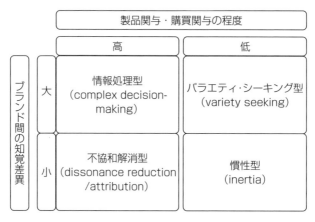

図2-24 アサエル購買行動類型

われる可能性が高いといえる。

　第二象限にあるバラエティ・シーキングでは，消費者のブランド・スイッチするブランドに多様性が見られる現象を言う。関与が低くブランド間知覚差異が大きいために，消費者はいくつかの異なるブランドを使用し，ブランド間でスイッチを繰り返す購入パターンになる。ここでのブランド・スイッチはその製品に対する不満というよりは，飽きや新奇性欲求からくるものだと考えられている。

　第三象限にある不協和解消型では，商品関与が高いがブランド間の知覚格差が小さいため，製品購買後，本当にこの製品でよかったかどうか，買うべきだったのかといった心境に陥りやすく，この様な心理的矛盾を認知不協和という。従って，消費者は，購買後にこの不協和を解消する為に，他の製品の評判やこの商品を購入した他の人の感想等，事後的情報収集活動を行うのが特徴である。最近では，Twitterやブログに上げて「いいね」を見て，その評価を得る行動が目立っている。

　第四象限にある慣性型では，商品関与が低くブランド間の知覚格差も小さいため，特定のブランドに対し，強固なロイヤルティを持っていることは稀である。何も考えず，なんとなく慣性や習慣で購買している層になる。例えば，い

つも買っているコモディティ化した製品や特売をしているからという理由で購入される商品群になる。事前の情報探索や代替品評価をほとんど行わず，衝動買いや店頭での意思決定が中心となる。

　これまでの初期の研究では，「製品関与」と「ブランド・コミットメント」とを別個の概念として捉えていた。また，この分野では製品関与との異同のみならず，ブランド・ロイヤルティとブランド・コミットメントとの異同についても，常に問題とされてきた。しかし，現在では，前者は行動的指標，後者は態度的指標（あるいは行動的ロイヤルティに対して認知ロイヤルティ）として区別するのが一般的となっている[78]。

　ここで両者を区別することの理由は，態度面で特定ブランドに対しコミットしている消費者は，行動面でも当該ブランドに対してロイヤルであることが予想されるが，逆は必ずしも真ではないからである。なぜならば消費者が単に購買努力をせず，意思決定の単純化を図ろうとする場合にも「見かけ上のロイヤルティ」（コミットメントを伴わないしかたない反復的・継続的な購買）が観察されるからである[79]。このようにブランド・コミットメントの概念は「真のブランド・ロイヤルティ」と「見かけ上のロイヤルティ」とを区別する際の重要な態度的指標として，あるいは特定ブランドの反復的購買行動の基底にある消費者の心理的プロセスを理解する際の中心的概念として位置づけられている。

　ブラウンは，ブランド選択のパターンによって調査世帯を4つのタイプに分類した。同一ブランドばかりを購入する「完全ロイヤルティ」（非分割）型，その対極にある「ロイヤルティなし」型。それらの中間に位置し，AとBブランドを交互に購入する「分割ロイヤルティ」型，あるいは半々に購入する「不安定ロイヤルティ」型がある。またカニンガムは同じく購買データを用いた分析で，ブランド・ロイヤルティの測定尺度として購買集中度（一番多く購入してブランドの購入割合）を提案している。

　例えば，カッシングとダグラステートは，製品関与とブランド・コミットメントを互いに独立した次元として捉え，それらを基本軸として消費者をブランド忠誠者型，常軌的ブランド購買者型，情報探索者型，ブランド・スイッチャ

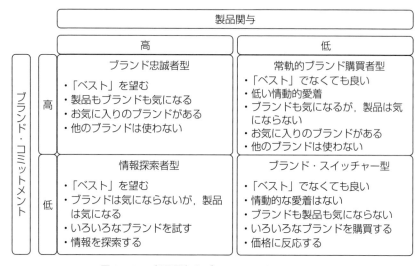

図2−25　製品関与とブランド・コミットメント

出所：Cushing and Douglas Tate (1985), p.249 を一部修正。

一型の４つのタイプに分類している（図2−25）[80]。

　一方，ハイテク業界において新製品・新技術を市場に浸透させていく際に見られる初期市場からメインストリーム市場への移行を阻害する「深い溝」をマーケティング・コンサルタントのジェフリー・ムーアはキーワードで，ハイテク市場におけるマーケティング理論である「キャズム（Chasm／深い溝）理論」として注目された（図2−26）。

　製品市場普及学の基礎理論として知られるエベレット・M・ロジャーズのモデルではイノベーターとアーリーアダプターを合わせた層に普及した段階（普及率16％超）から新技術や新流行は急激に広がっていくとしている。そこで，イノベーターとアーリーアダプターにアピールすることが新製品の普及のポイントであるとされてきた[81]。

　これに対して，ジェフリー・ムーアは利用者の行動様式に変化を強いるハイテク製品においては５つの採用区分の間にクラック（断絶）があると主張した。その中でも特にアーリーアダプターとアーリー・マジョリティの間には「深く

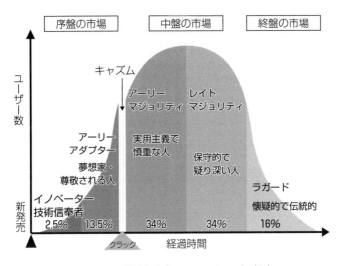

図2－26　購買者分布におけるキャズム概念

出所：Moore (1991).

大きな溝」があるとし，これをキャズムと呼んだ[82]。

　ハイテク市場のアーリーアダプター（ムーアはその中心人物をビジョナリーと呼ぶ）が製品を購入しようとするのは"変革の手段"としてであり，競合他社に先んじて新技術を採用することで差別化することを狙いとしている。彼らは競争優位を得るために自身でリスクを引き受ける覚悟で新技術を購入するが，企業に対して過大な要求を突きつける場合もある。

　一方，アーリー・マジョリティ（実利主義者）は"業務効率改善の手段"として製品を位置づけている。未熟な技術によって自身が試行錯誤を行うことになる事態を回避し，同業他社などの使いこなしの事例を参考にしたがる。しかし，購入した製品や技術を広く一般標準のように取り扱う場合が多いため，企業にとっては高い利益が見込める。その為，重要な顧客である。

　すなわちキャズム理論ではアーリーアダプターとアーリー・マジョリティでは要求が異なっており，キャズムを超えてメインストリーム市場に移行するためには自社製品の普及段階に応じて，あるいは購買者の特性に応じて店頭での

マーケティングアプローチを変えていくことが必要なのである。

**【注】**

1 ）コトラー＆ケラー（2008）。

2 ）アーカー（1997）。

3 ）Aaker（1991).

4 ）今井（1985）。

5 ）コトラー＆ケラー（2008）。

6 ）コトラー＆ケラー（2008）。

7 ）Kotler（2002).

8 ）石井（2004）。

9 ）ドラッカー（2001），16-17ページ。

10）片平（1991）。

11）藤本（2004）。

12）新倉（2005）。

13）石井（2004）。

14）長町（2005），55-155ページ。

15）アーカー（2005）。

16）ケラー（2010）。

17）シュミット（2000）。

18）コトラー（2004）。

19）Kotler（2002), p.223.

20）パインⅡ＆ギルモア（1993）。

21）井上（2005），101-126ページ。

22）川島（2005）。

23）久保田（2010）。

24）和田（1979）。

25）安藤，黒須（2007），25-36ページ。

26）ケラー（2010）。

27）吉田，宮路，真行寺（2008），1205-1206ページ。

28）コトラー（2004）。

29）新倉（2005）。

30) Shiffman, Bednall, O'cass, Paladion, Ward & Kanuk (2008).

31) マズロー (1987)。

32) 遠藤 (2005), 51-66ページ。

33) Zaltman (2003).

34) Howard & Sheth (1969).

35) 西本 (2009), 143ページ。

36) Engel & Blackwell (1982).

37) 阿部 (1978)。

38) 井関 (1974), 45-82ページ。

39) Kotler (2002).

40) 青木 (2010)。

41) 坂井 (1992)。

42) 御船 (1996)。

43) 井関 (1974), 45-82ページ。

44) 青木 (2010)。

45) 坂井 (1992)。

46) 井関 (1974), 45-82ページ。

47) 井関 (1979)。

48) 青木, 女性のライフコース研究会編 (2008)。

49) 青木, 女性のライフコース研究会編 (2008)。

50) 井関 (1979)。

51) Wilkie (1986).

52) Ellemers, Kortekaas & Ouwerkerk (1999), pp.371-389.

53) コトラー (2004)。

54) 青木, 女性のライフコース研究会編 (2008)。

55) 日本能率協会総合研究所 (2007)。

56) Fetterman (1989).

57) Zaltman (2003).

58) Zaltman & Wallendorf (1983).

59) 山岡 (2008)。

60) ノーマン (1990), 307-359ページ。

61) ノーマン (2004)。

62) 山岡 (1999), 1-15ページ。

63）青木（1993），1-18ページ。

64）西本（2009），143ページ。

65）阿部（1984）。

66）西本（2010）。

67）青木（1993），1-18ページ。

68）西本（2009），143ページ。

69）新倉（2001）。

70）新倉（2005）。

71）新倉（2005）。

72）Meyers-Levy & Tybout (1989), pp.39-54.

73）新倉（2001）。

74）Cunningham (1956).

75）Tamura, Sugasaka & Ueda (2007).

76）Fornell (1992), pp.6-21.

77）コトラー（2004）。

78）Keller (2002).

79）井上（2009），3-21ページ。

80）Cushing & Douglass-Tate (1985), pp.241-259.

81）井上（2009），3-21ページ。

82）Moore (1991).

**【参考文献】**

青木幸弘『消費者行動の知識』日本経済出版社，2010年。

青木幸弘，女性のライフコース研究会編『ライフコースマーケティング』日本経済新聞社，
　　2008年。

青木幸弘『知識概念と消費者情報処理研究の現所と課題』消費者行動研究，1993年，1-18ペ
　　ージ。

Aaker, D. A., *Marketing Brand Equity*, The Free Press, 1991.（陶山計介他訳『ブランド・エ
　　クイティ戦略』ダイヤモンド社，1994年）

アブラハム・H・マズロー『人間性の心理学 モチベーションとパーソナリティ』産業能率大
　　学出版部，1987年。

阿部周造『消費者行動　計量モデル』千倉書房，1978年。

阿部周造「消費者情報処理理論」，中西正雄編著『消費者行動分析のニュー・フロンティア』

誠文堂新光社，1984年。

安藤昌也，黒須正明『長期間の製品利用におけるユーザの製品評価プロセスモデルと満足感の構造』ヒューマンインタフェース学会論文誌，Vol.9，No.4，2007年，25-36ページ。

石井淳蔵『マーケティングの神話』岩波現代文庫，2004年。

井関利明「ライフサイクル概念とライフスタイル分析の展開」，村田昭治，井関利明，川勝久編著『ライフスタイル全書—理論・技法・応用』ダイヤモンド社，1979年。

井関利明「消費者行動」，富永健一編『経済社会学』東京大学出版会，1974年，45-82ページ。

井上淳子『ブランド・コミットメントと購買行動との関係』流通研究，日本商学学会，第12巻，第一号，2009年，3-21ページ。

井上勝雄編『デザインと感性』海文堂出版，2005年，101-126ページ。

今井秀之『多角化の成果と方向性に関する実証研究』慶応大学大学院経営管理研究科論文集，1985年。

遠藤由美「自己」，唐沢かおり編『社会心理学』朝倉書房，2005年，51-66ページ。

片平秀貴『マーケティング・サイエンス，新製品予測』東京大学出版会，1991年。

川島蓉子『ブランドのデザイン』弘文堂，2005年。

久保田進彦「同一化アプローチによるブランド・リレーションシップの把握」『広告科学』，2010年。

ケビン・レーン・ケラー（著），恩藏直人（監訳）『戦略的ブランド・マネジメント』東急エージェンシー，2010年。

坂井素思『家庭の経済』放送大学教育振興会，1992年。

デービッド・A・アーカー（著），阿久津聡訳『ブランド・ポートフォリオ戦略』ダイヤモンド社，2005年。

デービッド・A・アーカー，陶山計介，梅本春夫，小林哲訳『ブランド優位の戦略』ダイヤモンド社，1997年。

D. A. ノーマン『誰のためのデザイン？ 認知科学者のデザイン原論』新曜社，1990年，307-359ページ。

長町三生編『商品開発と感性』海文堂，2005年，55-155ページ。

西本章宏「消費者情報処理研究を焦点とするマーケティング戦略」『Japan Marketing Journal』121，2009年，143ページ。

西本章宏「消費者の認知的精緻化による市場境界線の拡張」『消費者研究』 Vol.16 No.2，2010年。

新倉貴士「カテゴリー化概念と消費者の選択行動——選択における選択肢の在り方」，阿部

周造編著『消費者行動研究のニュー'ディレクションズ』関西学院大学出版会，2001年。

新倉貴士『消費者の認知世界──ブランドマーケティング・パースペクティブ』千倉書房，2005年。

日本能率協会総合研究所『最新マーケティングリサーチ・テクノロジー全集』日本能率協会総合研究所，2007年。

バーンド・H・シュミット著，嶋村和恵，広瀬盛訳『経験価値マーケティング　消費者が「何か」を感じるプラス $\alpha$ の魅力』ダイヤモンド社，2000年。

B. J. パインII, J. H. ギルモア（著），岡本慎一・小高尚子（訳）『［新訳］経験経済 脱コモディティ化のマーケティング』ダイヤモンド社，1993年。

フィリップ・コトラー「P．コトラーのマーケティング論」『Harvard Business Review』ダイヤモンド社，2月号，2004年。

フィリップ・コトラー，ケビン・レーン・ケラー（著），恩蔵直人監修，月谷真紀訳『コトラー＆ケラーのマーケティングマネジメント』ピアソン・エデュケーション，2008年。

藤本隆宏『日本のものつくり哲学』日本経済新聞社，2004年。

御船美智子『家庭の経済，放送大学教育振興会』1996年。

山岡俊樹「ヒューマンデザインテクノロジー（Human Design technology）に基づく人間中心の魅力ある商品作り」第29回官能評価シンポジウム，特別講演，1999年，1-15ページ。

山岡俊樹編『ヒット商品を生む観察工学』共立出版，2008年。

吉田高雄，宮路亮平，真行寺由郎「購入前と購入後の利用者意識を捉えた商品開発に役立つキーワードの抽出と分類」ヒューマンインタフェースシンポジウム2008 一般発表，2008年，1205-1206ページ。

和田充夫『ブランドロイヤルティ・マネジメント』同文館，1979年。

Keller, K.L., *Strategic Brand Management, Building, Measuring and Managing Brand Equity*, Printice-Hall, 2002.

Cunningham Ross U., "BrandLoyalty-What, Where, How Much?", *Harvard Business Review*, (January-February) 1956.

Ellemers, Naomi, Paulien Kortekaas, and Jaap W. Ouwerkerk, "Self-Categorisation, Commitment to the Group and Group Self-Esteem as Related but Distinct Aspects of Social Identity", *Euorpean Journal of Social Psychology*, 29 (2-3), 1999, pp.371-389.

Engel, J. F. & Roger D. Blackwell, *Consumer behavior*, 4th edition, Chicago The Dryden Press, chap.2, 1982.

Fornell, Claes, "A National Customer Satisfaction Baromerter, The Swedish Experience,"

*Journal of Marketing*, 56 (January), 1992, pp.6-21.

Geoffrey A. Moore, *Crossing the chasm*, Harpercollins, 1991.

Howard, J. A. and Sheth, J.N., *The Theory of Buyer Behavior*, Wiley, New York, 1969.

Kotler, Philip, *Marketing Management Eleventh Edition*, Pearson Education International, p.223.（村田昭治監修，小坂恕，疋田聡，三村優美子訳『マーケティング・マネジメント』プレジデント社，1996年）

Meyers-Levy, Joan and Alice M. Tybout, "Schema Congruity as a Basis for Product Evaluation," *Journal of Consumer Research*, 16 (June), 39-54, 1989.

Shiffman, L., D. Bednall, A. O'cass, A. Paladion, S. Ward and L. Kanuk, *Consumer Behavior* (4th ed.), Pearson Education Australia, 2008.

Tamura, H., T. Sugasaka and K. Ueda, "Designing a Smart Shopping-Aid System Based on Human-Centered Approach", *eMinds: International Journal on Human Computer Interaction*, 2007.

Wilkie, W. L., *Consumer Behavior*, John Wiley & Sons, 1986.

Zaltman, G., *How Customers Think*, Harvard Business School Press, 2003.

# 第3章 ブランド構築のためのブランド設計書とシナリオフレーム

## 1. はじめに

　ブランドという言葉のルーツが「焼印をつけること」という意味の古ノルド語の"brand"であり，古くから家畜の所有者は，自分の家畜を識別する為に，焼印を入れていたように，ブランドとは単なる名前・ロゴ・商標だけではなく，人々の様々な消費体験とともに記憶の中に存在するものであると定義できる。つまり，ブランドのネーム，ロゴ，スローガン，キャラクター，ジングル，パッケージがブランドを形成する要素であり，あるブランドと他のブランドとの違いを明らかにすると同時に，ブランドに対する独自のイメージを付与する働きを担うものである。ブランドの要素を適切にミックスすることにより，強いブランドが構築できる[1]。

　従って，ブランド要素の選定はブランド構築における「鍵」とされ，ブランドマネジメントの中心的課題であるが，日本ではあまり深く検討されることが少なかった[2]。そこで，本書ではブランド戦略を実行するにあたって，そのブランドコンセプトを構築するための構造化とブランド構築の為の設計書システムとして検討していく。

## 2. ブランド構築に関する先行研究

### 2. 1. ブランド認知構造研究

　消費者のブランド知識構造は「ブランド認知」と「ブランドイメージ」という2つの構成要素から成り立っている（図3-1）[3][4]。ここで，ブランド認知

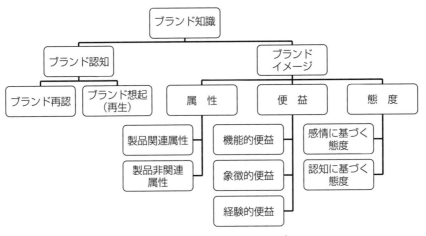

図3－1　ブランドの認知構造[5]

とは，様々な状況において消費者が当該ブランドを識別できるかどうかに関わる概念で，具体的には「ブランド再認」と「ブランド想起（再生)」という下位次元によって捉えられている。

　すなわち前者のブランド再認におけるブランド名やロゴ，シンボル・マークなどのブランド要素が手がかりとして与えられた場合に，すでに知っているブランドであることを確認でき，他のブランドから明確に識別できることを意味している。これに対して，後者のブランド想起（再生）とは，手掛かりとしてブランド要素が利用できない状況においても，当該ブランドを思い出させる（再生できる)，ことに対応している。当然，単なる再認レベルよりは，想起（再生）レベルでの認知のほうが望ましいことは言うまでもない。

　ここで，表現の整理をしておく。第2章の先行研究で論述しているように，情報記憶モデル上では知覚情報との適合をするため，本書では事前商品記憶情報からの検索を想起と呼んでいる。ここでは表現の混乱を避けるためにブランド認知構造上は狭義の想起，つまりブランド再生と呼ぶ。一方，ブランドイメージについては，連想ネットワーク・モデルをベースに，「属性」「便益」「態度」という3つの連想内容タイプに分類されている。

　ここで言う属性とは製品やサービスを特徴付ける記述的性質のことで，製品のパフォーマンスや性質のレベルを規定する製品関連属性と，その購買や消費の過程に影響を与える価格，使用者イメージ，使用イメージなどの製品非関連属性に区分される。

　また，便益（ベネフィット）とは，製品やサービスの属性に消費者が付与する個人的な価値や意味のことであり，それは機能的便益（製品属性に対応した内在的な利便性），象徴的便益（使用者イメージなどの製品非関連属性に対応した外在的な便益），経験的便益（製品やサービスの経験を通じて感じる便益）という3つのタイプに分かれている。

　そして態度とは，ブランドに対する全体的な評価のことであり，社会心理学において数多く共通して報告されているように，態度を「感情」と「認知」に分けて，次のように捉えることにする。「感情に基づく態度」とは，消費者に主観や個人的好みをもとに形成された態度であり，パソコンのデザインが「カッコいい」とか，ジュースの味が「おいしい」などがある。その態度を変容させるには，感情に訴えかけるメッセージや体験が有効であるとされている。「認知に基づく態度」とは，事実の認識に基づいて形成された態度のことを指す。パソコンの機能が優れているかどうか，ジュースにどのような栄養が含まれているかなどが挙げられる。その態度を変容させるには，事実や論理を提示して説得する方が有効であるとされている。

　これらは，従来主流であった強い論拠による説得が持続的な態度変容を導くとした「精緻化見込み理論」の主張とは異なる見解を示すものであり，態度における感情の重要性を問い直し，のちの説得コミュニケーション研究に大きな影響を与えた考え方である。

　以上のように，ブランドイメージにおける連想内容をベースに，ケビン・レーン・ケラーは消費者に選択されるという意味で，資産的価値の高いブランドとは，強いイメージ，好ましいイメージそしてユニークなイメージを持っており，それらをベースに肯定的な態度が形成されているものだとしている[6]。

## 2. 2. ブランド・リレーションシップの先行研究

　ブランド・リレーションシップとは，消費者が特定ブランドとの間に抱く心理的な絆や結びつき，ブランドに対する態度や行動に肯定的な影響を及ぼすものと定義される。ただし，その把握や測定，実務活動の反映は進んでいないが，概念規定の研究は進められてきている[7]。

　ブランド・リレーションシップに関連する研究を概観すると，その特徴の記述や整理を起点として理解を深めていくタイプの研究[8]と，その実態を探り，特徴や形式メカニズムを明らかにしていくタイプの研究がある[9]。

　両者を比較すると，前者はブランド・リレーションシップを包括的に捉え，その特徴を具体的に描写できる点で優れている。これに対し，後者は表層的な要素を削ぎ落として，本質的部分だけを際立たせようとする。これはブランドイメージ研究において，その実態を「ブランドという記号に結びついた連想記憶の集合」と見極めたことによるものと理解される。

　これらの研究から，ブランドリレーショナルシップは大きく2つに分けられると考えている。1つは，人はあるブランドのイメージと自分のイメージ（自己イメージ）が適合したとき，そのブランドを選好するという「適合性アプローチ」である。適合性アプローチで説明されるブランド・リレーションシップは，比較的短時間で形成される穏やかな心理的結びつきであるとされている。

　一方，既存研究によると，ブランドに対して強い絆を感じている消費者は，直接自らの利益にならないにも拘らず，知人や友人に対し伝道師のような行動をとったり，ときにはそのブランドにロイヤルであり続けるように，他者へ訴えかける行動をとったりすることがある。また，ブランドの問題点や改善点を当該企業に向かって積極的にフィードバックしようとすることさえもある。

　しかし，このような支援的行動が生ずるメカニズムを，ブランドイメージと自己イメージの適合性から説明することは困難である。それを補完的アプローチとして開発されたのが「同一化アプローチ」である。

　適合性アプローチと同一化アプローチは，いずれもブランド・リレーションシップを自己イメージや自己定義といった，自己概念レベルの議論で説明する

アプローチである。適合性アプローチは，消費者は自己概念と似たブランドを選好すると考え，これに対し同一化アプローチでは，消費者は自己概念の定義の一部に特定のブランドを組み込み，それによってこのブランドに好意的な態度や行動を示すと考えるものである。

そして自分自身の一部のような存在となったブランドに好ましい評価をするようになり，結果として購買意向や推奨意向が高まることになる。また自分自身の一部のように感じるがゆえに，しばしば支援的（ないしは利他的）な行動を見せるようになるのである[10]。

従って，適合性アプローチは，すでに存在する自己概念を表現するためのツール（自己表現のツール）としてブランドを位置づけるのに対して，同一化アプローチでは，自己概念を形作るもの（自己定義の構成要素）としてブランドを位置づける。この結果，同一化アプローチでは，ブランドは消費者にとって，固有の意味を持つ代替性の低い存在となり，相対的に安定した選好を獲得することになる。またそこでは，ブランドは自分自身の一部のような存在となることで，しばしば支援的（ないしは利他的）な行動の対象となるのである。

いずれにしても，ブランドに対しての一体感や愛着によって購買継続意向，推奨意向，支援行動となるブランド・ロイヤルティや満足度に大きく影響する概念となるため，以下2つの概念を詳細に記述する。

## （1）適合性アプローチ（congruity approach）

これはジェセフ・シルギィなどによって論じられた自己適合性（self-congruity）を，ブランド・リレーションシップの根源的なメカニズムとして捉える考え方である[11]。適合性アプローチの基本的な考え方は，人はあるブランドのイメージと自分のイメージ（自己イメージ）が適合したとき，そのブランドを選好するというものである。

但し，自己イメージには現実の自己イメージと理想の自己イメージがあるため，ブランドに対する選好もこれら双方に照らし合わせて生み出される。つまり，消費者は現実の自己イメージと適合したブランドを選択することにより自

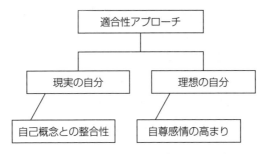

図3－2　ブランドリレーショナルシップにおける適合性アプローチ

己概念（自分自身がいかなるものであるかについての認識）との整合性を保つ場合や，理想の自己のイメージと適合したブランドを選考することにより自尊感情（自分自身を価値あるものとする感覚）を高める場合がある。

　従って，適合性アプローチでは，消費者は現実ないしは理想の自己イメージと近いイメージのブランドに対してリレーションシップを形成するということが主張されている（図3－2）[12]。

　適合性アプローチはアーカーがブランドのイメージを「ブランド・パーソナリティ」として測定可能にしたことによって，自己イメージとの対比が容易になり，活用の場をいっそう広めることになった[13]。

　一方で，ブランド・リレーションシップは比較的長期的で安定的な心理状態と考えられているが[14]，適合性アプローチでは，このような心理状態を十分に説明できない。既述のように，適合性アプローチはあるブランドのイメージと自己イメージの適合性をブランド選好の要因と考えている。ここで説明されるブランド・リレーションシップは必ずしも購買経験や利用経験に基づくものではなく，時間的経過とともに醸成されるものでも無い[15]と思われる。

　すなわちそれは，ブランドイメージと自己イメージが適合することにより，即時的に生じうるものである。また自分らしさに，より近いブランドが他に見つかったときには容易に弱まりうるものである。

　したがって，適合性アプローチで説明されるブランド・リレーションシップとは，長期的で安定的なものというよりも，比較的短時間で形成される穏やか

な心理的結びつきとなる。加えて，適合性アプローチは，ブランドに対する支援的（ないしは利他的）な行動を説明することができない。

　以上のように，ブランド・リレーションシップを単なる選好ではなく，安定的で支援的行動を伴う心理的傾倒と考えた場合，適合性アプローチの説明力には限界が生じ，新たな補完的アプローチが求められることになる。この役割を担うのが「同一化アプローチ」[16]である。

## （2）同一化アプローチ (identification approach)

　同一化アプローチは，ブランド・リレーションシップをブランドとの同一化を基盤とした結びつきの感覚と捉える考え方である[17]。そのベースとなっている理論は，心理学でいう「自己意識」がその根拠となっている。

　自己意識とは，自分自身に注意を向けやすい性格特性のことである。大きく「私的自己意識という外からは見えない自己の内的で私的な側面（動機，感情，思考，態度など）に注意を向ける傾向」と，「公的自己意識（補助的）という他者から観察可能な，自己の外的で公的な側面（容姿，行動など）に注意を向ける傾向」の2つに分類できる[18]。

　ブランド・リレーションシップとの関係は，特定ブランドとの間に形成する①心理的結びつきにより，消費者が自分らしさを認識したり，実感したりする私的自己意識としての結びつきと，②他者から望ましく見られたいという思いから，ブランドに結びつきを感じる自己呈示の公的自己意識（補助的）としての結びつきの2点として捉えられる（図3-3）。

　心理学の領域の研究によると，「私は大学教員だ」「私は日本人だ」といった具合に，人は周囲との関係を用いて自分を定義付けることがある[19]。これと同様に，現代社会に生活する消費者は自分自身をあるブランドと結びついたものとして定義することで，自分らしさを感じることがある。このような結びつきができると，そのブランドは自分自身を語るために欠くことのできない存在となり，ブランドとの一体感が生まれる。これがブランドとの同一化 (identification) である。

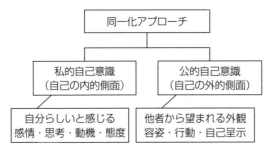

図3－3　ブランドリレーショナルシップにおける同一化アプローチ

　ブランドとの同一化が生じているということは，そのブランドが自己概念の一部を形成していることであり，自分らしさを認識したり，自分自身を語るために必要な要素の一つとなったりしていることを意味している。同一化アプローチとは，ブランド・リレーションシップの実態を，このブランドとの同一化に求めるものである。

　ブランド同一化アプローチ・リレーションシップの測定構成要素としては，エレマーズ他[20]らが，社会的アイデンティティ研究の中で，彼女らは特定の社会集団との同一化について，下記の3つの要素で構成されることを明らかにし，これらを定量調査によって確認した。

① 認知的要素：ある社会集団の成員であることについての認知的自覚。

② 情緒的要素：その社会集団に対する情緒的関与の程度，ないしはその組織の成員であり続けたいといった感覚。

③ 評価的要素：その社会集団成員と結びついた肯定的あるいは否定的な価値的意味，ないしはその社会集団の成員であることの意味から生ずる自尊心。

　その後，マッシオ・ベルガミ他[21]は，組織アイデンティティの文脈に適用させ発展させた。彼らは，認知的要素を自己と組織（社会集団）が重複した存在になることと捉え，これを組織同一化（あるいは認知的組織同一化）と命名した。また情緒的要素については，これを愛（love）ないし愛着（attachment）と喜び（joy）という2つの基本的感情として捉え直した。但し，彼らによると愛とは

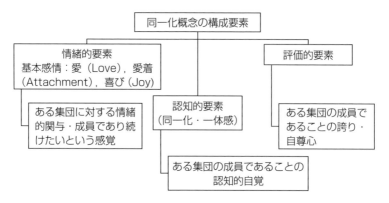

図3－4　同一化概念の構成要素構造

組織に対して感じる感情的な魅力（attraction）や好意（affection）であり，喜び
とは組織がもたらされる幸せ（happiness）である。評価的要素については，当
該組織の成員性から引き出される自尊心的な評価と定義し，これを組織ベース
の自尊心（organization-based self-esteem）と命名した。

　これらの研究を参考にすると，ブランド・リレーションシップの基盤である
同一化は，それ単独ではなく，情緒的及び評価的な要素を伴って存在すると考
えられる（図3－4）。その理由は，人は一般的に自尊感情ないしは自己評価を
高く維持するよう（あるいは自己を高揚するよう）動機づけられており，肯定的な
自己概念に向かって努力する傾向がある。

　またある人の自己概念は，それを構成している諸要素の意味に伴って肯定的
ないしは否定的なものとなる。すると人は自己概念を肯定的に維持するために，
肯定的な物事との関連を深めようとし，逆に否定的な物事との関連を避けよう
とする。また自己と結びついた物事を，より良く歪曲して解釈する。この結果，
自己と関連付けられた物事は，情緒的にも肯定的なものが多くなる[22]。

　これをブランドとの関係に当てはめると，ブランドとの一体感が形成される
に従い，そのブランドに対する情緒的要素も評価的要素も強まることになる。
つまり同一化という認知的要素（一体感）を基盤としつつ，情緒的要素（愛着や
喜び）および評価的要素（誇り）を伴う，高次構成概念として捉えられる。ある

ブランドにリレーションシップを形成していると言うことは，そのブランドについて一体感を抱きながら（認知的要素＝同一化），愛着や喜びを感じ（情緒的要素），肯定的に評価（誇り）していること（評価的要素）と捉えられる[23]。

## 2. 3.　製品関与とブランド・コミットメント

　製品関与と近接しているために，しばしば，その異同が問題とされるのがブランド・コミットメントの概念である。ここでいう「ブランド・コミットメント」（brand commitment）とは「ある製品カテゴリー内の特定ブランドに対する感情的な意思心理的な結びつき」，あるいは「当該製品カテゴリー内の唯一需要可能な選択肢として，特定のブランドが消費者の心に強く根ざしている程度として捉えられる概念」[24]である。ブランド・コミットメントは，製品関与と同様に対象特定的な関与として同じ類型に含めて考えることもできるが，基本的には，関与の対象が「製品カテゴリー」であるか，それとも製品カテゴリー内の特定の「個別ブランド」であるか，という点で区分されるべきものである。

　初期の研究では，「製品関与」と「ブランド・コミットメント」とを別個の概念として捉えるだけでなく，前者を後者の規定因（すなわち高い製品関与の存在がブランド・コミットメントの前提となる）とする考え方もあったが，現在では，必ずしも，そのような想定をおかない場合も多くなっている[25]。また，製品関与との異同のみならず，ブランド・ロイヤルティとブランド・コミットメントとの異同についても，常に問題とされてきた。現在では，前者は行動的指標，後者は態度的指標（あるいは行動的ロイヤルティに対して認知ロイヤルティ）として区別するのが一般的となっている[26]。

　ここで両者を区別することの理由は，態度面で特定ブランドに対しコミットしている消費者は，行動面でも当該ブランドに対してロイヤルであることが予想されるが，逆は必ずしも真ではないからである。なぜならば消費者が単に購買努力をせず，意思決定の単純化を図ろうとする場合にも「見かけ上のロイヤルティ」（コミットメントを伴わない反復的・継続的な購買）が観察されるからであ

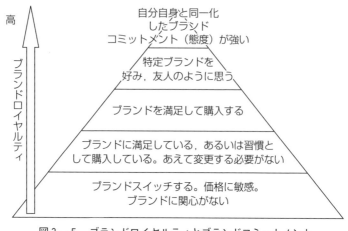

高

ブランドロイヤルティ

自分自身と同一化
したブラシド
コミットメント（態度）が強い

特定ブランドを
好み，友人のように思う

ブランドを満足して購入する

ブランドに満足している，あるいは習慣と
して購入している。あえて変更する必要がない

ブランドスイッチする。価格に敏感。
ブランドに関心がない

図3－5　ブランドロイヤルティとブランドコミットメント

る。

　このようにブランド・コミットメントの概念は「真のブランド・ロイヤルティ」と「見かけ上のロイヤルティ」とを区別する際の重要な態度的指標として，あるいは，特定ブランドの反復的購買行動の基底にある消費者の心理的プロセスを理解する際の中心的概念として位置づけられる[27]。

　したがって，ブランド・コミットメントが特定のブランドに向けられた情動的ないし，心理的な愛着として捉えられるのに対し，ブランド・ロイヤルティは行動上の概念として用いられ，多くの場合は同一のブランドの経時的な反復購買行動を指す概念として捉えられるのが一般的なのである[28]。

　以上の先行研究から，高いロイヤルティを獲得するためには，顧客満足を高めるだけでは不十分であり，ブランドへのコミットメントは顧客満足水準の上に形成されるもので，顧客の維持をより一層強める要因だと考えられる（図3－5）。

　なお，ブランド・コミットメントの高い消費者に見られる行動の特徴としては，反復的ないし継続的購買のほかにも，当該ブランドを他者へも推奨すること，当該ブランドのネガティブな情報にも動じない頑健な態度を持つこと，高いWTP（willing to pay：支払い意向）を持つこと，考慮集合サイズが小さいこと

など，が指摘されている[29]。

　またコミットメントは，その質的要素から計算的コミットメント（関係継続の判断を損得勘定に基づいて行うもの）と感情的コミットメント（関係継続の判断を好き嫌いの心理的感情に基づいて行うもの）とに分けられる[30]。これらの考え方はブランド価値を測定したり，ブランドロイヤルティの向上を目指したりする施策を立案する場合に有効になると思われる。

## 3．顧客満足に関する先行研究

### 3．1．顧客満足における先行研究

#### （1）顧客満足概念における先行研究

　顧客満足は，マーケティング研究者にとって，ブランドロイヤルティを高めるための要素として長年研究が行われ，消費者行動研究においては購買後評価の問題として，あるいはサービス・マーケティング研究においては，顧客維持戦略や消費者によるサービス品質評価の問題と関連付けられ，様々な知見が積上げられている。顧客満足研究の多くは，個人消費者が短期的に行う購買後評価を研究対象としており，この満足概念は，取引特定満足と呼ばれる[31]。今，利用したレストランでの食事体験が満足できたかどうか，不満なら二度と来ないか，気に入ったら友人を誘って再来店するかどうかを説明する，というのが主要な研究課題である。

　もう一つの顧客満足研究として，累積的満足と呼ばれる満足概念を使ったアプローチがある。特定のレストランに関する過去一年間の利用経験を振り返って，その店に満足できたかどうか。満足（不満）だとすれば，それはなぜか，を説明するものである。今ではなく，過去一年間の経験をベースにした満足を取り上げ状況要因に左右されにくい安定した満足と，その原因と結果の因果連鎖を解明しうるというのが，このアプローチの大きな特徴である[32]。

　この累積的満足のアプローチでは，企業毎に顧客満足を集計し，市場シェア，収益性，株価などの企業業績に顧客満足がどう寄与しているかを統計的に検証

する研究も行われている[33) 34) 35)]。また，日本でもこの累積的満足のアプロー
チにより収集されたJCSI（Japanese Customer Satisfaction Index：日本版顧客満足
度指数）データがある[36)]。JCSIとは，経済産業省の委託事業としてサービス産
業生産協議会の中に設置されたCSI（Customer Satisfaction Index：顧客満足度指
数）開発ワーキンググループが開発した診断システムの略称である。日本のサ
ービス産業の生産性向上を旗頭にしたこの取り組みは，サービス企業の顧客満
足をCSIと言う業界横断的な共通のモノサシで数値化し，更にその原因と結果
の因果関係をモデリングすることに開発上の主目的が置かれている。これによ
って，単に企業のランキング情報を提供するだけではなく，なぜある企業の顧
客満足が高い，低いかを構造的に読み解くことで，サービス企業のオペレーシ
ョンやマーケティングへの戦略的示唆を導くことを目指して構築された[37)]。

## （2）顧客満足の概念規定における先行研究

目に見えない構成概念としての顧客満足をいかに概念化するかについては，
いくつかの観点から整理できる。ここでは全体と個別，時間軸，購買・消費の
フェーズおよび感情的状態の強さと持続力などを取り上げる。

① 全体と個別

全体的満足もしくは総合的満足は，商品・サービスに対する顧客の購買後評
価を一つの総体的な評価とするのが全体的満足であるのに対し，商品・サービ
スの個別属性ごと，もしくは抽象度を上げた価値レベルで満足を捉えるのが個
別満足である。全体と個別という区分けは，時間軸にそって考えられる[38)]。

すなわち，先述した累積的満足（cumulative）と取引特定的満足（transaction
specific）である。前者は過去の経験全て，もしくは過去半年や一年などの一定
期間での経験をベースにするのに対して，後者は直近もしくは特定の経験をベ
ースにした満足・不満という状態である。

② 消費者の商品・サービスに対する評価

それらの購買選択行動と実際の消費行動とに分けて考えれば，購買選択で得
られた交換価値（value in exchange）に関わる満足と，実際の消費によって自ら

の問題解決にどれくらい役に立ったかという使用価値（value in use）に関わる満足とに分けられる[39]。顧客が享受する価値を交換価値と使用価値に分け，それらが顧客と企業の価値共創プロセスから生まれるという論理は，サービス・ドミナント・ロジック（S-D）によるものである[40][41]。JCSIモデルにおいては，前者を選択満足と，後者を生活満足と呼んでいる。

③　時間軸，使用場面による満足の規定

　顧客満足研究においては，顧客の歓喜ないし感動（delight）という覚醒と驚きを伴う強い感情を概念規定することによって，安定的かつ持続的な感情的状態の満足とは区別した満足概念を捉えることができる[42]。そして良い意味での驚きと興奮，うれしさ，快適さなどのポジティブな感情とは反対に，がっかり，イライラ，怒ったといったネガティブな感情としての失望（disappointment）という概念化もできる。

　ところで，こうした時間軸に従った累積的満足の概念化は何故必要なのだろうか。またこの累積的満足は取引特定的満足の何を積み上げているのだろうか。積み上げ問題については，顧客満足研究では集計化の問題として検討することができる。集計化とは異なる複数の時間，場面，個人，対象，尺度を集計し一つにまとめることである。個人Aの特定ブランドXに対する満足は，購買・消費時点I回分ずつ発生する。すなわち，取引特定的満足は，各回の満足度を表わすのに対して，累積的満足はI回の経験全てを含めた評価としての代表値ということになる。

　満足度測定は，回答者の主観的評価によるため，その代表値がI回分の満足度の平均値か，それとも中央値か最頻値か分からない。しかし，こうした時間の集計化を行うことによって，各購買・消費場面における状況要因による満足度のブレが除去されると期待できる。企業単位もしくは事業・ブランド単位で算出されるCSIは，個人の満足を積み上げて集計して算出したものである。

　従って，100点満点のCSIで図ったスコアが，70点の企業であっても，当該企業について解答した人々の満足度は実際には上下にバラつく。これが個人の集計化というCSIのもう一つの側面である。また企業単位でCSIを算出すると

いうことは，当該企業が市場に提供している複数の商品・サービスやブランド
に対する満足度が，一つの指標に集計化されることを意味する。これが対象の
集計化である。

　尺度の集計化とは，累積的満足が多項目の観測変数から推定される構成概念
とする。「あなたはXYZブランドに対してどの程度満足していますか」という
単一の質問項目だけではなく，累積的満足を測定する複数の尺度を設け，信頼
性と妥当性が高い尺度を用意できる。以上の集計化を施し，特定企業に対する
より安定した満足度指数の計算ができる。以上が累積的満足へのアプローチの
基本的な考え方である。

## 3. 2.　顧客満足モデル

　ブランド価値モデルと近似的なモデルとして研究されてきたのが顧客満足モ
デルである。顧客満足モデルとは，顧客満足を中核として，その選考要因と結
果要因との因果関係の連鎖構造を特定するものである。　顧客満足度指数スコ
ア（CSI：Customer Satisfaction Index, 顧客満足度指数）は結果にすぎず，それだ
けでは当該企業・ブランドの満足度が何故高いのか，低いのかを説明できない。
したがって，今後CSIは，どうすれば強化できるのかの戦略的，戦術的な示唆
を導き出すこともできない。一方，顧客満足モデルは顧客満足が企業の収益性
や成長性にどのような効果をもたらすのかという結果系の因果関係にもかかわ
る。CSIデータを用いたマクロ・レベルの先行研究では企業レベルのCSIが当
該企業のROI，株価，株価収益率，企業価値などの財務指標に対し，正の影響
を与えうることが示されている[43]。

　またミクロ・レベルの先行研究においては，顧客満足の向上が，顧客の再購
買，価格弾力性，クチコミ，他者への紹介といった意図ないしは，行動に対し
て正の影響を持つか否かの検証が繰り返されている。マクロ・レベルであれミ
クロ・レベルであれ，顧客満足がもたらす効果を見る際，効果がどこにあると
見るべきか，それが焦点となる。

　そこで，累積的満足のアプローチによる顧客満足モデルにおいては，取引特

定的満足の形成メカニズムを説明する為に，期待・不一致（expectation-discon-firmation）理論をベースとしている[44）45）]。すなわち，満足・不満足は消費者が購買前に商品やサービスに対して持つ期待水準が，実際に知覚したパフォーマンス水準と比べて一致しているか，それとも上回っているか，下回っているかという不一致の程度によって規定される，というのがこの理論の基本的な考え方である。

　この理論においては，何が購買後評価における参照点となるかについて諸説がある。例えば顧客期待には予測的期待と規範的期待のほか，理想期待，欲求水準，最低許容水準などが上げられる。同様に，不一致の程度についても厳密なズレというよりは，ある程度の幅を持った許容範囲の中で不一致かどうかが決まる。更に，期待水準と知覚水準を測定する困難さも指摘されると同時に，不一致の程度を期待水準と知覚水準のスコアの客観的差異として表すのか，主観的にどれくらいギャップがあると感じたかを主観的差異として測定するのか，と言った点も議論がなされている。

　一方顧客期待と知覚パフォーマンスは，不一致を介した間接的な効果だけでなく，直接，満足を規定するモデルも提案されている。ここで言う知覚パフォーマンスとは，商品・サービスを通して顧客が得るベネフィットないしは，支払った金額などの犠牲に対して得られたベネフィットの比を指している。これらは知覚品質と知覚価値と呼ばれる[46）]。

## 3. 3. 顧客満足要因に関する因果関係

　顧客満足の水準を規定する原因としては，顧客期待，知覚品質，知覚価値という3つが挙げられる。期待・不一致モデルでは購買前の予測的期待は，経験を経た後に知覚する商品・サービスのパフォーマンス水準との比較プロセスを通して，間接的に顧客満足に影響を与える他，直接的にも満足に影響すると考えられている。一方，知覚パフォーマンスは知覚品質と知覚価値という2つの要因に分けて捉えられる。知覚品質（perceive quality）とは，商品・サービスの品質や性能の卓越さに対する顧客の主観的評価である。

　これに対して知覚価値（perceive value）は，顧客が支払った金額に対して，品質や性能がどの程度見合っているかを主観的に評価したものである。卓越した品質や性能をもつ商品・サービスは高い知覚品質として表わすことができるが，それが満足そのものを表わすとは限らない。なぜなら，過剰品質や機能疲労といった，顧客の期待や使用能力を上回るほど知覚品質の高さは，かえって満足を下げかねないからである[47]。

　同様に優れた商品・サービスの品質や性能は，それを享受する為の支払金額との比較としての知覚品質で見た場合，同様に高い水準になるとはいえない。このように知覚品質と知覚価値を分けると，顧客満足がどの要因で変動するかを分析できる。すなわち，知覚品質の影響が強ければ品質駆動型として，知覚価値の影響が強ければ価格駆動型ということになる。

　一般に，価格訴求の強さが競争ルールを支配する市場においては，価格駆動型の顧客満足モデルの説明力が高くなると予想される。顧客期待は①知覚品質と②知覚価値を通した間接的な影響と，③直接顧客満足に対する影響は少ない。知覚品質の効果は満足に対する直接効果だけではなく，知覚価値を媒介とした間接的効果も存在すると考えられる。以上が，顧客満足モデルにおける原因系の因果関係について共分散分析のパス分析の結果である（図3－6）。

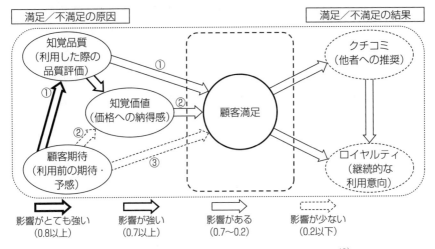

図3－6　顧客満足の全体モデル（原因と結果フロー）[48]

## 3．4．満足の結果要因に関する因果関係

　顧客満足モデルのもう一つの仮説群は，満足が後続の心理や行動といった結果要因に及ぼす効果に関わる。満足が与える効果は，心理，行動，そして金額といった局面において見出せる[49] [50]。すなわち心理局面とは企業やブランドに対するコミットメント，信頼感，再購買意向，他者推奨意向といった心理的ロイヤルティと呼ばれる概念である。一方行動局面とは，実際の再購買，再利用，苦情や推奨といった行動が生起したかどうかという，行動的ロイヤルティやクチコミ行動といった概念である。これらの行動は客単価，顧客別収益性，顧客障害価値といった金銭的な価値として表わされる[51]。

　このように，ロイヤルティを心理的局面と行動局面で分けて捉えることは，顧客満足モデルを構築する上でも重要な意味を持つ。すなわち，見せかけのロイヤルティのように，満足ないしは不満足だけでは，実際の行動を説明しきれないケースである。スイッチング障壁は，不満を感じた既存顧客であっても，ブランドを切り替える知覚されたコストが高ければ，再購買や継続利用という行動が起こり続けることを説明する際の重要なキー概念となる。

　また，心理局面においても，ロイヤルティを再購買，再利用の意向レベルで捉えるか，見込みないしは可能性として捉えるかでは，効果のあり方が異なる。後者の立場をとるACSI（American Customer Satisfaction Index：アメリカ版顧客満足度指数）に対して，JCSI（Japan Customer Satisfaction Index：日本版顧客満足度指数）では前者の行動意向レベルでロイヤルティを捉えている。これは，満足がもたらす効果を，心理的ロイヤルティの高い顧客をどれだけ創造しているかに重きを置いていることを意味する。

　再購買，再利用とともに，既存顧客から発せられる声（VOC: Voice of the customer）も，満足の結果として想定される。VOCをその内容がポジティブかネガティブか，企業に対して発せられるか，企業以外のほかの消費者組織に対するものかで4つに分けると，ACSIにおいては，企業に対するネガティブな声としての苦情行動を想定する。それに対して，JCSIではクチコミを意向レベルで捉えている。ここでいうクチコミとは，他の消費者に対して，その企業やブランドのことを肯定的に話すか，否定的に話すかである。満足はポジティブなクチコミを誘発する正の効果を持つと予想される[52]。

　また，ポジティブなクチコミをするという意向が強ければ強いほど，ロイヤルティに正の影響を与えると考えられる[53][54]。他人に当該企業やブランドのことを薦める意思自体が，自らの再購買，再利用への意思を強化すると考えられる。クチコミからロイヤルティに繋がるパスはその効果を意味する。これらを総合して顧客満足構造仮説モデルを下記図3－7に掲載しておく。

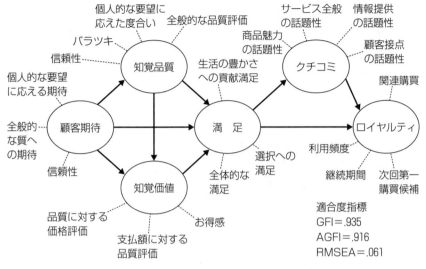

個人的な要望に
応えた度合い
全般的な品質評価
バラツキ
信頼性
知覚品質
個人的な要望
に応える期待
全般的
な質へ
の期待
顧客期待
信頼性
知覚価値
品質に対する
価格評価
支払額に対する
品質評価
お得感
生活の豊かさ
への貢献満足
満　足
全体的な
満足
選択への
満足
サービス全般
の話題性
情報提供
の話題性
商品魅力
の話題性
クチコミ
顧客接点
の話題性
関連購買
ロイヤルティ
利用頻度
継続期間
次回第一
購買候補

適合度指標
GFI＝.935
AGFI＝.916
RMSEA＝.061

図 3 － 7　JCSI顧客満足モデル分析結果[55]

## 4．本書におけるブランドの基本的な捉え方

### 4．1．ブランドの定義

　本書で取り扱うブランドとは，企業が自社製品やサービスを特徴づけるために用いる名前・ロゴマーク・キャラクターなどの総称ではあるが，ただの名前では無く，売り手と買い手を結びつける「絆」，つまり「赤い糸」のようなものとして捉えなければならない[56]。

　そこで，本書ではブランドの定義を「特定の商品およびサービスを識別させるものであり，その商品およびサービスを競合他社のそれと区別させることを意図して設定する名前，用語，記号，シンボル，デザイン，あるいはそれらを体系化したもの」とする。この定義で強調すべき点は，ブランドが商品のアイデンティティを示すものであり，競争差別性を意図的に創造するものということである。

　従って，ブランドは単なる名前だけではなく，視覚的に訴求される全てのも

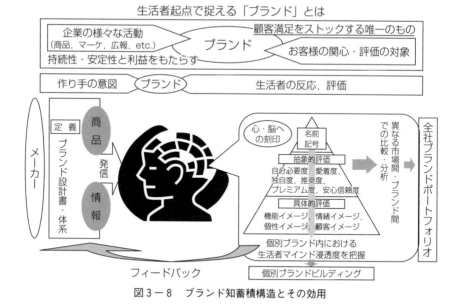

図3－8　ブランド知蓄積構造とその効用

のによって形成されるということである（図3－8）[57)][58)][59)]。そのため，この
ブランドを形成する為のブランド・マーケティングとは，商品にブランドを付
与し，そのブランドを売る仕掛けとしてのマーケティング戦略を構築するとい
うことを意味する。

　ひとくちに商品ブランドと言っても属性・便益・価値観・文化・歴史・パー
ソナリティ・ユーザと多くの構成要素があると考えられており，前述したよう
に商品ブランドとは，使用者が享受できる物理的・情緒的な「便益」を指し示
す道標となるものである[60)]。

　ゆえに，ブランドを構築する場合，以下の点に留意しなくてはならない。1
点目はブランドコンセプトが顧客にとって，新鮮で差別化されたものとして明
確であるかどうか。2点目に，誰に（理想の顧客像を想像しておくのも一手段）提供
したい価値であるかが明確になっているか，が重要になる。そして3点目はブ
ランド価値を多次元的な知覚経験（使用経験，感情的価値，情報接触など）により，
顧客の心と脳に蓄積され増幅されたり，償却されたりするため，すべての発想

の起点を顧客に置かなければならない。

## 4. 2. 取り扱うブランドの範囲

　ブランドといってもいくつかのカテゴリーやレベルが混同されて用いられることが多い。従って，本稿で取り扱う3つのブランドについて述べる。

### （1）商品ブランド

　ある製品カテゴリー内の，個々の製品についているブランドである。

### （2）マスターブランドとサブブランド

　部屋干しトップ（粉），トッププラチナクリア（粉），トップクリアリキッド（液），香りつづくトップ（濃縮液），トップナノックス（濃縮液）など，共通するネーミングを保有するものの，異なる複数のブランドが存在する場合がある。このブランドの集合体をどのようにマネジメントすべきかを考えるときには，集合体としての対象ブランドをマスターブランドと呼ぶ，その傘下にあるブランドをサブブランドという。

### （3）コーポレート・ブランド

　ソニー，トヨタというように，ブランドの集合体として，企業全体を指すブランドである。このコーポレート・ブランドを取り扱うとするならば，個別商品ブランド以外の知的資産や企業の社会貢献活動など，無形資産全体が対象となる。現在はコーポレート・ブランドの構築に取り組む企業が増えているが，ここでは，マーケティングマネジメントに関わる示唆を研究目的にするため，商品ブランドとしてのマスターブランド，サブブランドを取り扱う。

## 4. 3. ブランドの構築のための構造化

　これまで多くの研究者たちが，ブランドの価値の源泉として提唱している「ブランド・エクイティ」を根幹に，他社との識別性を高める為の象徴や個性

などを規定する[61]。また，研究者達が規定しているブランドとしての提供価値を心理的あるいは機能的ベネフィットとして表現する。そして，ブランド構築にあたり，そのブランドがコアとするターゲットユーザを明確にし，彼らがそのブランドを所有することによる所有価値，経験価値を明確にする[62] [63] [64]。

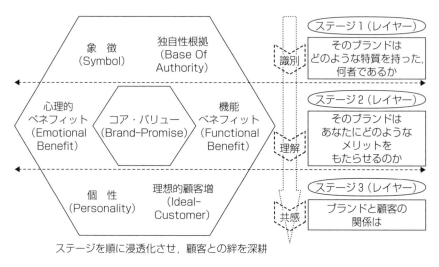

図3-9　ブランドコンセプトの設計構造（D．アーカー）[65]

　そのブランドが保有すべき要素は次の3つのカテゴリーでまとめられる。1つはブランドの浸透度＝ブランド認知，2つ目がブランドの経験品質としての知覚品質，ブランド連想，他のブランド資産からの影響，更に3つ目としてブランドとの絆や強さを表わすブランド・ロイヤルティとして集約できる[66]。

　したがって，本書では，このアーカーのモデル（図3-9）[67] が，シンプルかつ，ブランドコンセプトを形成する為に必要な要素を包含していると考え，このモデルを骨格にブランドコンセプトを設計していく方法を検討した。しかし，この構造図だけでは，人の心と頭の記憶の中にブランドコンセプトを形成する為に必要なマイルストーンを持った時間軸の設定や企業にとっての当該ブランドの重み付けなどが明確にされない。また，ブランドが目指す価値の目標

として，そのブランドが展開すべき，あるいは展開すべきではない事業領域なども明確になっていない。

　さらに1製品アイテムで顧客満足を十分に満たせるラインナップができない場合，どのような製品ラインナップ構成で，ブランド価値を形成するのかなど，具体的且つ，現実的な構造が設計されない。したがって，本書では，このブランドコンセプト構造を骨格に，独自に時間軸の設定，展開事業領域の設定，製品ラインナップが設定できるブランドフォーメーションなどを網羅した設計書を構築する。

## 5．ブランド構築のためのブランド設計書（5セット）の開発

### 5．1．ブランド設計にあたっての基本的な考え方

　これまで過去に多くの学者たちがブランド規定やブランド価値を規定するに当たり，その根幹を「ブランド・エクイティ（本質）」として議論をし，前述してきたように，多くのモデルが発表されている[68] [69] [70] [71]。その主たる構造は，①当該ブランドが他のブランドと違うと思われる差別性を持っているか，②ブランドは顧客にとってどのくらい魅力的で訴求力があるか，③そのブランドがどれほど良く思われ，尊重されているか，④顧客がそのブランドに，どれほどまでなじみ，親しんでいるか，という4つに大別できる。そして，その4つの側面から「ブランド」を構築することが，顧客の頭の中に無形資産としての存在価値を高める第一歩となる。

　その無形資産としてのブランド価値が顧客にどの程度形成されたか，設計していた通りに形成されているかなどを測定できる指標を開発し，設定された目標への進捗状況を把握しなければならない。そして執行してきたマーケティング施策の効果・効率を判断できるようにしていかなければならない。その時点で計画と実績との間に誤差が生じているのであればマーケティング施策，ブランドフォーメーション，当初に設計したブランドコンセプトや目標値など，修正すべきは修正できるような意思決定システムを構築しなければならない。

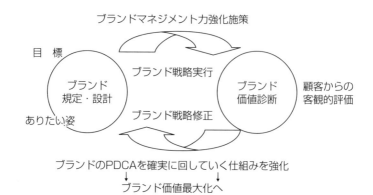

図3－10　ブランドマネジメントサイクルのイメージ

　したがって，その指標が目指すものは，顧客が判断しているブランド価値を測定する指標であり，その指標を活用して，図3－10のような意思決定システムとして構築できれば，ブランドマネジメントが可能となる[72]。

　そこで，この意思決定システムを実現するために，まずはブランド目標を決めた後，ブランドの規定・設計書を作成する。達成目標は最低3～5年先をイメージする。長期間に渡って，ブランドを継続的にマネジメントしなければならない為に，多くの関係者にわかりやすく，誤解の無いように設計する[73] [74]。そのために，時間的変化や製品ラインナップの変化が把握できるように，下図3－11のような5つのシステムモジュールで構成した。以下，その個別内容

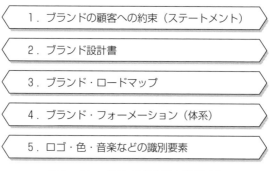

図3－11　ブランド規定書の構成要素

について論述していく。

## 5.2. ブランドの顧客への約束（ステートメント）

　システム設計でいうところの目標設定に当たるところは，ブランドを，どのような姿で刻印して消費者に記憶してもらいたいかを（1）「顧客への約束」として描き，ステートメント化し，文書化，見える化することである。記述すべき内容は，ブランドの独自価値を表現したもので，中心にブランドの本質を短い文書で表現する。その周りに機能ベネフィット，心理ベネフィット，象徴で囲み，わかりやすく，シンプルに表現する。短い文書に凝縮することによって，本当にそのブランドの独自性が表現できると考えた。

　さらに，次のステップにはなるが，コンセプト力調査においても，大量の調査が同時に効率的に行え，明確に判断しやすくなるメリットがある。一度のコンセプト作成では，既存のトップブランドを超えられることはなく，現実的には売れている商品を凌駕するだけのコンセプトを作成することが，容易なことではないことは，容易に想像ができるのであろう。したがって，現実的には複数案を同時に，定量調査に掛けられるためであり，多少の修正が入ることを前提とした役割も果たしているステートメントになっているのである。

　そして，その記述すべき内容としては，将来このブランドが目指す姿を描くことにより，ユーザに期待と楽しみを抱き，将来に渡っても付き合っていきたいと思えるコンセプトを作り上げねばならない。その為に，開発担当者自身のやる気を最大限に高める為にも，企業の方針はもちろん担当としての夢を乗せなければならない。その意味では，ただの現状不満解消型や問題解決型のソリューションコンセプトが主流となっている，これまでの製品コンセプトとは全く異なるコンセプトを構築，創造しなくてはならない。

　したがって，このコンセプトが顧客に遠い未来で，夢のような話で実現性，信頼性も無く，身近にも感じられない，現実離れしたコンセプトであってはならないのである。さらに，現実の世界の中で，参入している現カテゴリー市場の中にあるトップブランドのコンセプトに劣っては意味が無いのである。

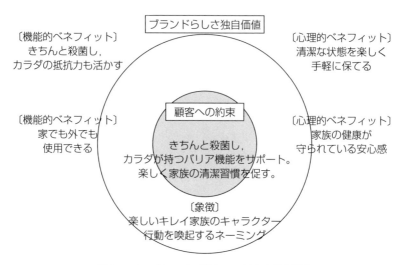

〔機能的ベネフィット〕
きちんと殺菌し，
カラダの抵抗力も活かす

ブランドらしさ独自価値

〔心理的ベネフィット〕
清潔な状態を楽しく
手軽に保てる

顧客への約束

〔機能的ベネフィット〕
家でも外でも
使用できる

きちんと殺菌し，
カラダが持つバリア機能をサポート。
楽しく家族の清潔習慣を促す。

〔心理的ベネフィット〕
家族の健康が
守られている安心感

〔象徴〕
楽しいキレイ家族のキャラクター
行動を喚起するネーミング

図3－12　ブランドの顧客への約束宣言書構造

　そこで，作成すべき構成要素を列挙した宣言書を上記に示す（図3－12）。

　そこで，ブランドコンセプトが十分な訴求力を保有した設計書の構築を目指す。その手順としては，まずブランド担当者，社外のコンセプト構築専門家，コミュニケーションの専門家，技術開発部，調査部門などによるプロジェクトチームを編成する。次に，当該ブランドの顧客への宣言書を複数案作成する。続いて競合ブランドやベンチマークとするブランドの顧客への約束宣言書を各要素に分解して作成する。作成目標レベルは，参入する市場内の既存ブランドより，当該ブランドの顧客との約束宣言書が，顧客にとって魅力的で独自性があり受容性の高いものを目指す。

　最後に作成した複数案のステートメント化されたコア・コンセプトを消費者定量調査にて，ベンチマークブランドより訴求力が高いかどうかを検証する。実際に，本稿で取り扱ったコンセプトについては，1ブランド製作するのに約3ヶ月かかっている。並行して複数のプロジェクトを進行させたので，1年半の間に20ブランド（ベンチマークとなる競合ブランドもステートメント化するので，実際には合計50ブランド）の顧客への約束宣言書を作成した。

## 5. 3. ブランド設計書

次にブランドを顧客の頭の中に存在させるために必要な構成要素を構築すべく，ブランドの設計書を作成する。構成要素として，アーカーが開発したモデルに準拠し，①ブランドの本質，②差別化ポイント，③機能ベネフィット，④心理的ベネフィット，⑤個性，⑥理想的顧客像，⑦象徴（シンボル），そしてその参入市場を規定する，⑧価値提供事業領域を考える（図３－13）。

①　ブランドの本質

ブランドの本質では，他のブランドとは違う差別性や独自に保有する価値の求心力であり，人間の欲求や本音に踏み込んだ内容を簡潔に記述する。

②　差別化ポイント

差別化のポイントは競争上の参入障壁となるような，優位性を担保できる品質，コンセプト，技術などとその根拠となる裏付け，権威を記入しておく。

| [ブランド設計書] | ブランド名／カテゴリー |
|---|---|
| 生活者にとってのブランド価値 | 当該ブランドが，生活者に提供する価値。生活者の満足にどのように貢献するか |
| 企業にとっての価値 | 当該ブランドが，企業価値やビジョンにどのように貢献するか |
| 中期的あるべき姿 | 中期的に考えるブランド育成指針 |

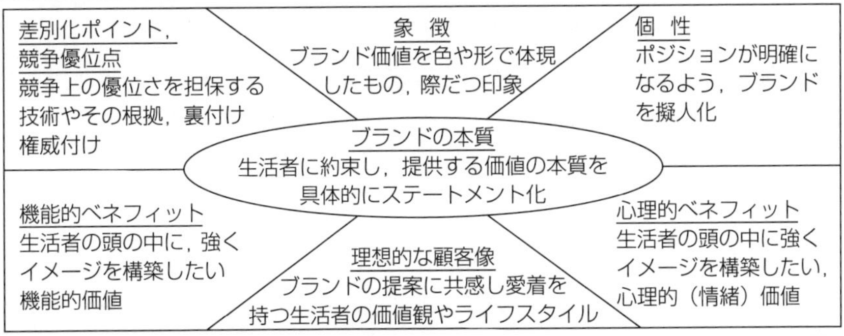


| | |
|---|---|
| 価値提案領域 | ブランドのコアコンピタンスと，それが有効に機能する事業展開領域（将来の拡張領域を含む） |

図３－13　ブランドの設計書要素構造とフォーマット

③　機能ベネフィット

　機能ベネフィットは，生活者の頭の中に強いイメージを構築したい機能価値，つまり使用することで得られる実感品質や知覚品質による機能便益を記述することであり，単なる商品特長を記述しないことに留意すべきである。

④　心理的ベネフィット

　心理的ベネフィットは生活者の頭の中に強いイメージを構築したい心理的，情緒的価値である。使用することで得られる好ましい気分，満足感を表現する。その後のマーケティング施策の中で，特に表現が困難であるコミュニケーションにおけるトーン＆マナー（CM画面上で表現される雰囲気，イメージをいう）を創造するときに，反映できる素材となりうるように，そのブランドを使用した後の映像が目に浮かぶような表現にしておくことが望ましい。

⑤　個　　性

　個性については，そのブランドが消費者にとってどのようなポジションになるのかが明確になるように，擬人化して記載しておくと理解されやすくなる。例えば，いつもそばにいる母のようにやさしい保健師等が考えられる。

⑥　理想的顧客像

　理想的顧客像はブランドの世界観や各ベネフィットに共感し，愛着を持つ価値観やライフスタイルで記述する。つまりターゲットとする人物像をペルソナ手法のように具体的に表現できることが望ましい。

　技術開発部門とマーケティング担当関連部署とが，連携を取りながら設計や製作へ取り組みやすく，品質がブレることなく完成する。各担当システムが統一感のある整合性のとれたシステムとして完成する。

⑦　象徴（シンボル）

　象徴とは，ブランド価値を色や形で体現したもので際立つ目印になるものである。この象徴は，ブランドへの信頼や評価の基盤となる。競合が容易にまねのできない固有の事実（伝統，出自，実績，評判など）を形，色彩，味覚，ロゴやデザインに反映させる。従って，固有のブランドを想起させる起因となる。

⑧　価値提供事業領域

　ブランドが提供する価値領域については，ブランドが将来に渡って，有効に機能する事業領域（カテゴリー）を規定しておく。このことは，企業ドメイン，経営理念や中期経営計画など，企業の哲学や根幹にかかわることであるため，参入しないカテゴリー，事業領域を記述しておくのも，記述する場合の分かりやすさを増幅させる秘訣である。

## 5. 4.　ブランドロードマップ

　ブランドの顧客への約束やその実現に向けての設計書は，将来ブランドが目指すべき姿をデザインしたものであり，一朝一夕に完成するものではない。必要なマーケティング投資額と時間を掛けて，顧客の脳と心に蓄積させていかなければならないものである。その実現に向けた時間軸の概念を入れるために，ロードマップを描く必要がある。その為には，マイルストーンを置き，進捗状況や市場や競争環境の変化を把握するシステムを構築しなければならない。市場は常に変動していることを忘れてはならない。

　そして，強いブランドとは，常に変化する市場や顧客の変化に適合できるブランドのみが生き残れるのである。したがって，ブランドロードマップにおいてはブランド開発システム以上に，ブランドマネジメント・育成戦略が重要であり，それをどのようにシステム化でき，どのように構築するかが重要である。

　図3−14に，ブランドロードマップを挙げているが，重要なのは，短期目標であれ，中期目標であれ，必ず目標達成状況が把握できるような指標を構築することである。その指標が定量的であり，構造的であれば，計画と実績の乖離を明確にでき，原因究明が比較的早く迅速に施策変更なり，目標の修正が可能となる柔軟なシステムを構築することができる。本書におけるブランドマネジメントのための指標については，後章で述べる。

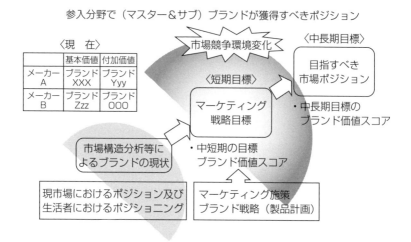

参入分野で（マスター＆サブ）ブランドが獲得すべきポジション

図3－14　ブランド実現のためのブランドロードマップ

## 5. 5. ブランドフォーメーション（体系）

　ブランド戦略を構築するに当たって，１つのブランドですべての生活行動（洗濯行動，入浴行動，調理行動，オーラルケア行動など）を網羅できるコンセプトは不可能である。一方で経営の立場，投資効率の視点から捉えるならば，ブランド数は極力少ないほうが効率的に運営・管理ができるはずである。つまり，ブランド設計書に記述したように，どの程度の市場範囲，カテゴリーを当該ブランドは網羅するのかを規定したと同様に，どのくらいの数のサブブランドで，どのようなニーズを満足させ，どのサブブランドにどのような役割・機能・価値を担わせるのかを決めなければならない。

　そしてブランド全体として，どのようにサブブランド間（システムモジュール間の整合性を計る概念と同様に）を，何（機能，コンセプト，イメージ，情緒など）で連結させ，整合性の取れた統一した概念として組織化するかを構築しておかなければならない。その思考は２章で説明したシステム化の統合・検証・妥当性作業と同様の考え方が適用できる。そのサブブランド体系（ブランドフォーメーションと呼ぶ）をどのように構築するかが，重要な課題である。

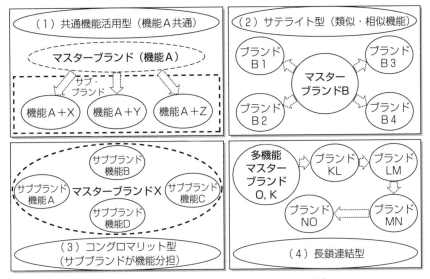

図3－15　ブランドフォーメーション4類型[75)]

　いくつかのパターンを見出すために，ルメルト，今井の多角化理論[76)]を参考に，多角化理論における戦略事業単位をサブブランドに置き換えて，4分類を図3－15に掲示する。

（1）共通イメージ活用型フォーメーションは，マスターブランドが保有するイメージ（例えば，老舗ブランドによる安心感イメージや強力洗浄力イメージ）を活用し，各サブブランドにも共通イメージをコンセプトに保有させることで，ブランド間のシナジーを生かす方法である。最近では企業間でのコラボレーション企画として散見されることもある。このマスターブランドによるサブブランドへのシナジー効果を西本はブランド拡張におけるフォワード効果と呼んでいる[77)]。ブランド戦略としては，マスターブランド強化に向けたマーケティング投資が中心となる。

（2）コングロマリット型は，企業内における組織機能分担と同様の考え方である。例えば，人事部，経理部，システム部といった各組織が各々の機能を分担して1つの企業目標を達成するのと同様である。各サブブランドが

　構築したブランドイメージをマスターブランドに還元・蓄積させていく考え方である。

　具体的には，歯磨きでさっぱりした清掃感を，歯ブラシで毛腰しっかりした実感付与で刷掃感を提供し，洗口液で刺激的なさっぱり感を提供することにより，マスターブランドは口内環境を充実させるNO 1ブランドとしてのポジションを目指せるブランドとなる。ブランド戦略としては，サブブランド強化に向けたマーケティング投資が中心となる。

　西本らの研究では，フォワード効果とフィードバック効果はブランドごとに大きく異なるとして実証研究されている[78]。

（3）サテライト型フォーメーションは，マスターブランドの技術シーズを活用し，ブランド展開を行う。どちらかというと技術先行型市場で効果的である。カテゴリーを代表とするような1つの大きなブランド（マザーブランドと呼ぶ）が，キーブランドとなって全体を形成している。各サブブランドはそのマザーブランドに隣接する市場に展開され，ほとんど同じ組成原材料ではあるが，容器形状が異なっていたり，用途や使用場面が異なっているなど，マザーブランドを衛星的に取り囲んでいるようなブランド体系を形成する。

（4）マスターブランドの中心となる機能やブランドイメージをアンカー（碇）として長い鎖のように連結して展開されている。各サブブランド間は共通した機能やイメージで繋がっているが，最初のマスターブランドと最後のサブブランドとの関係性は希薄になる。ただし，マスターブランドが参入している市場と関連性の薄い市場へ拡張する場合や企業として全く初めての市場へ参入する場合に，新規ブランドで参入するよりは有効であると考えられる。

　このようにフォーメーションを明確化しておくことにより，今後の商品開発の狙いや目的が事前に明らかになることにより，研究開発スピードが上がるメリットもあると考えられる。

　理解促進のために具体的事例として，（1）共通イメージ活用型フォーメー

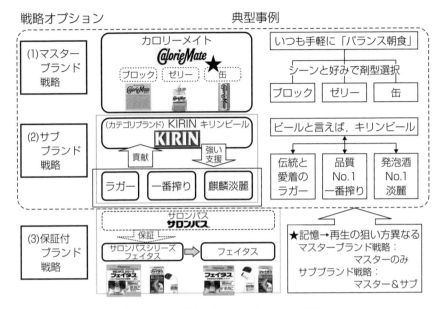

図3-16　ブランドフォーメーション事例

ションとしてのマスターブランド戦略と（2）コングロマリット型でサブブランドの個性を生かす，サブブランド戦略事例を図3-16に挙げる。ライン拡張回数は少ないが，（4）長鎖連結ブランド事例として，マスターブランドの影響が薄く，サブブランドが独立していく過程の戦略として保証付きブランド戦略を挙げる。

## 5. 6. ロゴ，色，音楽などの識別要素

　識別要素としてのブランドの象徴となり，記憶再生の手がかりとなるロゴ，シンボル，アイコンや音（音楽）を開発，規定しておくことである。これは一旦，決定した際には，短期的に変更しないことである。識別要素は継続して記憶の中に蓄積させ，記憶の出し入れに際して，媒介となるパイプや水道管のような役割を果たす。活用場面としては，コミュニケーションツールとしてTVCM，店頭，パッケージなど顧客との接点に，頻繁に出稿されるものであ

|  | 内　容 | 活用場面，使い方 |
|---|---|---|
| ロ　ゴ | ブランド・ネーミング・キャッチフレーズ | ・パッケージ<br>・店頭<br>・CM，雑誌，印刷物 |
| シンボル |  キレイママとよしお，よしこの３人の手つなぎ<br>― 強い絆で結ばれた家族が安心感／<br>幸福感を表現 ― | ・パッケージ<br>・店頭<br>・CM，雑誌，印刷物 |
| アイコン |  殺菌力＋自浄力<br>キレイキレイバリア | ・パッケージアテンション<br>・店頭<br>・雑誌，印刷物 |

図３－17　ブランドの象徴・シンボル・識別要素

り非常に重要な役割を果たすものである。一例を上記に示しておく（図３－17）。

　これをデザインしておくことにより，宣伝やプロモーションといった非常にコストのかかる投資規模の大きいマーケティング投資を，集中して行うことにより効率性が追求できる。したがって，十分な効果を期待するならば，このアイコンやデザインの開発の初期段階で，十分な時間と調査費用の投資をすることが望ましい。

## 6．ブランド構築のためのシナリオフレーム

　実際にブランドを構築する為には，製品開発テーマを推進しなければならない。そこではブランド方針・目標を明確にし，消費者のライフステージ，ライフスタイル・アプローチをベースに，ブランド開発の目的・目標を明確にする。その実現に向けたマーケティング戦略及びブランド目的・目標との整合性を図る。次に，マーケティング投資に見合った事業採算性などを担保する戦略シナ

リオフレームを構築しなければならない[79]。

　そこで，システム思考に基づき製品開発シナリオフレームを下記にテンプレートフォーマット形式に従って論述する[80]。

## （1）ブランド・ビジョン（ブランドの約束）

　まずは，ブランドが目指すべき理想の姿を描く。その理想像とは，現状の顧客の要求事項はもちろん，そのブランドが顧客にとって幸福で充実した人生・生活を送るために必須アイテムとなっている姿である。その理想像に向かって推進することをブランド・ビジョンと呼ぶ。ブランド・ビジョンを形作るには，ブランドの理念（理念，哲学）を持つこと，そして，その実現に向けた計画，ブランドロードマップを作製しなければならない。

## （2）マーケティング戦略

　これにしたがって，マーケティング戦略を構築する。そのマーケティング戦略目標軸が，いわゆるSTP「市場セグメンテーション（S：Segmentation），ブランドが顧客とするターゲット（T：Target），市場競争における及び顧客の認知状況におけるポジショニング（P：Positioning）」である[81]。

## （3）製品設計（ブランド設計書）

　次に，マーケティング戦略を達成するための4P（Product, Promotion, Place, Price）施策を統合的（施策間の整合性，施策実施の同期が図れている）に設計する[82]。中心的戦略となるプロダクトについては製品コンセプト，およびそのコンセプトを顧客の具体的な実感品質へと落とし込んだ品質設計を作成する。ビジネスとして成り立ちうる原価設計も重要な構成要素となる。

## （4）マーケティングアクション

　最後に製品設計されたプロダクトを顧客に効果的にコミュニケーションし，購入意欲を喚起させ，ブランドとの絆を強くする。実際に購入される店頭場面

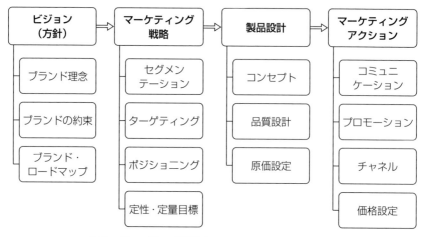

図3-18　ブランド構築システムのシナリオフレーム

では，ブランドが購入されるカテゴリーの中で再生，再認されるようにプロモーション施策を設計する[83]。そして，ブランドを効率よく顧客の手元に届けるために，購買チャンスが増えるチャネル戦略および価格戦略が練られる。全体のシナリオフレームを図3-18に示し，以下に詳細を解説する。

## 6. 1. ブランド・ビジョン（ブランドの約束）

（1）ブランド理念（ブランドの本質）

　ブランド理念とは，ブランドの本質であり，ビジネス理念と企画担当者の思い（Spirit）を含んだものである。ここでいう企画担当者の思いはHDTで紹介した思い（Will）とは異なる[84]。真のマーケティング思考に基づいた思いである。つまり，ターゲットとする生活者・顧客の充実した人生の実現に貢献したいという，ロマン・夢を指している。決してこんなものを設計したいとか，創作したいといった作り手の自分本位の思いであってはならない。

　ブランド状況として，マスターブランドの本質の顧客への約束が，どんな状況にあるのかを把握する。提案製品のコンセプトやポジショニングがマスターブランドと合致しているかを常にチェックする[85]。企画提案の背景として，

ブランドの現状と課題を明確にし，提案企画が，その課題のどの部分をどの程度，解決し，ブランド目標にどれだけ貢献するかをチェックする。

（2）ブランドロードマップ

　ブランド・ビジョン実現に向けて，いつ，どのように，どんなブランドフォーメーションで実現するかのロードマップを明示する（図3－19）。新ブランドで参入する市場が新市場，既存市場，その他複合市場であるかなど，市場の特性が明確に分かり，新ブランドで市場参入する必然性が明らかになるようにする。

① 新市場創設期

　新ブランドが新規カテゴリーを創出する場合は，導入期＝市場カテゴリーの創出である。したがって，新市場開拓にあたり，新規カテゴリー創出に見合う技術イノベーションが必要条件である。

② 導入期

　一方，既存市場における新ブランドの導入期は，市場参入のためのブランド

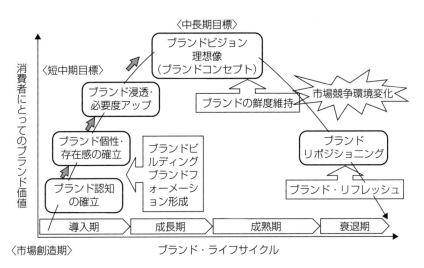

図3－19　ブランド構築の為のロードマップ

認知が重点目標となる。例えば，使用実感のある基本機能に加え，既存ユーザの共感性を謳ったキャッチフレーズ，情緒的パッケージなどブランド認知形成に必要な登場感がマーケティング施策目標となる。

③　成長期

　次に，成長期に移行するためには，そのブランドの個性，独自性，他との違う使用実感など，ターゲットユーザにとって，なくてはならない存在意義を顧客に植えつけねばならない。例えば，香りのラインナップを拡張する。または付加価値を付けた高価格品を揃えるなど，ブランドフォーメーションをどのようにするか設計しておかねばならない。

　更に，パッケージのデザインを刷新した期間限定品を発売したり，ブランドイメージ醸成の為のイベントの開催，CMタレントの抜擢など多岐にわたるプロモーション施策を展開したりする。これらブランドの浸透化を目的とした施策により広い顧客層を取り込む。

　同時に，ロイヤルユーザに対しては，累積購入による特典効果を付加することにより，ブランドとのリレーショナルシップをより深め，強い絆で結ばれるようなマーケティング施策を展開する[86]。このブランド普及過程の中でユーザが自己主張をする際に，そのブランドを活用し日常生活の一コマとして取り扱われるブランドとしてロイヤル顧客層を形成していくのである。

④　成熟期

　ブランドが目指すべき姿は，顧客にとってかけがえのないブランドで，市場NO1のポジションである。その為には，トライアルした顧客が離反しないようロイヤルティ化向上化のマーケティング施策が間断なく施行されなければならない。

⑤　衰退期，転換期

　市場環境や競争環境が大きく変化し，競合関係が崩れた場合は，ブランドコンセプトを変更したり，ブランドフォーメーションを変更したりすることによりリポジショニングを図り，ブランドの鮮度向上，維持策へ戦略を転換しなければならない。

**（3）定量・定性目標**

　設定する目標は，定量化された目標が望ましいが，ブランド価値の差別化が感性的表現や情緒的表現目標が設定されることも許容する。新製品利益回収期間（例えば，利益回収期間が導入3か年以内），市場占有率（シェア）など，定量目標の進捗状況を管理し，永続的なブランドとしてブランド損益計画を設計管理する。

## 6.2. マーケティング戦略

　企画の狙いを「市場機会と課題」「STP」「コンセプト」として表す。市場と顧客のココにチャンスがあり，そこをこうやって攻略すると勝てるといったストーリーと，そのKFS（Key Factor for Success）を明確にする。

（1）市場セグメンテーション（S）により，同じニーズを持つ顧客グループにより市場を分類する。その中で，企画で狙うセグメントを明確にする。

（2）ターゲット（T）として，狙うセグメントを構成するターゲットの属性を性，年令，職業，収入などのデモグラフィック属性と生活意識などのライフスタイル等で明確にする。ライフスタイルとは「生活空間，生活時間，そして価値観のすべてを包括した，その人の生活様式，生活スタイル」と定義し，ほぼ「生活様式」に近い概念として捉える。このようにライフスタイルとは，人々の生活の仕方，その人の価値意識を反映したものである。具体的には，そのお金の使い方，選択する財やサービス，行動の組み合わせの型（パターン）として捉えられる概念である。

（3）ポジショニング（P）としては，セグメントの中で，競合よりも自社商品が顧客に高い評価を得，選択購買してもらえるように位置づける。

① 革新性があり，先進的な地位であるFirst-Oneブランドを目指す。

② 当該ブランドにしか実現できないブランド価値（使用価値，所有価値など）を実現することでOnly-Oneブランドの地位を獲得する。

③ どのブランドも追いつけないパフォーマンスを実現するBest-Oneブランドを目指す。

## 6. 3. 製品設計概要

### （1）製品概念（コンセプト）

生活者の実態や意識のポイントを把握し，製品開発企画の鍵となる「生活者インサイト（本音）」は何か，を中心にコンセプトを創作する。インサイトとは，無意識に行っている生活行動，消費行動を引き起こしている消費者の本音の部分を指す。

したがって，これまでは競合品の機能をベンチマークにし，表層価値や価格訴求で差別化を図ろうとしてきたコンセプトとは発想の起点が異なる。つまり消費者心理に深く切り込んだ所有価値，社会的価値などにも十分配慮したコンセプトを作り上げなければならない。

このように差別化とは，そのコンセプト発想の起点や重点を競合品に置いているのに対し，差異化とは顧客起点から顧客の心理的価値，効果効能ベネフィットを形成するものである（図3−20）[87]。

この差異化されたコンセプトの基本ステートメントは，ターゲットユーザが「そうそう，あるある」と反応する「共感情報」（≒ニーズ，ウォンツにリンクする部分）＋▲▲の効果・効能ベネフィットを得られる「ベネフィット情報」＋○○の特徴理解の為の「RTB（Reason to Belief）情報」を持つ製品コンセプトで設

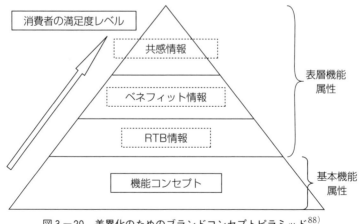

図3−20　差異化のためのブランドコンセプトピラミッド[88]

計する[89]。

### （2）品質設計
① 機能（処方，効果など）として，製品コンセプトやターゲットユーザに合わせた効果・効能と，それを実現する組成，成分，メカニズムを明示する。
② 使用性（使用感，香味など）として，ターゲットの生活に合わせた使用性を設定，それを実現する仕様，香味の方向を設計する。
③ 容器（使い勝手など）は，ターゲットの使用実態に合わせた容器デザイン，それを実現する仕様に設計する。
④ その他として，環境や安全等，カテゴリーに必要な要素があれば設定する。

### （3）原価設計
・原価は，競争力の保てる価格設定が可能な原価目標を設定し，実現する。

## 6. 4. マーケティングアクション
　提案企画を加えてブランド，あるいはブランドフォーメーションで，どんなマーケティングアクション（対生活者，市場）を展開していくのかを明確にする[90]。
　（1）コミュニケーション施策としては，生活者に向けたアプローチ（宣伝，広報）を，何（どんな情報）を，どんな方法で，どんな手段を使って実施するのか，期待されるブランド認知，態度，ロイヤルティについても明確にする。
　（2）プロモーション施策展開をブランドの育成目的に応じて，2つのフェーズで実施する。
① 導入時戦略
　市場に初めて登場するブランドであるため，登場感が重要になる。市場（特に流通）に向けたアプローチを，何を，どんな方法で，どんな手段を使って実

施するのか，期待されるアウトプットについて具体的に明示する。したがって
マーケティング施策が目指すべき目標は，ブランド認知でありCMなどのプロ
モーション目標は，インパクトある印象付け戦略である。

　パッケージデザインも参入しようとする市場や店頭で陳列された時に，新奇
性のある特徴的なデザインや色調が好ましい。ただし，そのデザインの最重要
ポイントは，コンセプト合致度であることを忘れてはならない。したがって，
デザインを作成する担当はコンセプトの特徴（本質）を十分理解しておかなけ
ればならない。

② 　3年育成戦略

　導入期を経て，ライフサイクル上の成長段階で確立しなければならないブラ
ンド価値の目標は，ブランド・アイデンティティ（個性，存在感）が最も重要で
ある。次に成長軌道を確固たるものにするために必要なのは，より多くのユー
ザに受け入れられる浸透化施策と，一度使用したユーザが離反しない絆を，ブ
ランドとの間に築くためのマーケティング施策が要求される。

　損益計画や目標シェアなどの事業経営的目標を実現するために，必要な3ヶ
年プラン（ペイアウトプラン）とマーケティング投資戦略をできるだけ具体的に
明示する。

（3）チャネル戦略は，特にブランド戦略を，流通のカテゴリー戦略へどのよ
　　　うに転換していくのかが重要なポイントである。本書では，取り扱わない
　　　が，定番陳列の為のカテゴリー・マーチャンダイジング（棚の陳列位置，棚
　　　別カテゴリー提案），店頭プロモーション施策（POP，関連陳列），インストア
　　　シェアなどインストアマーチャンダイジングの効果的施策をブランドに合
　　　わせて戦略的に立案しなければならない[91]。

（4）価格戦略として，取引価格体系（①生産者価格，②卸価格，③希望小売価格）
　　　を設計する。当該カテゴリーを購入しそうな顧客が，買いやすいチャネル
　　　で，どれだけ露出できるかがポイントである[92]。中間マージンの配分を
　　　戦略的に実施し，取扱店数（経済産業省：事業所統計で約35万店）の拡大を図
　　　る。

## 6. 5. その他

　上記のようなブランド構築シナリオが構築できたら，その詳細設計事項が明確になったものを企画提案書として作成できるテンプレートを設計する。参考までに開発提案書のテンプレートフォーマットを別添する（P.136～137）。

　その際，下記の 2 項目について留意することが必要である。

### （1）開発調査計画と結果

　開発計画に準じて意思決定できる判断指標と基準を持って調査計画を立てる。

① 目標品質について，企画成功の鍵となるコンセプトの訴求ポイントで目標設定（情緒／実感品質両面）されているか。
② 事前に測定可能な目標設定ができているか。
③ 目標は正しく設定できているか（対競合，対ノーム値等）。

### （2）制約条件

　次の様な制約条件に十分配慮して企画を推進する。

　①原材料供給，②薬事，③法的規制，④品質保証期間，⑤環境対応，⑥PL層別，⑦法務，⑧特許，⑨商標，⑩意匠，⑪不競争法

【注】
1）和田（1984）。
2）恩蔵，亀井編（2002）。
3）石井（2009）。
4）新倉（2005）。
5）新倉（2005）。
6）新倉（2005）。
7）井上，陳，長谷川（2011）。
8）井上，陳，長谷川（2011）。

9 ) Fornell, Mithas, Morgeson III & Krishnan (2006), pp.3-14.

10) Sirgy (1985), pp.195-206.

11) Sirgy (1982), pp.287-300.

12) 久保田（2010a），31-46ページ。

13) 久保田（2010a），31-46ページ。

14) Fornell, Mithas, Morgeson III & Krishnan (2006), pp.3-14.

15) 久保田（2010a），31-46ページ。

16) 久保田（2010a），31-46ページ。

17) 久保田（2010b），1-25ページ。

18) 遠藤由美（2005），51-66ページ。

19) 久保田（2010b），1-25ページ。

20) Ellemers, Kortekaas & Ouwerkerk (1999), pp.371-389.

21) Bergami & Bagozzi (2000), pp.555-577.

22) Gustafsson, Johnson & Rooe (2005), pp.210-218.

23) 新倉（2001）。

24) 和田（1984）。

25) Anderson & Fomell (1994), pp.241-268.

26) Keller (2002).

27) コトラー＆ケラー（2008）。

28) 井上（2009），3-21ページ。

29) 井上（2009），3-21ページ。

30) 新倉（2001）。

31) 小野（2010a）。

32) 遠藤功（2005）。

33) Anderson & Fomell (1994), pp.241-268.

34) Anderson, Fomell & Lehmann (1994), pp.53-66.

35) Gustafsson, Johnson & Rooe (2005), pp.210-218.

36) 小野（2010b），20-34ページ。

37) Brisoux & Cheron (1990).

38) Anderson & Fomell (1994), pp.241-268.

39) Oliver (2009).

40) Anderson, Fomell & Mazvanchery (2004), pp.172-185.

41) Fornell (1992), pp.6-21.

42) Oliver, Rust & Varki (1997), pp.311-336.

43) 小野 (2010a)。

44) 小野 (2010b)，20-34 ページ。

45) 嶋口 (1994)。

46) 小野 (2010a)。

47) 小野 (2010a)。

48) 恩蔵，亀井編 (2002)。

49) 小野 (2010a)。

50) 久保田 (2010b)，1-25 ページ。

51) パイン II ＆ギルモア (2005)，38-39 ページ。

52) 小野 (2010a)。

53) 恩蔵，亀井編 (2002)。

54) 久保田 (2010b)，1-25 ページ。

55) 恩蔵，亀井編 (2002)。

56) 石井 (2009)。

57) シュミット (2000)。

58) 前野 (2008)。

59) リンストローム (2005)。

60) アーカー (2005)。

61) アーカー (2000)。

62) ノーマン (2004)。

63) シュミット (2000)。

64) パイン II ＆ギルモア (2000)。

65) アーカー (2000)。

66) アーカー (2005)。

67) アーカー (2000)。

68) 石井 (2009)。

69) 嶋口 (1994)。

70) アーカー (2000)。

71) Keller (2002).

72) 今井，丸山，山岡 (2012)，1-10 ページ。

73) 井上，陳，長谷川 (2011)。

74) 遠藤功 (2005)。

75) 今井（1985）。

76) 今井（1985）。

77) 西本（2010）。

78) 西本（2010）。

79) HRインスティテュート（2007）。

80) マーティン（2009）。

81) 恩蔵，亀井訳（2000）。

82) ミンツバーグ，アルストランド＆ランベル（1999）。

83) アーカー（2000）。

84) 山岡（2003）。

85) 伊藤，田中（2005）。

86) 久保田（2010b），1-25ページ。

87) アーカー（2005）。

88) アーカー（2000）。

89) 川島（2005）。

90) ヒューズ（1982）。

91) 井上（2009），3-21ページ。

92) Oliver, Rust & Varki (1997), pp.311-336.

## 【参考文献】

石井淳蔵『ブランド価値創造』岩波新書，2009年。

伊藤裕一，田中良知『マーケティング監査ハンドブック』JMAマネジメントセンター，2005年。

井上淳子「ブランド・コミットメントと購買行動との関係」『流通研究』日本商学学会，第12巻，第一号，2009年，3-21ページ。

井上雅裕，陳新開，長谷川浩志『システム工学』オーム社，2011年。

今井秀之「多角化の成果と方向性に関する実証研究」慶応大学大学院経営管理研究科論文集，1985年。

今井秀之，丸山泰，山岡俊樹「ブランド価値評価指標開発とその活用」『日本感性工学会論文誌』Vol.11 No.2，2012年，1-10ページ。

HRインスティテュート（著），野口吉昭編『マーケティング戦略策定シナリオ』かんき出版，2007年。

遠藤由美「自己」，唐沢かおり編『社会心理学』朝倉書房，2005年，51-66ページ。

遠藤功『見える化』東洋経済，2005年。

小野譲司『顧客満足（CS）の知識』日経文庫，日本経済新聞出版社，2010年(a)。

小野譲司「JSCIによる顧客満足モデルの構築」『MJ季刊マーケティング・ジャーナル』
　　（Summer），117号，2010年(b)，20-34ページ。

恩蔵直人，亀井昭宏編『ブランド要素の戦略論理』早稲田大学出版部，2002年。

恩蔵直人，亀井昭宏訳『戦略的ブランド・マネジメント』東京エージェンシー，2000年。

川島蓉子『ブランドのデザイン』弘文堂，2005年。

久保田進彦「同一化アプローチによるブランド・リレーションシップの把握」『広告科学』，
　　2010年(a)，31-46ページ。

久保田進彦「同一化アプローチによるブランド・リレーションシップの測定」『消費者行動
　　研究』Vol.16 No.2，2010年(b)，1-25ページ。

嶋口光輝『顧客満足型マーケティングの構図』有斐閣，1994年。

G. D. ヒューズ（著），嶋口光輝，和田充夫，池尾恭一訳『戦略的マーケティング』プレジデ
　　ント社，1982年。

セオドア・レビット，土岐伸訳『マーケティングの革新』ダイヤモンド社，2006年。

デービッド・A・アーカー（著），陶山計介ほか訳『ブランド・エクイティ戦略』ダイヤモ
　　ンド社，2000年。

デービッド・A・アーカー（著），阿久津聡訳『ブランド・ポートフォリオ戦略』ダイヤモ
　　ンド社，2005年。

ドナルド・A・ノーマン，岡本明・安村道晃，伊賀聡一郎，上野昭子訳『エモーショナル・
　　デザイン』新曜社，2004年。

西本章宏「ブランド・エクィティに対するブランド拡張戦略のインパクト」日本消費者行動
　　研究学会，2010年。

バートン・H・シュミット（著），嶋村和恵，広瀬盛一訳『経験価値マーケティング』ダイ
　　ヤモンド社，2000年。

B. J. パインⅡ，J. H. ギルモア（著），電通経験経済研究会訳『経験経済エクスペリエンス・
　　エコノミー』流通科学大学出版，2000年。

B. J. パインⅡ，J. H. ギルモア（著），岡本慎一・小高尚子（訳）『[新訳] 経験経済エクスペ
　　リエンス・エコノミー』ダイヤモンド社，2005年，38-39ページ。

フィリップ・コトラー，ケビン・レーン・ケラー（著），恩蔵直人監修，月谷真紀訳『コト
　　ラー＆ケラーのマーケティングマネジメント』ピアソン・エデュケーション，2008年。

ヘンリー・ミンツバーグ，ブルース・アルストランド，ジョセフ・ランベル（著），斉藤嘉

則監訳『戦略サファリ』東洋経済新報社，1999年。

新倉貴士「カテゴリー化概念と消費者の選択行動——選択における選択肢の在り方」，阿部
　　周造編著『消費者行動研究のニュー'ディレクションズ』関西学院大学出版会，2001年。

新倉貴士『消費者の認知世界——ブランドマーケティング・パースペクティブ』千倉書房，
　　2005年。

前野隆司『「脳」はなぜ「心」を作ったのか』筑摩書房，2008年。

マーチン・リンストローム，ルーディ和子訳『五感刺激のブランド戦略』ダイヤモンド社，
　　2005年。

山岡俊樹『ヒューマンデザインテクノロジー入門—新しい論理的なデザイン，製品開発方
　　法—』森北出版，2003年。

『ライオン身体ケア実態調査』2010年。

ロジャー・マーティン，村井章子訳『インテグレーティブ・シンキング』日本経済新聞出版
　　社，2009年。

和田充夫『ブランド・ロイヤルティ・マネジメント』同文館出版，1984年。

Anderson, Eugene W. and Claes Fomell, "A Customer Satisfaction Research Prospectus," in
　　*Service Quality, New directions in Theory and Practice*, edited by Roland T.Rust and
　　Richard L.Oliver, Sage Publications, 1994, pp.241-268.

Anderson, Eugene W., Claes Fomell, and Donald R.Lehmann, "Customer Satisfaction, Market
　　Share and Profitability, Findings from Sweden," *Journal of Marketing*, 58 (July), 1994,
　　pp.53-66.

Anderson, Eugene W., Claes Fomell, and Sanal K.Mazvanchery, "Customer Satisfaction and
　　Shareholder Value," *Journal of Marketing*, 68 (October), 2004, pp.172-185.

Brisoux, J.E. and E. J. Cheron, "A Proposed Consumer Strategy of Simplification for
　　Categorizing Brands," in J. D. Summey and R. D. Taylor (eds.), *Evolving Marketing
　　Thought for 1980*, Southern Marketing Association, 1990.

Ellemers, Naomi, Paulien Kortekaas, and Jaap W. Ouwerkerk, "Self-Categorisation,
　　Commitment to the Group and Group Self-Esteem as Related but Distinct Aspects of
　　Social Identity", *Euorpean Journal of Social Psychology*, 29 (2-3), 1999, pp.371-389.

Fornell, Claes, "A National Customer Satisfaction Baromerter, The Swedish Experience,"
　　*Journal of Marketing*, 56 (January), 1992, pp.6-21.

Fornell, Claes, Sunil Mithas, Forrest V. Morgeson III, and M. S. Krishnan, "Customer
　　Satisfaction and Stock Prices, High Returns, Low Risk," *Journal of Marketing*, 70
　　(January), 2006, pp.3-14.

Gustafsson, Anders, Michael D. Johnson and Inger Rooe, "The Effect of customer Satisfaction, Relationship Commitment Dimension and Triggers on Customer Retention," *Journal of Marketing*, vol.69, October, 2005, pp.210-218.

Keller, K. L., *Strategic Brand Management, Building, Measuring and Managing Brand Equity*, Printice-Hall, 2002.

Massimo Bergami and Richard P. Bagozzi, "Self-Categorisation, Affective Commitment and Group Self-Esteem as Distinct Aspects of Social Identity in the Organization," *British Journal of Social Psychological Society*, 39 (4), 2000, pp.555-577.

Oliver, Richard L., *Satisfaction, Behavioral Perspective on the Consumer*, 2nd Edition , M. E. Shape, 2009.

Oliver, Richard L., T. Rust, and Sajeev Varki, "Customer Delight, Foundations, Findings, and Managerial Insight," *Journal of Retailing*, 73 (3) (Autumn), 1997, pp.311-336.

Sirgy, M. Joseph, "Self-Concept in Consumer Behavior A Critical Review," *Journal of Consumer Research*, 9 (3), 1982, pp.287-300.

Sirgy, M. Joseph, "Using Self-Congruity to Predict Purchase Motivation," *Journal of Business Research*, 13 (3), 1985, pp.195-206.

＜参考事例資料（戦略

**製品開発企画書／事業計画書**
**製品設計提案**
**開発記号 〇〇〇－〇〇〇**

> ブランドにおける提案製品の位置づけを明確にする

> 提案製品の市場に対する戦略位置づけ 市場拡大かシェア奪取か

**テーマ：**

**［品目ステージ： 期］**

| 開発区分 | ブランド軸 | □新 | □新分野 □既存分野 □その他（ ） | | 市場軸 | □市場開拓 □市場普及 |
| --- | --- | --- | --- | --- | --- | --- |
| | | □既存 | □新分野 □ライン拡大 □改良 □その他（ ） | | | □競争(ｼｪｱ)奪取 □その他 |

| | | ブランドの目標 | 提案製品の目的と目標 |
| --- | --- | --- | --- |
| 開発の目的 | | 提案製品を含めたブランド全体の目標は何かを記載 | 提案製品の目的と目標を記載 ← ブランド目標との整合性をチェック |

| ブランド状況 | メインコンセプト | マスターブランドのメインコンセプトを記載 ← 提案製品のコンセプトやポジショニングがマスターブランドと合致しているかをチェックする |
| --- | --- | --- |
| | ブランドの現状と課題 | マスターブランドの状況を簡潔に記載 → 課題の明確化を行う ← 今回の提案企画が、その課題のどの部分をどの程度、解決し、ブランド目標にどれだけ貢献しようとするものなのかをチェックする |

| 企画の背景 | 着眼点 | 企画の狙いを端的に簡潔に記載する ← 以下の「機会と課題」「STP」「コンセプト」を要約した内容（市場とお客様のココにチャンスがあり、そこをこうやって攻略すると勝てるといったストーリーと、そのKFS） | |
| --- | --- | --- | --- |
| | | 生活者 | 市場 |
| | 機会と課題 | 上記着眼点につながる、生活者の実態や意識のポイントを記載する。特に、企画の鍵となる「生活者インサイト」は何なのか？を中心に → 詳細が必要な場合は、別紙マーケティングチェックシートに記載 | 上記着眼点につながる、市場動向、競合動向のポイントを記載する。競合は何で、どんなアクションをしているのか？競合の今後をどう予測するのか？ |

| 製品設計概要 | セグメンテーション | 同じニーズを持つ消費者グループにより市場を分類。その中で、今回企画で狙うセグメントを明確化する。 | ターゲティング | 狙うセグメントを構成するターゲットの属性を性年令、意識、ライフスタイル等で明確化する。 | ポジショニング | セグメントの中で、競合よりも自社の商品を高く評価して選択してもらうための位置づけ ・First One ・Only One ・Best One |
| --- | --- | --- | --- | --- | --- | --- |
| | 製品概念(ｺﾝｾﾌﾟﾄ) | 基本文法：ターゲットが「そうそう、あるある」と反応する「共感情報」（≒ニーズ、ウォンツにリンクする部分）＋〇〇の特徴「RTB情報」＋▲▲のベネフィットを得られる「ベネフィット情報」を持つ商品カテゴリー | | | | |

| | | 機能（処方、効果等） | 使用性（使用感、香味等） | 容器（使い勝手等） |
| --- | --- | --- | --- | --- |
| 製品設計 | | ターゲットに合わせた効果・効能とそれを実現する組成、成分、メカニズム。 | ターゲットの生活に合わせた使用性を設定、それを実現する仕様、香味方向。 | ターゲットの使用実態に合った容器デザイン、それを実現する仕様。 |
| | | | カテゴリーに必要な要素条件と差別化を狙う要素条件とを明確化して記載すること | |
| | | ネーミング | 価格（店頭） | その他 |
| | | コンセプトを伝えるネーミング、キャッチコピー等。 | ターゲットの価格感、競合の価格戦略を踏まえた店頭価格設定。 | 環境や安全等、カテゴリーに必要な要素があれば記載 |
| | | | カテゴリーに必要な要素条件と差別化を狙う要素条件とを明確化して記載すること | |

| 設計目標 | コンセプトパフォーマンス | 【重点目標】企画成功の鍵となる設計ポイントで目標設定(コンセプト/パフォーマンス両面)～事前に測定可能な目標設定ができているか？～目標は正しく設定できているか？（対競合、対ノーム等） | 【目標達成度確認】 |
| --- | --- | --- | --- |
| | 原価（率） | 【目標原価】競争力の保てる価格設定が可能な原価目標を設定 | 【見積原価】 |

| | 取引価格体系 | 取引価格体系を記載。上記、価格設計や目標原価を反映する。対流通視点で抑えるべきポイントがあれば、それも記載する。 | |
| --- | --- | --- | --- |

| 開発調査計画と結果 | 上記、設計目標を検証できる調査を計画すること。 | 提案ステップ |
| --- | --- | --- |
| | | |

シナリオ・テンプレート）>

（ブランド:　　　　　　　　　　）

年　　月　　日
事業本部
事業部

| 制約条件 | | | | | | | |
|---|---|---|---|---|---|---|---|
| 原料材料 | | | | 生産対応 | | | |
| 薬事対応 | | 法的規制 | 【薬事分類・広告表現等】 | | | 品質保証期間 | |
| 環境対応 | | エコ基準 | | PL層別 | | 法務 | 特許 |
| | | | | | | | 商標 |
| | | | | | | | 意匠 |
| | | | | | | | 不競法 |

**マーケティング戦略**

| 基本戦略シナリオ | ブランド | 提案企画を加えてブランドとして、どんなマーケティング（対生活者、対市場）を展開していくのかを記載。 |
|---|---|---|
| | 提案製品 | 特に、提案企画に関する、マーケティング（対生活者、対市場）施策のシナリオを記載。 |

**マーケティング目標（導入3ヶ年）**

発売日:　　年　　月　　日

【売上高・シェア・取扱・認知目標】　　【損益計画】　　　　　　『ブランド事業計画』（必要に応じて）

| 販売計画 | | 初年度 | 第2年目 | 第3年目 |
|---|---|---|---|---|
| 販売計画(HK) | GMS | | | |
| 品目 | SM | | | |
| | CVS | | | |
| | DRUG | | | |
| | HC/DS | | | |
| 販売店数(SRI) | GMS | | | |
| 提案商品 | SM | | | |
| | CVS | | | |
| | DRUG | | | |
| | HC/DS | | | |
| 再認単目標(品目) | | | | |
| シェア目標(品目) | | | | |

| 品目事業計画 | 当年見通 | 初年度 | 第2年目 | 第3年目 |
|---|---|---|---|---|
| 売上 品目計 | | | | |
| 提案企画 | | | | |
| 既存商品A | | | | |
| 既存商品B | | | | |
| 原価（率） | | | | |
| 販促費（率） | | | | |
| 宣伝費（率） | | | | |
| マ粗利（率） | | | | |
| 累積マ粗利 | | | | |

［売上／シェア算出根拠］
（モデル等によるシミュレーション結果がある場合は、それも記載する）

生活者
<トライアル> ターゲット人口 × 知る確率（認知率） × 出会う確率（配荷率、接触率）
　　　　　　× トライアル確率（使用前購入意向）

<リピート> トライアル者数 × リピート確率（使用後購入意向）
<総需要> ｛トライアル ＋ リピート｝ × 購入頻度、個数、単価
　　　　　　⇕

店頭
販売する店舗数 × 買われる頻度、回転数 × 1回の購入個数 × 単価
（業態別にブレークダウンし、積み上げによる試算）

　→　試算をベースにどのような考え方で販売計画を立てたかを記載

| マーケティング施策 | コミュニケーション | 生活者に向けたアプローチ（宣伝、広報）を、何（どんな情報）を、どんな方法で、どんな手段を使って実施。期待されるアウトプットについても記載する。 |
|---|---|---|
| | プロモーション 導入時戦略 | 市場（特に流通）に向けたアプローチを、何を、どんな方法で、どんな手段を使って実施するのか、期待されるアウトプットについても記載する。特に、当社のブランド戦略を、流通のカテゴリー戦略へどのように転換していくのかが重要なポイント。 |
| | 3ヶ年育成戦略 | マーケティング目標に記載した3ヶ年プラン（ペイアウトプラン）を実現するために必要な、提案企画とブランドの3ヶ年の育成戦略をできるだけ具体的に記載。 |
| ブランド中期計画 | | 新製品開発も含めたブランドの中期戦略計画を記載。時期と施策を具体的に記載。 |

# 第4章 実践的ブランド価値測定指標の開発とその活用〜日用品市場を事例として〜

## 1. はじめに

　本書におけるブランド価値とは，顧客の頭の中に存在する無形資産であると第1章の序論で概括した。形而下では，マーケティング諸活動の成果はシェア，売上，利益，ロイヤルティおよびプレミアム化等によって測ることができる。しかし，ブランド価値を最大化させるための具体的な活動ということに着目した場合，ブランドを中心としたマーケティング活動は結果ではなく，結果に結びつくまでの「顧客の購買及び消費プロセス」における，意識や認識を高めるためのマネジメントが重要になってくる[1]。その為には，ブランドの価値を科学的な指標で測定・評価し，修正可能な仕組みとして実現できるかが，今後の企業の発展を決めるのではないかと考えられる[2]。そこで，本章では企業経営においてマーケティングマネジメントを実行していく上で，非常に重要となるブランド価値を測定する指標の開発と活用を目指して考察する。

## 2. ブランド価値に関する先行研究

### 2.1. ブランド価値概念の基本的構造研究

　マーケティングにおけるブランド構築の重要性については，古くから多くの研究が積み重ねられていることはよく知られている。アメリカ・マーケティング協会（AMA）は，ブランドの定義を『特定の販売者あるいは販売グループの商品およびサービスを識別させるものであり，しかも，それらの商品およびサービスを競合他社のそれとは区別させることを意図して設定される，名前，用

語，記号，シンボル，デザイン，あるいはそれらの組み合わせ』[3) としている。この定義で留意すべき点は，ブランドが商品のアイデンティティを示すものであり，競争差別性を創造するものとして形成されるということである。同時にブランドは単なる名前だけではなく，視覚的に訴求される全てのものによって形成されるということである。

　また，米国のフィリップ・コトラーは，製品をブランド化する目的として，①製品のアイデンティティを証明すること，②製品の独特な特徴を法的に守ること，③製品の品質を明示すること，④製品話題性，イメージ，シナリオ，情緒などの付加価値を与えること，としている[4)。

　デビッド・アーカーによれば，ブランド・エクイティ（brand equity）とは，「あるブランド名やロゴから連想されるプラス要素とマイナス要素との総和（差し引いて残る正味価値）」であり，いわば「同種の製品であっても，そのブランド名がついていることによって生じる価値の差」だとしている[5)。そして彼は，ブランド・エクイティの構成次元として，ブランド・ロイヤルティ，ブランド認知，知覚品質，その他のブランド資産の5つを挙げた上で，ブランド・アイデンティティの重要性に言及している。すなわち，市場で商品がどのように知覚されたか，そのブランド連想を明確にできるかが強いブランドを構築する上で，重要であると強調している（図4−1）[6)。

　また，ケビン・ケラーは，これを発展させて，膨大な知見を体系的に整理し，ブランド・エクイティをマーケティング活動によってあるブランドにもたらされた「付加価値」の総称と定義した[7)。その構成要素はいくつかに分けられ，ブランド態度はブランド連想のもっとも抽象的な形であるとされている。「顧客ベース・ブランド・エクイティ」（customer-based brand equity）という概念を提起したが，それは，消費者の知識ベースにブランドの資産的価値を捉え直そうとするものであった。すなわち彼の考え方によれば，ブランドの資産的価値や差別的優位性の源泉は，差異的な効果を生み出す消費者のブランド知識構造にあり，望ましい知識構造を持ったブランド知識を創り出すことがブランド構築上の課題だとしている[8)。

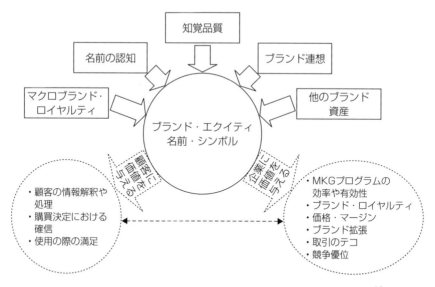

図4－1　ブランド・エクイティの構造とその効果（D．A．アーカー）[9]

　一方，強いブランド知識を構築する上での枠組みとして，ケビン・ケラーは「ブランドビルディング・モデル」を提示している[10]。ケビン・ケラーが考えるブランド構築のステップは，次のような4段階から成り立っており，6つのブロックを積上げてブランド知識ピラミッドを考案している（図4－2）。

（1）アイデンティティ（消費者によるブランドの識別・同定）

　まず，第一段階のアイデンティティを実現するためには，セイリエンス（顕著性・突出性）を確立する必要性がある。深くて広いブランド認知を，いかにして作り出すかが課題となる。すなわち，ブランドの再認だけでなく，ブランドの再生，それも「トップ・オブ・マインド」（第一再生知名）で想起され，また，出来るだけ幅広い状況で想起されることが必要となる。

（2）ミーニング（ブランドについての意味の了解）

　第二段階のミーニングからは，2つの流れに分岐し，1つは機能的なパフォ

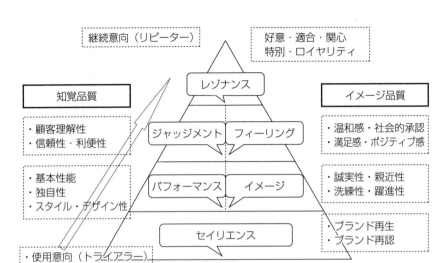

図４－２　ケビン・ケラーのブランドビルディング・モデル[11)]

ーマンス（性能），もう一つは抽象的なイメージを内容としている。前者は，製
品の特性や属性に基づく信頼性，耐久性，サービスのよさなど，後者は使用者
のイメージや購買・使用状況のイメージなどを内容としている。

（３）レスポンス（適切で望ましい反応）

　第三段階のレスポンスは，第二段階のミーニング結果として引き起こされる
消費者の反応であり，ここでも２つの流れを受けて，ブランドに対する顧客の
個人的評価としてのジャッジメント（評価・判断）とブランドに対する顧客の感
情的反応としてのフィーリングに分かれている。前者は論理的・理性的な反応
（品質・信用，考慮，優位性）であり，後者は情動的・感情的な反応（暖かさ，面白
さ，興奮，安心感，社会的承認，自尊心）を内容としている。

（４）リレーションシップ（消費者とブランドの関係性の構築）

　最後の第四段階のリレーションシップに対するレゾナンスは，第三段階まで
の２つの流れが統合された段階であり，それは顧客とブランドが共鳴し合い，

また，2つの流れの意味や反応が統合され調和した状態でもある。レゾナンスは，具体的には，ブランドへの行動上のロイヤルティ，態度上のコミットメントやアタッチメント（以上は強さの次元），コミュニティ意識や積極的な係わり合い（以上は活発さの次元），という側面によって表される[12]。

　いずれにせよ，強いブランドを構築するためには，当該ブランドがこれら4つの段階のどのレベルにあるかを十分に把握し，また確立されているブランド知識（ブランド認知やブランド連想）の内容を検討した上で，一歩一歩着実に進めていく必要がある。なぜならば，ブランド価値を唯一蓄積できるのは消費者だけだからである。

## 3．ブランド価値測定指標に関する先行研究

### 3．1．ブランド価値測定に関する先行的アプローチ研究

　ブランド価値を測定する過去の代表的な先行指標を下記に紹介する[13]。

（1）コスト・アプローチ
① 歴史的原価法：ブランドに対するこれまでの累積支出をブランド資産を算定する基礎とする方法。
② 再調達原価法：ブランドを市場から再調達するのに要する支出や，そのブランドが現在M&Aの対象となった場合の市場価値を基礎に算出する方法。

（2）マーケット・アプローチ
　企業の時価総額から無形資産により生み出される部分を取り出し，その一部分であるブランド資産をマーケットの客観的な指標の関数として測定する。ブランド資産価値は広告費シェア，市場参入順位，市場存在年数などの客観的な指標によって求められ，それらの影響度は市場反応で推定される。

（3）インカム・アプローチ

　ブランドがもたらす将来のキャッシュフローの割引現在価値によってブランドの資産価値を算定する。算定のためには，将来キャッシュフローの予測データと割引率という2つのデータが必要となる。

　将来キャッシュフローの予測値には不確実性があるため，これをどう取り扱うかによって2つのアプローチがある。1つは伝統的アプローチで，不確実性が高いほど割引率を高くする方法。もう一つは，期待キャッシュフロー・アプローチで，将来のキャッシュフローに関する最低限の値を求め，それを通常の割引率で割り引く方法である。

　このようにブランド価値の測定は，マーケティングマネジメントのための一指標として活用される一方で，企業買収のためにその資産価値を測定するために考えられたものであった[14]。本書では前者の目的を持って議論を進めていくこととする。

## 3. 2. ブランド価値測定指標の代表例

（1）インターブランド社（英国）によるブランド価値測定

　インターブランド社（英国）によるブランド価値は1988年，イギリスの食品メーカーRHM（ランク・ホービス・マクドゥガル）社が敵対買収に対する防衛策として，ブランド価値をインターブランド社に依頼して開発された。これ以降，イギリスではブランド価値をバランスシートに載せることができるようになっている。インターブランド社によるブランド価値測定は，3つのステップからなっている（図4−3）[15]。

① 　第1ステップは，企業の無形資産からもたらされるプレミアム利益の算出である。これは企業全体の将来の予測利益から資本コスト，OEM供給などのノン・ブランド製品から獲得された利益などを控除して求められる。

② 　第2ステップは，上記のプレミアム利益のうちブランドよりもたらされる部分の抽出である。これは，業界別にブランド貢献度が設定されており，例えば香水は95％，ビールは85％，工業財は10％というようになっている。

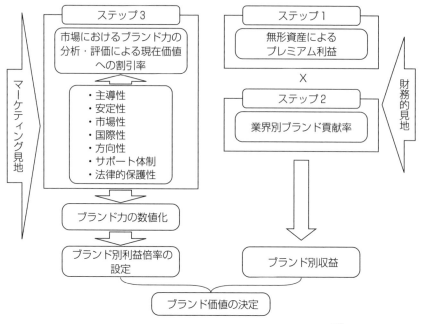

図4－3　インターブランドのブランド価値評価モデル[16]

③　第3ステップは，割引現在価値の算出である。上記で算出された将来利益
　　のうちブランドがもたらす部分について割引現在価値が求められる。この
　　割引率はブランドが有するマーケティング上の強度に基づいて決定され
　　る。

　具体的には7つの指標の合計によって得られたブランド・スコアの関数とし
て算出される。その7つの指標は，主導性，安定性，市場性，国際性，方向性，
サポート体制，法律的保護である。このようにインターブランド社の測定方法
はインカム・アプローチを利用してブランド価値を金額的に算出しようとした
ものである。


（2）ブランド・ジャパンによるブランド価値測定
　ブランド・ジャパンは，日経BPコンサルティング社が開発した，ブランド

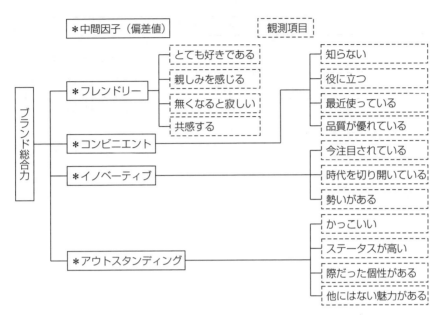

図4－4　ブランド力測定指標構造（ブランド・ジャパン）[17]

評価モデルである[18]。この調査は日本の消費者やビジネス・パーソンの頭の中に，どのブランドがどのような形で，どの程度の強さを持って蓄積されているかを調査目的としている。ビジネス・パーソンに対して500社に及ぶコーポレート・ブランドについて聞いたビジネス市場編（B to B）と，スタジオジブリといったものを含む1,000のブランドに対して一般生活者が持っているイメージを測定したコンシューマー市場編（B to C）の，2つがある。どちらもサーベイ・データに基づいて共分散構造分析を使ったブランド評価手法を採用している。コンシューマー市場編では4つ，ビジネス編では5つの潜在変数を伴う仮説を立てた解析手法である。本研究調査対象が日用消費財であるため，コンシューマー市場を参考に挙げておく（図4－4）。

## （3）CB（Corporate Branding）バリュエーターでのブランド価値測定

　CBバリュエーターは日本経済新聞社と一橋大学の伊藤邦雄によって開発さ

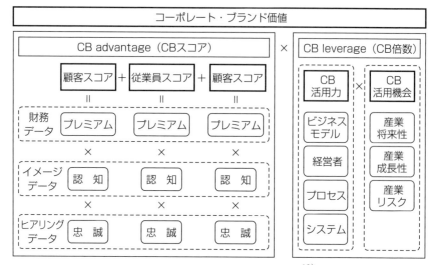

図4－5　CBバリュエーター指標構造[19]

れたブランド評価モデルである[20]。CBバリュエーターの大きな特徴は，企業の主たるステークホルダーである，顧客・従業員・株主のそれぞれから見たブランドイメージを統合的に捉え，コーポレート・ブランドの価値を測定しようとしている点である。但し，CBバリュエーターは，図4－5のように多様なコーポレート・ブランド価値を測定し，非常に多岐に渡るデータを複雑なプロセスで処理し統合している。その一方で，算出のプロセスにおいてヒアリングデータ，経営者の資質や能力，ビジネスモデルなど主観的な判断が入る余地が多いという難点を持っている。

## 4．ブランド価値測定指標及び尺度開発についての基本的な　考え方

　本研究調査での尺度開発では，理論的な考察に基づいた尺度構成を目指すために論理性を重視する（表4－1）。また，開発指標が様々なカテゴリーに適用できる，一般化された尺度となるよう汎用性を重視している。

表4－1 評価測定尺度の妥当性評価項目

| 内容妥当性 | 測定項目が，それを用いて測定しようとしている構成概念の内容を適切に表していること |
| --- | --- |
| 内容一貫性（信頼性） | ある項目を同じ条件で繰り返し用いたとき，測定結果がそのつど大きく変化することなく同じような結果を示すこと |
| 尺度の一次元性 | ある構成概念を測定しようとしている項目が，その概念だけを測定していること |
| 収束妥当性 | ある構成概念を異なる方法で測定した場合に，各測定項目が似たような結果になること |
| 弁別妥当性 | ある構成概念が別の構成概念とはっきり区別されていること |
| 基準関連妥当性 | ある構成概念がその構成概念と関連があると考えられる外的な基準と実際に関連性を示すこと |

　尺度開発では構成概念妥当性に配慮することが重要とされる[21]。構成概念妥当性とは，ある測定項目（質問項目）が，あらかじめ計画された構成概念をどの程度適切に測定しているかのことである[22]。構成概念妥当性には様々な下位次元が存在するが，本書では①内容妥当性，②内部一貫性（信頼性），③尺度の一次元性，④収束妥当性，⑤弁別妥当性，⑥基準関連妥当性に配慮して尺度開発を進めていく[23]。

## （1）内容妥当性

　伝統的に妥当性概念（content validity）は，アメリカ心理学会（APA）の手引きに基づき，基準妥当性，内容妥当性，構成概念妥当性の3種類に分けられるとされてきた。しかし，近年ではすべての妥当性概念は構成概念妥当性に集約されると考えるのが一般的であるようである[24]。

## （2）内部一貫性（信頼性）

　内部一貫性（internal consistency）あるいは信頼性（reliability）とは，ある項目を同じ条件で繰り返し用いたとき，測定結果がそのつど大きく変化することなく，同じ結果を示すことである。

## （3）尺度の一次元性

　尺度の一次元性（unidimensional measurement）とは，ある構成概念を測定し
ようとしている項目が，その概念だけを測定していることである。すなわち，
それぞれの測定項目が１つの構成概念だけ負荷している（一次元性が認められる）
ことであり，複数の構成概念に負荷していないことである。尺度の一次元性は
測定における最も重要かつ，基本的な前提といわれている[25]。

## （4）収束妥当性

　収束妥当性（convergent validity）とは，ある構成概念を異なる方法で測定し
た場合に，各測定項目が似たような結果になること，換言すれば各測定項目間
に高い相関関係が見られることである。

## （5）弁別妥当性

　弁別妥当性（discriminate validity）とは，ある構成概念が他の構成概念とは
っきり区別されていることである。当然，異なる構成概念の間では，その測定
結果についても，差異が見られなければならない。

## （6）基準関連妥当性

　基準関連妥当性（criterion-related validity）とは，ある構成概念がその構成概
念と関連があると考えられる外的な基準と実際に関連性を示すことである。い
いかえれば，その構成概念が理論や仮説の中で有している役割に応じて，他の
構成概念と法則的な関連性を示すことである[26][27]。

　基準関連妥当性を確認する為には法則的な関連性が考えられるほかの構成概
念を外的基準として選定することが必要になる。そこで本書では購買継続意向，
推奨意向，支援意向，指摘自己意識を外的基準とした。

　さらに公的自己意識も補助的に用いることとした。２章のブランドリレーシ
ョナルシップ理論でも紹介したように，自己意識（self-consciousness）とは，
自分自身に注意を向けやすい性格特性のことである。フェニングステイン，シ

ェイル他によると，自己意識は私的自己意識（private self-consciousness）と公的自己意識（public self-consciousness）の2次元から構成される[28]。

　私的自己意識とは，外から見えない自己の内的で私的な側面（動機，感情，思考，態度など）に注意を向ける傾向であり，公的自己意識とは他者から観察可能な，自己の外的で公的な側面（容姿，行動など）に注意を向ける傾向である。

　私的自己意識が高い人は，自分自身に関心が高いため様々な要素を用いて自分自身を確認したり実感したりしようとする。現代生活では，ブランドも私的自己意識の高い人ほど，ブランドとの間に自己定義的な関係を築く傾向があると考えられる。

　また，公的自己意識の高い人は，自分自身を他者の視点から眺める傾向があり，男性の場合は衣類に対する関心が高く[29]，女性の場合はお化粧に熱心な傾向が確認されている[30]。つまり公的自己意識の高い人は，様々なツールを利用して，自己をより良く見せようとする[31]。現代社会では，ブランドも自己をより良く見せるための重要なツールとして機能するためであると考えられる。

## 5. 本書におけるブランド価値における基本的な考え方

　すべてのブランドは，最初は単なる商品・モノである。あるモノが，何らかの情報（広告，店頭，口コミなど）を通じて，顧客と出会う。そして，何らかの機会やきっかけで試しに購入され，消費される。生活の中で使われ，機能を実感し，ニーズを満たされたりすると，よい商品であると評価，認知される。もちろん，商品が訴求している効果を実感しなかったり，使用実感に食い違いがあったりすると，失望し評価が下がる。使って，気に入ったら，名前を覚えるようになり，顧客はそのブランドを繰り返し，購入し使い続ける。さらに，その商品に関する話題にも注意を払うようになる。単に商品機能だけでなく，商品の独自性や評判も認識するようになる。そういった，経験を繰り返し，この商品が一番良いと判断されていく中で，自分にとって必要なブランドとなる。そ

して継続的に購入をし続けるのである。ひとりの顧客の中でブランドは，このように成長していくのである[32]。

　さらに累積的な経験価値が蓄積されると，他人にまでそのブランドを推奨し，自分の経験価値や，価値観までを付加して伝承していく。このようにブランドはさらに大きな価値を自らも生み出し，社会的成長をとげていくのである。このようにブランドに愛着を感じるようになるためには，長い時間がかかり即座にできるものとは考えてはいけない[33]。したがって，本書の目的であるブランド価値の最大化に向けた測定システム構築達成のためには，その結果に結びつくまでの「顧客の購買及び消費プロセス」管理が必要である。したがって，そのプロセスにおける顧客の意識やブランド認知を高めるためのブランドマネジメント・システムの構築が必要条件となると考えている。

　それは，マーケティング諸活動の結果としての①そのブランドが到達した「顧客の広がり」，②顧客に刷り込まれた（記憶された）「ブランドに関する情報の量と質（印象）」，③顧客に形成された，長期にわたってブランドを好きで使い続けたいという「現在・将来のブランド選好度」で捉えなければならない。したがって，ブランド価値を構成する要素は，ブランドに対するロイヤルティ，ブランド認知，商品・サービスに対する知覚された品質，ブランドからの連想，等のように多様な要素が相互に関連しあってブランド価値として構成されると考えた。そこで，ここで取り扱うブランド及びその種類，機能については，下記の様に規定する。

## （1）ブランド価値の定義

①　ブランドは，顧客の心と脳での「記録媒体」である。

　ブランドは機能価値を超えた顧客価値の提供によって，顧客の心と脳に刻んだ記憶であると定義する。

②　ブランドは，企業と顧客とをつなぐ「パイプライン」である。

　ブランドは，企業と顧客をつなぐパイプラインであり，顧客にとっては顧客満足を心にストックする為の媒体である。企業にとっては，持続性と安定的な

利益をもたらす戦略的事業単位である。

③　ブランドは，自らも増殖する。

　ブランドは，企業や作り手の意思であると同時に，顧客・受け手の頭の中に形成される知覚・認識体（パーセプション）であり，その相互作用の中で作り上げられる。顧客自身がその価値を伝承し，自己増殖することがある。

④　ブランドは，顧客との絆を作る。

　ブランドは，単に商品や製品ではなく，ブランド体験やそれを通じて得られる便益の集合体である。顧客は商品や製品は消費するが，顧客はブランドを受容し，記憶し，絆を創るのである。

## （2）ブランドの種類

　企業が確立されたブランドを利用して，新製品を導入することをブランド拡張という。新しいブランドを既存のブランドと組み合わせる場合，そのブランド拡張は「サブブランド」と呼び，ブランド拡張を生む既存ブランドは，「親ブランド（マスターブランド）」と呼ぶ。

　また，サブブランドのうち，特にマスターブランドの価値形成に強く影響を及ぼしている，サブブランドを「マザーブランド」と呼ぶ。マスターブランドの古臭いイメージを払拭するようなイメージチェンジを図ったり，リポジショニングを効果・効率的に行ったりする際に，把握しておく必要があるサブブランドである。

　そして，強いブランドとは，明確な個性と中核にコア・ベネフィット（便益）を保有している。その優れたベネフィットを担保できるだけの独自技術を持っている。ここでいう固有の独自技術とは研究開発技術だけではなく，独自の販売方法であったり，接客方法であったりする。

　更に，これらの独自ベネフィットや・独自技術を伝えることの出来る優れたマーケティング・コミュニケーション（広義のプロモーション）施策が構成要素として必要になってくる[34) 35) 36)]。そこで強いブランドとは，そのブランドが優良顧客を，いかに長期に亘って繋ぎ留められるかを意味する「顧客とブラン

ドとの絆の強さ」を意味するのである。

## （3）ブランドの機能

　ブランドの機能は大きく3つに大別できる。1つは「品質保証機能」として信頼の証になり顧客との信頼関係を構築するもの。2つ目は「差別化機能」である。識別のための印であるが，差別化されているほど価格競争を回避できる。そして最後は「想起機能」で，特定の製品分野との結びつきを容易にする働きをする。「ハミガキといえばライオン」のようにすぐに連想できるものにすることである。

# 6．ブランド価値の測定指標要素

　日本においては，唯一大規模（B to Cにおいて年1回，5万人規模の調査で1,000ブランドを対象）に調査・測定・分析している日経BP社の『ブランド・ジャパン』は，認知，使用経験，愛着度，独自性，プレミアム，自分必要度，推奨意向，利用意向の8指標でブランド価値を測定している[37]。また，デビッド・アーカーはブランドの本質をブランド認知，知覚品質，ブランド連想，ロイヤルティの4つで成り立っているとしている[38]。

　また，ケビン・ケラーはブランドを作り上げていく過程を重要視し，ブランド認知のセイリエンス，知覚品質とイメージ品質が形成し，最終的に，そのブランドへのロイヤルティとしてレゾナンスという概念で表したブランディングモデルを提案した[39]。これらの過去のブランド価値に関する先行研究結果をまとめてみると，ブランド価値構造の捉え方は，大きく3つのカテゴリーに分けられると考えられる。1つはどの程度顧客にそのブランドが認知されているか。2つ目がそのブランドはどういった知覚品質・機能・イメージを備え，他のブランドと識別できる便益を顧客に提供しているか。そして3つ目が顧客とブランドとの絆を表すロイヤルティである。

　したがって，本書においてブランド価値を測定する目的は，ブランドが顧客にどのように捉えられ，どの程度識別でき，どの程度強くロイヤルティが形成

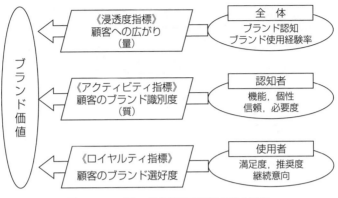

図4−6　ブランド価値測定指標の基本構造

されているかを測ることである。具体的には，次の３つの指標①ブランドの広がりを表す要素としてブランド認知，そのブランドの過去使用経験から測定される「浸透度」，②ブランドの価値を判断する際のベースとなる知覚機能と，使用経験から醸成される価値である信頼・個性・必要度を加味したブランド価値の原動力となる「アクティビティ」指標，③ブランドへの今後の購入継続意向や他者への推奨度を加味した選好度など，顧客とブランドとの絆を表す「ロイヤルティ」の３指標ブランド価値測定の基本構造とした（図4−6）[40]。

　次に，本書のブランド価値構造が日本の先行研究におけるブランド価値測定指標構造との違いを明らかにするために図4−7にその関係を示す。下記に各３指標について測定要素を加味しながら解説し，詳細を記述する。


（１）浸透度

　浸透度は，顧客の頭と心の中にどの程度認知され，ブランドに対して肯定的な態度を形成できているかを測定する指標で，購買行動に移行できる潜在需要として位置付けられるために浸透度と名付けた。

　ブランドが顧客にどの程度，広く染み渡っているのかを測定するための１つの指標が，その銘柄を想起（再生，再認）できるかどうかである。また顧客の態度変容をどの程度変化（ユーザ化と呼ぶ）させられたかを測定する為に，顧客の

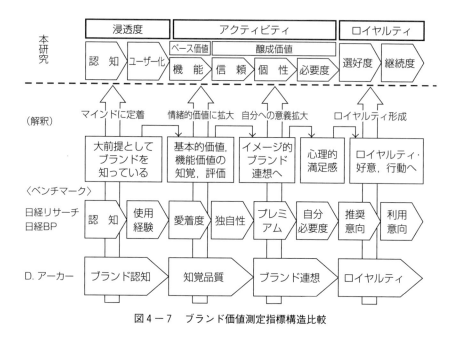

図4－7　ブランド価値測定指標構造比較

行動レベルで測れる指標とした。したがって，そのブランドを認知した人のうち，過去1年以内にそのブランドを使用した経験がある比率で測定する。対象とする商品カテゴリーは基本的には最寄り品である日用品を対象にしているため，消費される期間が3週間から長くとも3ヶ月以内であるため，1年以内としている。

　浸透度を測る指標として，ブランドの使用経験率を採用した背景は，単なる認知だけでは，このモノ余りと情報化の時代には購買行動に至るための浸透度を測る要素としては感度の鈍い指標とならざるを得ないと考えたからである。そこでアルフレッド・ハワード，ヤコブ・ブリドー他の研究（図4－8）と筆者の独自調査結果に触れておく。

　アルフレッド・ハワードは，ある製品カテゴリーについて，すでに消費者がその名前を知っているブランドの集合（知名集合）の中で購買時に検討の対象として想起されるブランドの集合を想起集合（evoked set）と呼び，名前を知っ

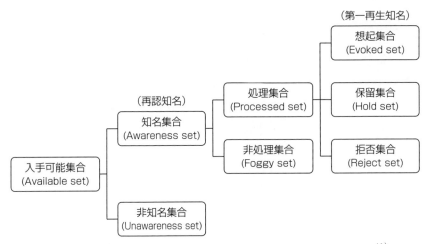

図 4 － 8　Brisoux-Cheron のブランド・カテゴライゼーション・モデル[41]

ているが想起されず検討の対象とはならなかったブランドの集合を非処理集合（Foggy set）と区別することを提唱してきた[42]。

　今日では，ヤコブ・ブリドー とエマヌエル・シェロンがブランド・カテゴライゼーション（Brand categorization）の概念モデルとして提案しているように，知名集合の下位集合に新たに当該ブランドが持つ製品属性上の特徴までを理解している処理集合（情報処理までされている）と，名前は知っているが製品内容までは理解されていない非処理集合の 2 つが設けられている[43]。

　さらに，処理集合の中に想起集合，保留集合および拒否集合が包含される。拒否集合とは否定的な態度が形成されていて検討対象とはならない集合である。保留集合とは，その特徴が理解されてはいるが明確な態度形成までには至っていない集合である[44]。したがって，当該ブランドについての情報処理が行われ，その製品特徴が理解されておりかつ，肯定的な態度が形成されている想起集合に含まれているブランドが，購買選択対象になりやすい。中でもトップ・オブ・マインド（第一再生知名）で想起されるブランドが，最も購買選択される可能性が高いといえる。

　これまで行われた実証研究から製品カテゴリーにバラツキはあるものの，想

起集合の大きさはおおよそ２〜３ブランドである[45]。またその製品に対する関与水準が高いほど想起集合の数が小さくなる傾向があることが見出されているが，この点については，筆者も日用品市場において同様の調査を過去に16市場で行っており，必ずしもこの傾向を支持していなかった[46]。

　この結果から，想起されるブランド数はほぼ２つであり，これは製品に対する関与度が低くかつ，購入する前から計画的に購入する確率が低い商品カテゴリーの特性によるものと考えられる。いずれにしても，想起集合の２つか３つのブランドになるかどうかが大きく購入確率を上げる概念には違いないということである。実際の市場にはブランドやサブブランドは，１市場分野で平均約９のマスターブランド，サブブランドでは約29のブランドが存在する。そのため再生や再認の知名集合の認知率だけで浸透度指標とするには，ブランド価値と購買行動とのギャップがあり，感度が鈍くなるものと考えられる。

　したがって，そのブランドに対する具体的な態度変容までさせられたかどうかの判定には，想起集合を調査するしかない。しかしそのブランドが想起集合に入っているかどうかは，店頭調査でしか収集できない。多くのブランドや市場を測定しようとすると，莫大な費用と期間を要する為に，評価指標として採用するにはほぼ不可能である。したがって，態度変容の代替変数として，過去に一度でも購入経験があるかどうかの指標が，衝動買いに近い購買行動を起こす最寄り品では想起集合の近似値になると判断して採用した。

　また，その測定指標を認知や再生の想起指標と区別する為に，一度は使用経験があることを表すユーザ化指標と名づけた。


（２）アクティビティ

　ブランドが顧客にどのような印象を与えているか。他ブランドとどのように識別しているか。そのブランドの存在価値をどの程度重要視しているか等を測定するために，顧客がブランドに持つ質的なイメージ品質と知覚している機能品質で測定する。

　ブランドへのイメージ品質要素としては信頼・個性・必要度で測る。そのブ

ランドの洗練されたデザインや先進性，独自性から「個性」が形成され，品質の高さ，人気評判や親しみといった「信頼性」が高まり，多少高いお金を払っても手元に置いておきたい，自分向きのブランドであり，使うと気分まで変わるといった自分にとっての「必要度」が醸成されると考えた。

　品質機能要素は知覚される実感品質で測る。機能要素は，その商品が「自分に何をしてくれる」という商品機能特長であり，ブランドが顧客に提供する価値の中で，最も基盤となる価値である。したがって，その市場において顧客が商品の購入理由として挙げた高い順番で調査項目を構成する。

　「機能」要素は商品特長のうち「顧客が購入時に重視する上位要素」と「ブランドが訴求する要素」について「知っている人」の率を総合的に合算したもので，重要度の高い商品特長が顧客にどれだけ受容されているか，ブランドのベース力を表す指標である。

　つまり，これらのアクティビティ指標要素は「ブランドが顧客の心と頭・記憶に刻み込まれる源泉＝エンジン」となるもので，現在および将来に向けたブランドの潜在力を表す指標である[47]。したがって，この指標はブランド活力の源泉であり，存在価値そのものを左右するコア・バリュー指標として位置づけられる為に，測定指標の名称をブランドの活力の源泉を意図してアクティビティ指標と名付けた。


## （3）ロイヤルティ

　これまでブランド・ロイヤルティ（Brand Loyalty）とブランド・コミットメント（Brand Commitment）との異同についても常に問題とされてきたが，現在では前者は行動的指標，後者は態度的指標（あるいは行動的ロイヤルティに対して認知ロイヤルティ）として区別するのが一般的となっている[48]。

　したがって，本書でもブランド・ロイヤルティとは，当該ブランドが顧客を繋ぎ留められる強さと，そして今後もそのブランドを「顧客が繰り返し使いたい」という安定的で継続的（将来性）な行動的概念を中心とする。つまりそのブランドが顧客との間に，どの程度強い絆を築けているかを測るものである。

　また，よりブランド・コミットメントの高い消費者に見られる行動の特徴として，反復購買のほかに当該ブランドを他者へも推奨する行為が見られかつ，当該ブランドのネガティブな情報にも動じない頑健な態度を持っていることが指摘されている[49) 50)]。そこで，より安定的で頑健な態度を保有しているかを測定するために，他者への推奨度要素を付け加えた。

　したがって，本書のブランド・ロイヤルティ指標が目指すものは，久保田らが主張しているブランドとのリレーションシップの同一化アプローチの構築であり[51)]，ケビン・ケラーのいうブランドビルディング・モデル最上位にある「レゾナンス」と適合している[52)]。

　ブランド・リレーションシップに関連する先行研究（2章3節）を概観すると，人はあるブランドのイメージと自分のイメージ（自己イメージ）が適合したとき，そのブランドを選好するという，適合性アプローチ（self-congruity）がある。これは，消費者は現実の自己イメージと適合したブランドを選択し，自己概念（自分自身がいかなるものであるかについての認識）との整合性を保ち，理想の自己のイメージである自尊感情（自分自身を価値あるものとする感覚）を高める要素であると規定している。

　また自分らしさにより近いブランドが，他に見つかったときには容易に弱まることから，適合性アプローチで説明されるブランド・リレーションシップとは，長期的で安定的なものというよりも，比較的短時間で形成される，穏やかな心理的結びつきとなる[53)]。

　しかし，ケビン・ケラーのいうレゾナンスは長期的で安定的な心理状態と考えられているので適合性アプローチでは，このような心理状態を十分に説明できない[54)]。

　一方，現代社会に生活する消費者は，自分自身をあるブランドと結びついたものとして捉えて自分らしさを感じることがある。このような結びつきができると，そのブランドは自分自身を語るために欠くことのできない存在となりブランドとの一体感が生まれる。これがブランドとの同一化アプローチ（identification）である。

　ブランドとの同一化が生じているとは，そのブランドが自己概念の一部を形成していることであり，自分らしさを認識したり自分自身を語るために，必要な要素の一つとなったりしていることを意味している。

　同一化アプローチでは，自己概念を形作るもの（自己定義の構成要素）としてブランドを位置づける。この結果，同一化アプローチでは，ブランドは消費者にとって，固有の意味を持つ代替性の低い存在となり，相対的に安定した選好を獲得することになる。またそこでは，ブランドは自分自身の一部のような存在となり，しばしば支援的（ないしは利他的）な行動の対象となるのである[55]。

　このようなブランドへの強いリレーションシップ（関係性）を構築するという視点から考えると，ケビン・ケラーのいう「レゾナンス」という概念は，ブランドへの行動上ロイヤルティと，感情的な結びつきを表す態度上のコミットメントという2側面によって表わされる概念と捉えられる。

　したがって，本書ではブランドに対する継続購入意向（行動的指標）と，他者へも推奨する意向（態度指標）とで構成することから，この「レゾナンス」という概念と同一概念として捉えられる。

## 7．具体的なブランド価値の測定指標

　図4-6で示した構造を元に，競争状態もブランド数も市場成長度も異なる全16市場，41カテゴリーの各ブランド価値を，投資の意思決定の場面で同時に比較できるようにする。そのために，下記の3つのスコアを各比率や平均点などの値から市場毎にブランドの値を偏差値化して表記した。

### （1）浸透度指標スコア
　浸透度指標スコアは，認知要素として再認率を測定し，使用経験要素としてユーザ化率を算出する。
① 　再認率は，日本の人口16歳〜59歳を対象全体（一部高齢者対象市場があるため，その市場については60歳代を含めている）とし，その中で商品名を見て「知

っている」とする人の率で，今後の商品の購入に向かう予備軍を表す指標である。

② ユーザ化率はブランド認知者の中で調査時点より過去1年以内に購入経験のある，いわば「一度は購入を試みた人」とする「ユーザ化した人」の率である。

この2つの要素項目の値を積算し，市場の中で占める割合を算出した後，偏差値化した。この値を市場毎で偏差値化することにより，顧客への浸透状況（度合）の比較検討が可能となった。例えば，洗濯用洗剤の場合，トップやアタックは30年以上も続いている馴染み深いブランドの為，再認率は80％以上でかつ，販売個数シェアも高いのでユーザ化率も70％以上であった。したがって浸透度指標スコアは60点を超えていた。これは2ブランドの販売金額シェアがNO1とNO2であることから，その妥当性が伺える。

## （2）アクティビティ指標スコア

アクティビティ指標スコアは，商品使用や認知による知覚価値や経験価値をベースに「何のための商品なのかを決定する」基本機能価値に，様々な情報や情緒価値が加わり，顧客にブランド価値が資産として蓄積・醸成されていく[56) 57)]。

① アクティビティ指標の「機能」要素は，購入理由の項目別に当該ブランドに該当すると回答した比率を，偏差値化して機能スコアとして算出した。

② 「個性」は，ブランド毎に洗練性，先進性，独自性に該当すると回答した人の比率を偏差値化し個性スコアとした。

③ 「信頼」は，ブランド毎に親しみ，品質，人気に該当すると回答した人の比率を偏差値化し信頼スコアとした。

④ 「必要度」はブランド毎に愛着度，好意度，プレミアム性に該当すると回答した人の比率を偏差値化し必要度スコアとした。

以上4要素から算出された偏差値スコアを平均してアクティビティ指標スコアとした。

## （3）ロイヤルティ指標スコア

　具体的な回答は，各要素とも 7 段階評価で測定する。最も強い意向を示す 7「必ずやる」，6「かなりそう思う」，5「まあまあそう思う」で，4 点が「どちらでもない」などの 7 段階評価で回答する。そして使用者全体のうち，トップ 2 ボックス（7 点と 6 点）に回答した人の割合を各指標の値とする。これまでの長年の調査経験上，トップ 2 ボックス回答者の信頼度が高いことから，この値を採用した。

① 　購買行動におけるブランド選好度は，顧客のブランドへの態度形成の強さを表す指標で，満足度で測る。満足度要素は，当該ブランド現使用者中，満足度評価を 7 段階評価中でトップ 2 ボックスの回答者比率で測定した。

② 　使用経験者の中で「好きで継続的に使う」という顧客の態度の強さを測定した。

③ 　また，「継続度」は，顧客が「繰り返し使いたい」という行動的側面の継続性を表し，継続購入意向率で測る。これらも上記と同様にトップ 2 ボックス回答者率の値で測定する。

　ブランドが顧客を繋ぎ留められる強さと継続性（将来性）を捉える指標を「選好度」と「継続度」とで測定する。また，よりブランド・コミットメントの高い消費者に見られる行動の特徴として，反復購買のほかに，当該ブランドを他者へも推奨すること，当該ブランドのネガティブな情報にも動じない頑健な態度を持つことなどが指摘されている[58] [59]。そこで，より安定的で長期的な態度を保有しているかを測定するために，他者への推奨度要素を付け加える。このことにより現在および将来に向けた「ロイヤル顧客の獲得可能性」を捉える。

## 8．ブランド価値スコア測定調査方法

　以上のブランド価値測定のためのスコア算出を確認するために，消費者調査による定量調査を行った。以下がその詳細の調査内容である。

162 |

## （1）場所，期間，対象者
・調査地域：全国（WEB）
・実施期間：毎年2回（6，12月）
・調査対象者：16－59歳男女　延べ30,000人／回

　使用率に合わせて各分野：2,000～6,000人を確保する。

　一部カテゴリーは60歳代についても調査対象者2,000人を確保している。

　また，分析時にライフステージ判別が可能となるように，対象者属性として同居人数・職業も調査した。

・測定対象市場およびブランド：食料品を除く日用品市場16分野（41カテゴリー）。但し，栄養ドリンク剤などのOTC（処方せんを必要としないセルフ販売方式のことをOver The counterと呼ぶ）薬品市場を含む。146マスターブランド，458サブブランドを対象とする。

　実際の調査方法としては，マスターブランドの測定に当たっては，調査対象物が存在しない場合で，カテゴリー概念としてのブランドが存在するため，名称提示の再認方式を採用した。例えば，サブブランドで「○○ルック」，あるいは「ルック○○」といったブランドはあるが，その集合体である「ルック」単一のブランド商品が無い場合である。

　またクリニカという歯磨きの商品はあるが，それ以外にクリニカ歯ブラシ，クリニカ歯間ブラシ，クリニカ洗口液というように多市場を統合するマスターブランドとして測定しなければならない場合が多くみられる。

　サブブランドについては，調査アイテムが多く且つ，関与度が低い商品カテゴリーは思い込みでブランドを購入している場合が多く，ブランド誤認を避けるために写真による現物提示で測定している。

## （2）調査評価項目
・測定軸：3指標－9要素，23項目＋機能特徴項目

　具体的な質問項目は，以下の通りである。

① 浸透度

　購買行動におけるブランド・カテゴライゼーション・モデル分析を可能に
し，知名集合（再認知名）のうち想起集合（再生知名），保留集合，拒否集合[60]
のどの段階に取り込まれたか等，コミュニケーション施策に反映できるように，
ブランド再生認知・助成再認知の両方の認知度を調査した。しかし，再生認知
を各サブブランドで測定すると誤認も多くかつ，その測定値も数％にしかなら
ず指標感度としては低すぎる。そのために評価項目の算定式には採用していな
い。

　従って，写真提示による助成再認率を使用している。ただ再生認知率は，
TVCM などのマーケティング施策の評価指標や競合分析には有用であるため，
今後の課題解決策方針施策の検討用指標として活用する。ユーザ化率として，
当該ブランド認知者に対して，調査時点から過去 1 年以内に当該ブランドを購
入した経験があったかどうかを質問した。

② 個　性

　個性は「洗練性（センスがよい，デザインが良い）」，「先進性（時流に乗っている，
進歩的な）」，「独自性（ほかの項目にはない，独自の個性が感じられる）」の 3 カテゴリ
ーで各 2 項目を設定した（計 6 項目）。評価尺度段階は 7 段階評価で測定する。
最も強い意向を示す 7「必ずやる」，6「かなりそう思う」，5「まあまあそう
思う」で，4 点が「どちらでもない」である。

③ 信　頼

　信頼の指標では「親しみ（親しみがある，安心して使える）」，「品質（品質や性能が
優れている，信頼できる）」，「人気（定評や実績をよく知っている，人気のある）」という
項目を設定した。同様に評価段階は 7 段階である。

④ 必要度

　必要度については，ブランドとのリレーショナルシップ理論から「愛着度
（なくなると不便を感じる銘柄，自分向きの銘柄）」，感性的経験価値理論から「好意
度（好きな，使うと気持ちや気分が変わりそう）」，他人へも推奨できるほどのブラン
ドとの強い絆を表した銘柄推奨度と価格弾力性を反映した「プレミアム感（友

人・知人に勧められる，他より多少高くても買ってもよい）」を設定した。

⑤　機　能

　機能項目は各商品特徴が明確に認知者に判別できているかを判断できるように，市場カテゴリー毎の具体的な購入理由を商品機能として，調査項目に反映させた。これは，商品企画担当者などがマーケティング施策への課題解決策が模索できるように消費者の購入意向の高い項目の上位20〜25項目を選択し，質問項目内容として設定した。同様に評価段階は7段階である。

⑥　ロイヤルティ

　以上の3指標をブランドとの絆の深さをイメージできるように下記のように，A浸透度，Bアクティビティ，Cロイヤルティとして記述した。またアクティビティ指標を構成する要素として個性〜機能までの4要素を明記し，質問項目や内容を一覧した（表4−2）。


## （3）測定値処理方法

　ブランド価値スコアを企業内におけるマーケティング投資の意思決定の場で活用することを考え，調査ブランドは調査対象ブランドだけではなく，その競合ブランドをも同一レベルで捕捉することとした。マスターブランドのように1つのブランドが複数の市場に跨って参入する一方で，同時に複数のサブブランドの各個別市場での強弱が存在する。

　このような場合，具体的にはどのブランドに優先的に投資判断を行えばよいかを決定することを考えなければならない。各サブブランドの参入市場における相対的な強さを表しつつ，各市場間における競争優位性を比較できなければならない。従って，測定値を市場毎に偏差値として算出し，3指標は各要素の偏差値の単純合計を平均して算出した。ブランド価値の総合スコアも市場全体や全ブランドを総合的に比較，検討する値としての活用を考え，3指標の単純平均にした。

表４－２　測定指標質問項目一覧

| A | 浸透度 | | | 再生，再認知名率<br>再認知者のうちの過去１年以内使用経験者率 |
|---|---|---|---|---|
| B | アクティビティ | 個　性 | 独　自 | 独自の個性が感じられる<br>他の銘柄にはない特徴がある |
| | | | 先　進 | 進歩的な<br>時流に乗っている |
| | | | 洗　練 | デザインが良い<br>センスが良い |
| | | 信　頼 | 人　気 | 人気のある<br>定評や実績をよく知っている |
| | | | 品　質 | 信頼できる<br>品質や性能が優れている |
| | | | 親しみ | 安心して使える<br>親しみがある |
| | | 必要度 | プレミアム | 他より多少高くても買ってもよい<br>友人・知人に勧められる銘柄 |
| | | | 好　意 | 使うと気持ちや気分が変わりそう<br>好きな銘柄 |
| | | | 愛　情 | 自分向きの銘柄<br>親しみがある |
| | | 機　能 | | 各商品カテゴリー毎に購入理由の高い機能項目20〜25問 |
| C | ロイヤルティ | | | 他者への推奨意向<br>満足度TOP２の構成比率<br>現使用者のうち継続使用意向TOP２の構成比率 |

# 9．ブランド価値スコア測定結果

　測定結果は，内部一貫性（信頼性）の検証と基準関連妥当性を検証するために，今後の使用継続意向，販売シェア等の関連性検証の観点から検討する。また，内部一貫性（信頼性）検証のために2010年６月，12月時点での各ブランド価値スコアの変化や要素間の関係性の安定度を比較検討する。

　今後のマーケティング投資のための意思決定活用を目指し，全ブランドの各指標スコアのパターンをクラスター分析することにより，効率的なマーケティング投資のための法則性を見出す。以上の観点から以下の３点にまとめ，その詳細を以下に示す。

## 9. 1. ブランド価値の先行指標有用性結果

### （1）ブランド価値スコアと継続購入意向との関係

　ブランド価値スコアと今後使用意向の強さ（7段階評価）との関係を明らかにし，測定されたスコアが将来のブランド伸びしろ，あるいは市場シェアを説明する先行指標と成り得るのか，を検証した。下図4－9に16市場146のマスターブランドの今後のブランドへの使用意向を偏差値化した点数をY軸に，X軸にブランド価値の総合点をとった。

　ブランド価値の総合点算出方法は，ロイヤルティ指標スコア，アクティブ指標スコアは4つの要素（信頼，必要，構成，機能）の偏差値スコアを平均した値，浸透度スコアの3指標の平均点をブランド価値総合スコアとした。その結果，ブランド価値の総合点と各ブランドへの今後の使用意向との相関は0.87と強い相関があることが分かった。つまり，このブランド価値スコアが高くなればなるほど，継続意向の強いブランドであるといえた。

### （2）ブランド価値スコアと市場シェアとの関係

　また，各参入市場での売上シェアとの関係性が検証できると市場シェア予測

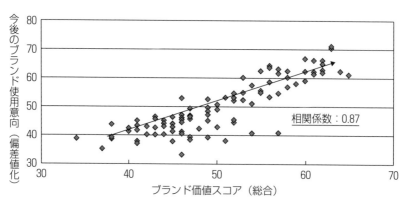

※7市場＝オーラル／清潔ケア／制汗剤／解熱鎮痛／ヘビー／柔軟剤／台所洗剤で分析

**図4－9　ブランド価値スコアと今後のブランド使用意向との相関**

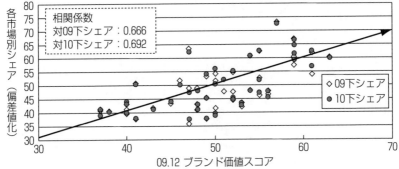

※7市場＝オーラル／清潔ケア／制汗剤／解熱鎮痛／ヘビー／柔軟剤／台所洗剤で分析

図4-10　ブランド価値スコアと売上シェアとの関係（スコア調査当該期及び翌期シェア）

　が可能となる。この関係性を説明できるかどうかを検証する為に2009年12月調査のブランド価値スコアと同年7-12月平均シェアと，もう一期先の2010年1-6月平均シェアの2点の相関係数を取ってみた。前者が0.666で，後者が0.692となった。

　この結果からは半期先の売上データとの相関の方が高いことが分かった（図4-10）が，市場シェアを予測するまでの相関係数とは考えにくい値であった。

## 9. 2. ブランド価値スコアの構成要素間の相関結果

　浸透度スコアとアクティビティ・スコアを構成する「機能」「個性」「信頼」「必要度」の4要素とロイヤルティスコアの6要素間の全数の単相関係数を取ることで，その関係性を明らかにした。また，その関係性が安定しているかを検証するために2期間（2010年6月・2010年12月調査）で比較した。結果は図4-11のように各要素間での相関関係数値はほぼ変化していないことから，これらの関係性は安定しているといえた。

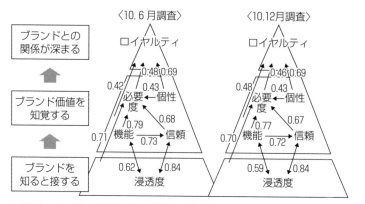

〈10.6月調査〉　　　　　　〈10.12月調査〉

※7市場＝オーラル／清潔ケア／制汗剤／解熱鎮痛／ベビー／柔軟剤／台所洗剤で分析

図4-11　各要素間の相関係数図比較

## 9. 3. ブランド価値スコアを使ったマスターブランドのクラスター 分析結果

　調査対象の16市場，全146ブランドの価値スコアをクラスター分析（Ward 法）することにより，今後のマーケティングマネジメントへの活用が可能とな るように試みた。クラスター分析（Ward法）結果により「3～12クラスター」 を採用した場合の各ブランドが持つブランド価値スコア点数と，クラスター中 心点との距離の総合計（Y軸）をクラスター（クラスター数はX軸）ごとに算出し， 全クラスターの合計値を図4-12にプロットした。

　分析の考え方としては，Y軸の距離の合計値が小さいほど，クラスター中心 はそのクラスターに属するブランドに近い位置にあると言える（より集合してい る）。つまり，クラスター数を増やせば，必然的に上記数値は小さくなってい くことになる。仮に，ブランド数＝クラスター数の場合，数値は0になる。そ の分析結果は，今回規定した9クラスターから10クラスターにかけて，その 合計点の減少幅が少なくなることから，分析考察の対象を9クラスターとし た。

　また，各9のクラスターのブランド価値スコアの点数とその特徴を表4-3

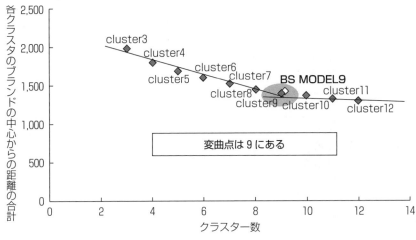

図４－12　クラスター分析数別の変数間集中度マップ

表４－３　９クラスターのブランド価値スコア

| CL No | ネーミング | ブランド価値スコア | | | | | | |
|---|---|---|---|---|---|---|---|---|
| | | 浸透化 | アクティビィティ | | | | | ロイヤルティ |
| | | | 個性 | 信頼 | 必要 | 機能 | | |
| ① | 個性特化 | 40 | 60 | 45 | 45 | 45 | | 50 |
| ② | 機能・個性差別化 | 45 | 60 | 45 | 50 | 55 | | 60 |
| ③ | 成長アクティブ | 55 | 65 | 55 | 60 | 65 | | 60 |
| ④ | 上位安定 | 60 | 45 | 65 | 60 | 65 | | 50 |
| ⑤ | 市場代表 | 65 | 50 | 65 | 65 | 65 | | 55 |
| ⑥ | セグメントリーダー | 55 | 50 | 50 | 55 | 50 | | 55 |
| ⑦ | 信頼なじみ | 50 | 40 | 60 | 50 | 50 | | 45 |
| ⑧ | コモディティ化 | 45 | 40 | 40 | 40 | 40 | | 40 |
| ⑨ | ニッチロイヤルティ | 40 | 50 | 40 | 40 | 40 | | 55 |

に表示した。表中のスコア点数は，各クラスターにおける各価値スコアの中央値点数を表記した。

　そのブランド価値スコアパターンとして，クラスター分析により抽出された６項目のブランド価値スコアパターンをケビン・ケラーのブランドビルディン

| パターン | 特　徴 | ネーミング |
|---|---|---|
| 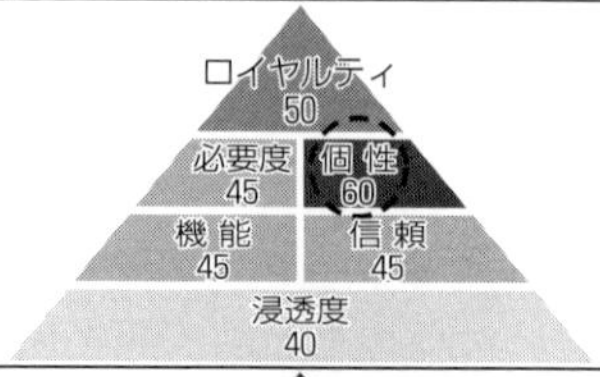 ロイヤルティ 50 / 必要度 45 個性 60 / 機能 45 信頼 45 / 浸透度 40 | ・個性のみ際立つ<br>・ロイヤルティ：中位<br>・浸透度，信頼：低い | ① 個性特化<br>クラスター |
| 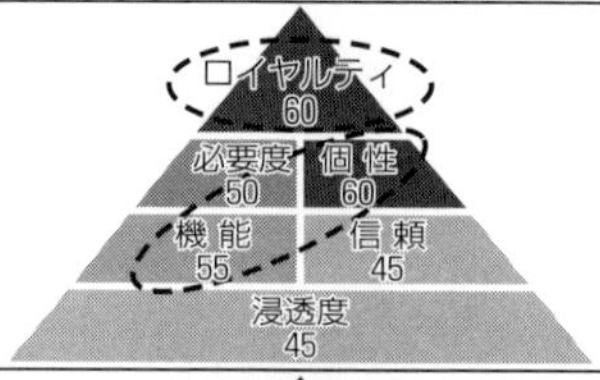 ロイヤルティ 60 / 必要度 50 個性 / 機能 55 信頼 45 / 浸透度 45 | ・浸透度，信頼：低い<br>（認知は並以上）<br>・個性，機能，ロイヤルティ：<br>高い | ② 機能・個性<br>差別化<br>クラスター |
| 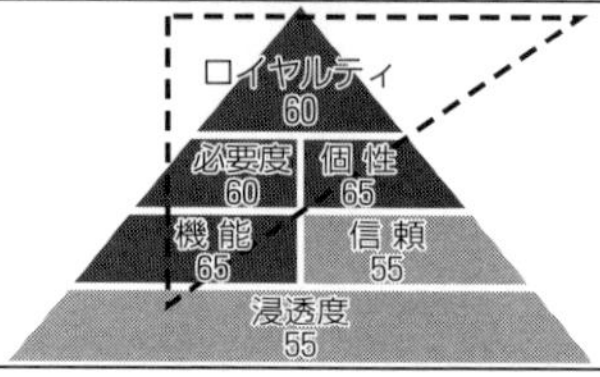 ロイヤルティ 60 / 必要度 60 個性 65 / 機能 65 信頼 55 / 浸透度 55 | ・スコア全体：好調<br>・機能―個性―必要高く<br>アクティビティが強い<br>・ロイヤルティ：高水準 <br>40　45　50　55　60 | ③ 成長アクティブ<br>クラスター |

図4－13－①　クラスター分類によるスコアとその特徴

グ・モデルになぞらえて指標構造ピラミッドとして表現した。また各クラスターの市場におけるポジショニングや，評価項目の点数の特徴が理解しやすいように仮称ネーミングを付加してまとめてみると，下記の9クラスターに分類できた（図4－13－①〜③）。

① 　個性特化クラスター

　個性スコアのみが際立って高い60点のブランドクラスターである。浸透度や信頼など他のスコアは40点台と低い。ブランドロイヤルティスコアが，平均の50点である。

② 　機能・個性差別化クラスター

　機能スコアが55点，個性・ロイヤルティスコアが60点と高いブランドクラスターである。ただし，浸透度や信頼などのスコアは40点台と低い。必要度も平均の50点である。

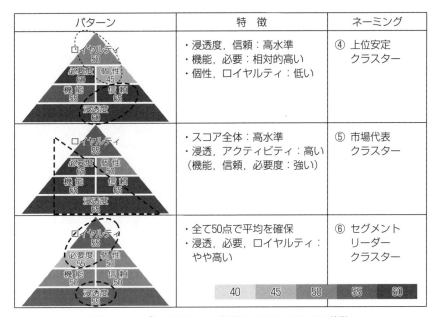

| パターン | 特　徴 | ネーミング |
|---|---|---|
| ロイヤルティ 50 / 必要度 60 / 個性 45 / 機能 55 / 信頼 65 / 浸透度 60 | ・浸透度，信頼：高水準<br>・機能，必要：相対的高い<br>・個性，ロイヤルティ：低い | ④ 上位安定<br>クラスター |
| ロイヤルティ 55 / 必要度 65 / 個性 50 / 機能 65 / 信頼 65 / 浸透度 65 | ・スコア全体：高水準<br>・浸透，アクティビティ：高い<br>（機能，信頼，必要度：強い） | ⑤ 市場代表<br>クラスター |
| ロイヤルティ 55 / 必要度 55 / 個性 50 / 機能 50 / 信頼 50 / 浸透度 55 | ・全て50点で平均を確保<br>・浸透，必要，ロイヤルティ：<br>やや高い | ⑥ セグメント<br>リーダー<br>クラスター |

40　45　50　55　60

**図4−13−② クラスター分類によるスコアとその特徴**

③ 成長アクティブクラスター

　ブランド価値の源泉となるアクティブスコアを構成する要素項目の機能，必要，個性が60点以上で，4要素中3要素が非常に高いスコアを確保している。

　また，ブランドロイヤルティスコアも60点と高く顧客との絆も強いものがある。信頼，浸透度が55点と平均を上回っているが，まだ成長する可能性があるブランドクラスターである。

④ 上位安定クラスター

　浸透度，信頼，必要度のスコアが高い60点のブランドクラスターである。幅広く顧客に受け入れられており，なくてはならない存在として信頼性も必要度スコアも高く，市場シェアも高いブランドが占められており，上位安定クラスターと名付けた。

　ただし，個性が45点，ロイヤルティが平均の50点と先進性や独自性に陰りが見られ，ロイヤルティが平均点となっているため安心してはならないブラン

ド群である。

⑤　市場代表クラスター

　浸透度，機能，信頼，必要スコアが65点と極めて高い点数である。ロイヤルティスコアが55点と平均よりも高く，顧客との絆も強い。幅広く市場で受け入れられており，すべてが市場標準となっているために個性は平均の50点である。したがって，クラスター内にあるブランドも市場シェアNO1のものばかりであり，市場を代表するクラスターといえる。

⑥　セグメントリーダークラスター

　すべてのスコアが市場標準となっている平均の50点以上である。浸透度，必要，ロイヤルティスコアが55点と高い点数である。浸透度が60点を超えていないことから，その限定顧客には高い支持を得られているために，ロイヤルティスコアが55点と平均よりも高くでている。

　したがって，クラスター内にあるブランドは，市場を代表するクラスターとはいえないが，液体市場や香り市場など差別化されたセグメントにおいてはNO1のブランドクラスターである。

⑦　信頼なじみクラスター

　信頼スコアが60点と極めて高い点数である。発売以来息の長いブランドが多く安心・信頼のあるブランドクラスターである。浸透度，機能，必要度は市場平均の50点である。ただし，個性が40点と先進性や，独自性に欠けており市場に埋没し，識別がしにくくなっている。したがって，ロイヤルティスコアも45点と平均より低く，顧客との絆も薄れてきている。

⑧　コモディティ化クラスター

　浸透度スコアのみが45点で，他のスコアがすべて40点と極めて低調な点数である。特に浸透度の中での評価項目で，使用経験率が高いものがあるため，過去に一度は使用したことがある顧客が多いブランドクラスターといえる。実際にも発売以来息の長いブランドが多い。

　ただし，すべてのスコアが市場平均以下であり，ロイヤルティスコアが低いことから顧客との絆も薄く，市場に埋没し存在価値が危ぶまれているブランド

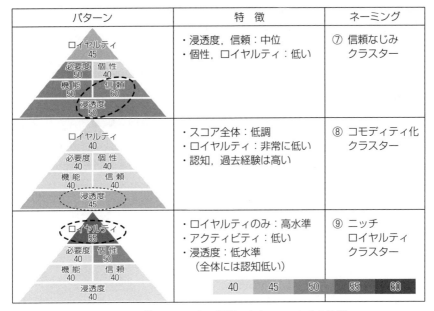

| パターン | 特　徴 | ネーミング |
|---|---|---|
| ロイヤルティ 45／必要度 50／個性 40／機能 50／信頼 60／浸透度 50 | ・浸透度，信頼：中位<br>・個性，ロイヤルティ：低い | ⑦ 信頼なじみ<br>　クラスター |
| ロイヤルティ 40／必要度 40／個性 40／機能 40／信頼 40／浸透度 45 | ・スコア全体：低調<br>・ロイヤルティ：非常に低い<br>・認知，過去経験は高い | ⑧ コモディティ化<br>　クラスター |
| ロイヤルティ 55／必要度 40／個性 50／機能 40／信頼 40／浸透度 40 | ・ロイヤルティのみ：高水準<br>・アクティビティ：低い<br>・浸透度：低水準<br>　（全体には認知低い）<br>40　45　50　55　60 | ⑨ ニッチ<br>　ロイヤルティ<br>　クラスター |

図4－13－③　クラスター分類によるスコアとその特徴

といえる

⑨　ニッチロイヤルクラスター

　浸透度，機能，信頼，必要度スコアすべてが40点と極めて低調な点数である。多くのスコアが市場平均以下であるが，個性スコアが50点，ロイヤルティスコアが55点と限定された顧客との絆は強いものがある。

　認知率も低く幅広い顧客に受け入れられずに，限られた顧客で浸透が留まったブランドなのか，または発展途上のブランドで，今後市場に広まっていくと成長できるブランドであるのかは見極める必要があるクラスターである。

# 10. 考　察

## 10. 1. ブランド価値の先行指標としての有用性

　フィリップ・コトラーは「今日のシェアや売上高は，必ずしも将来の企業業

績を保証するものではない。しかし，ブランド価値は消費者の心と頭に刻まれた刻印である為，将来の保証や企業の寿命の決め手となる」と明言している[61]。

　そこで，今回測定したブランド価値スコアが経営マネジメント上の一指標として取り扱われるためには，経営管理上の何らかの数値指標との関係性を明確にしなければならない。具体的には，経営管理上一般的な販売シェアとの関係を検証した。仮説としては，ブランド価値スコアが上昇すれば，販売シェアも上昇する正の相関があり販売データの先行指標と成り得ると考えた。

　その結果は，ブランド価値スコアと調査対象当該期及び，半年先の市場シェアとの相関係数は正の相関を示していた。その値は調査対象当該期より，半年後の販売シェアの相関係数が高い値を示した（図4－12）。ただし，その値は0.69と必ずしも確信できるほどの値ではなかった。このことから，現段階ではブランド価値を向上させることが半年先のシェア向上に繋がる，先行指標と成り得ると，必ずしも明言できないと考えている。

## 10. 2. ブランド価値9要素間の連関性

　ブランドの価値形成がどの程度形作られているかを判断する為に，ケビン・ケラーのブランドビルディング・モデル構造（図4－2）から考える。仮説としては「ブランドを知る・接する（セイリエンス：浸透度）」⇒「ブランドの価値を知覚する{（ジャッジメント・パフォーマンス：ブランドの知覚品質）＋（フィーリング・イメージ：ブランドイメージ品質)}」⇒「ブランドとの関係が深まる（レゾナンス：ブランドロイヤルティ)」という階層構造で，ブランドは成長していくと考えられる。

　したがって，本書でもこのピラミッド構造にしたがって，各要素間スコアがどのような相関関係になっているかを考察する。

### （1）「浸透度」と「機能」「信頼」の関係（図4－14）

　「浸透度」と「機能」「信頼」指標は，相互に相関が高いことから互いに関連

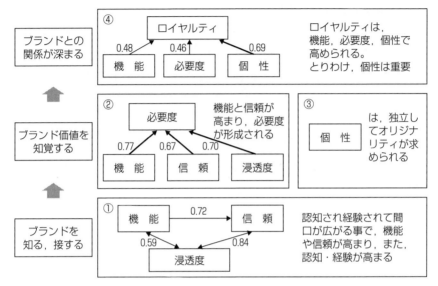

図4－14　ブランド価値スコア要素間の相互関連

しながら形成されていくものと考えられる。つまり信頼を裏切らない機能を保有しているブランドが，使ってみた人々の口コミやマスコミに取り上げられ，評判を呼び認知度を高める結果，より一層浸透していくものと考えられる。このことは，バートン・シュミットが提案している経験価値[62]の醸成にも適合していることから，この関係性は蓋然性が確認できたと考えている。

## （2）「必要度」と「機能」「信頼」の関係

　石井が主張しているように，ブランド価値の創造は，その商品の独自機能やオンリーワンの特徴により市場を形成することにより機能・信頼感が高まる。そのことにより知覚品質が高まり消費者の心の中で必要性が形成されていき，無くてはならないブランドに昇華されていくものと考えられる[63]。

## （3）「個性」とその他との関係

　個性は独立して形成される要素で，強くロイヤルティ形成に影響を与えてい

る。この調査項目は「先進性」「独自性」「洗練さ」から構成されていることを考えると，これまでに無い，形状や概念であり消費者にとっては初めて経験する知覚品質などを捕捉した指標であるため，他の指標との関係性が希薄になって当然の結果であり，逆にこの指標の調査感度の高さを確認できたと思われる。

（4）「ロイヤルティ」と「機能」「必要度」「個性」の関係

　ロイヤルティは個性，必要度と機能によって強く影響を受けている。このことは，独自の個性を担保しつつ，顧客にとって無くてはならない機能があるために継続した購入意向が示されたもの考えられる。

　更に，使用経験が蓄積されていくことにより，これまでに無い経験価値が形成され顧客とブランドが強い絆で結ばれるのである。その為，他者への推奨意向をも示すほどの選好的な態度を形成したものと考えられる。

　以上，4点の考察からブランドの成長過程は仮説どおり，ブランドビルディング・モデルと，ほぼ同じ階層構造を成していると考えられる（図4−15）。

## 10. 3. ブランド価値クラスターとライフサイクルとの関係

　ブランドマネジメントを想定すると，ブランド化を行うステージ毎にマーケティング施策の優先順位が異なるように，ブランド価値要素もブランドの成長過程によって重点化が異なると思われる[64) 65) 66)]。そこでプロダクト・ライフサイクル理論[67)]に基づき，各クラスターの特徴を当てはめて考察してみる（図4−15）。

① 個性特化クラスター

　新製品などの導入期に必要とされる市場参入条件として位置づけられる。「商品ブランド」としてエントリーするために，「個性スコア」（55点）は必要条件であり，特に「他の銘柄にはない」「独自の個性が感じられる」が必須要件項目である。ブランド認知率20％以上が確保されていることから，市場参入したブランドとして位置づけられるクラスターである。例として，デオドラ

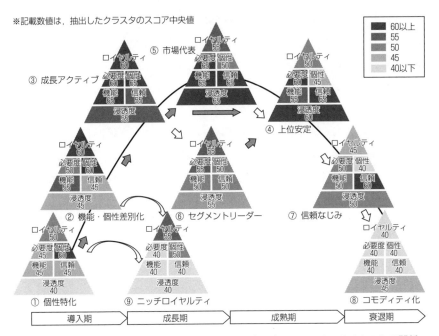

図4－15　ブランド価値スコアの各クラスターとプロダクト・ライフサイクルとの関係

ントカテゴリー，柔軟剤，洗濯洗剤などのブランドが該当した。

② 機能・個性ブランドクラスター

　導入期から成長期に入る段階であり，競合各社が激しい出る杭の頭を攻撃する時期であり，その中で確立したポジションを確保し，成長するためには認知率50％以上で「機能」「個性」スコアがともに55点以上を維持する必要がある。「個性」スコアを維持したまま，「浸透度」スコアを高め，他のアクティビティ・スコアを高めることが必要となる。例として，歯磨，薬用石鹸，殺虫剤，クッキングペーパなどのブランドが該当した。

③ 成長・アクティブクラスター

　成長軌道に乗ったクラスターである。機能・個性のスコアが順調に伸張していくと同時に，ブランド認知率75％以上で且つ，その認知者のうち40％以上が使用経験のあるクラスター。アクティビティ・スコア全体で60点以上が獲

得できると順調に成長軌道に乗っていくことができる。その後は市場を代表するブランドになるか，悪くても2～3位ブランドにまで上り詰めることができるクラスターである。例として，シャンプー，調理用品，ドリンク剤などの内，有名ブランドが該当した。

④　上位安定（2～3位）ブランドクラスター

　No.1ではないが常に2～3位ブランドのポジションを獲得しているクラスター。信頼・必要度スコアは60点以上が必要である。但し，ロイヤルティ・個性スコアは平均点の50点を下回るためにNo.1には成り切れなかったブランドとなっている。例として，洗濯洗剤，歯磨，シャンプーなどのうち誰もが知っている長年ブランドが該当した。

⑤　市場代表No.1クラスター

　圧倒的な浸透度スコア60点以上とアクティビティ・スコアで55点以上を維持することが必要条件となる。ブランド認知率85％以上でかつ，そのうちの40％がそのブランドの使用経験者となっている。No.1ブランドになるためには，浸透度・信頼・必要度・機能スコアで60点以上が必要であるが，個性スコアは平均点50点レベルでもNo.1獲得は可能である。例として，ドリンク剤，解熱鎮痛剤，ハンドソープ，シャンプーなどのうち老舗ブランドが該当した。

⑥　セグメントリーダークラスター

　成長期段階から一定の規模にまで到達したものの，いずれの価値要素のスコアも平均点である50点を獲得するに留まったクラスターである。アクティビティ・スコアの機能・個性のいずれかが60点以上を維持できず，市場を牽引するまで顧客の心にブランドを浸透化できなかったために，浸透度スコアが60点を超えられず，平凡な市場地位しか獲得できなかったクラスターである。例として，オーラルケア，洗濯洗剤，男性化粧品，住まいのクリーナーなどのブランドが該当した。

⑦　なじみ信頼ブランドクラスター，⑧　コモディティ化ブランドクラスター

　時間の経過とともにブランドの鮮度や輝きを維持できずに，成熟期から衰退

期に移行するブランドクラスターが，この位置に対応する。この２つのクラスターに共通することは認知率70％以上と高いレベルを維持はしているものの，必要度・機能・信頼といったスコアが低下し，平均の50点を下回っている。つまり多くの人になじみはあるが，あえてそのブランドを使用する必要性が認められず，他のブランドでも代替が効くようなブランドになっているものと考えられる。信頼なじみブランドクラスターの例として，シャンプー，柔軟剤，住まいクリーナーなどのうち老舗ブランドが該当した。コモディティ化ブランドクラスターでは，解熱鎮痛剤，洗濯洗剤など長年愛された誰もが知っているブランドが該当した。

⑨　ニッチロイヤルティクラスター

　成長期において，各社競合が新規商品の投入をしてきたり，コンセプトの希薄化を仕掛けたりしてくる中で，個性でロイヤルティを大きく獲得できても，浸透度や機能・信頼・必要度スコアが平均点の50点を越えることが出来ず，ごく限られた消費者にだけ受け入れられたニッチなブランドで，成長が停滞したクラスターである。例として，制汗剤，男性化粧品，殺虫剤，シャンプーなどのうち個性的なブランドが該当した。

　以上を図式化してみると図４−15のようになった。したがって，設定した９クラスターはブランドのプロダクト・ライフサイクルモデルとして内容的に蓋然性があり，実際に分類されるブランドもその内容と矛盾しないことを確認できたと考えている。

# 11.　まとめ

## （1）ブランドスコアと市場シェアとの関係

　ブランドの将来性を推し測る指標として開発した本章のブランド価値スコアは，調査対象期間における市場シェアより半年後の市場シェアとの相関係数が0.66→0.92へと向上している。このことから先行指標としての活用は可能だが，継続的に検証は必要だと考えている。

（2）ブランド価値スコアを形成する3指標・9要素の相関関係を示した

　市場に上市後ブランドが各ユーザ層に浸透し，使用経験を積み重ねながら，当該ブランドの存在価値を認識することによって，そのブランド構築の各段階で，ブランド価値スコア形成に重要な要素関係を明示できた。

（3）各ブランドスコアをクラスター分析にかけて分類した

　9つのクラスターをプロダクト・ライフサイクル理論に当てはめてみると，市場No.1ブランドに到達するまでの各段階で鍵となる具体的な要素とその点数を明示できた。同様に，ユーザからそのブランド存在価値が薄れる段階でのスコアも明らかにした。因みに市場での全ブランドポジションをマネージャー達に確認してもらった結果，その内容には蓋然性があることが担保できていた。

## 12. 残された課題

　今回のブランド価値指標はマーケティング活動の結果として，当期よりは次期の売上シェアへの関係性が，強くなる傾向を示していた。この点については今後とも経営活動における重要な判断指標として活用できるよう，検証していかねばならない。また，各価値スコアと実際のマーケティング施策との関係については，市場現場とのデータを一つひとつ検証しながら，どの施策が有効であるかを検証していきたい。

　また，各指標や各要素の偏差値スコアは，プロダクト・ライフサイクルのどのステージにあるか，あるいは市場特性によって各スコアの重み付けが必要になってくると思われるが，その具体的係数については今後のマーケティング施策と関連付けながら検証していきたいと考えている。

**【注】**

1 ) 恩蔵，亀井訳（2000）。

2 ) 藤川（2008），32-43ページ。

3 ) Zeithaml (1988), pp.2-22.

4 ) 恩蔵，亀井訳（2000）。

5 ) アーカー（1997）。

6 ) アーカー＆ヨアヒムスターラー（2000）。

7 ) コトラー＆ケラー（2008）。

8 ) 田中（2008）。

9 ) アーカー（1997）。

10) Keller (2002).

11) Keller (2002).

12) コトラー＆ケラー（2008）。

13) 石井（2009）。

14) 石井（2009）。

15) Bolton, Lemon & Verhoef (2004), pp.271-292.

16) オリバー編（1993），137ページ。

17) ブランド・ジャパン企画プロジェクト編（2010）。

18) ブランド・ジャパン企画プロジェクト編（2010）。

19) 伊藤（2002）。

20) 伊藤（2002）。

21) 阿部（1987），27-46ページ。

22) 池田（1973）。

23) 池田（1973）。

24) Messick (1989), p.21, pp.26-31.

25) 池田（1973），19-145，178，183，192-193ページ。

26) 阿部（1987），27-46ページ。

27) 池田（1973）。

28) Feningstein, Scheier & Buss (1975), pp.522-527.

29) Feningstein, Scheier & Buss (1975), pp.522-527.

30) 遠藤（2009）。

31) Solomon & Schopler (1982), pp.508-514.

32) ノーマン（2004）。

33）シュミット（2000）。

34）アーカー（1997）。

35）アーカー＆ヨアヒムスターラー（2000）。

36）リンストローム（2005）。

37）ブランド・ジャパン企画プロジェクト編（2010）。

38）アーカー（2000）。

39）Keller (2002).

40）今井，丸山，山岡（2012），1-10ページ。

41）Brisoux & Cheron (1990).

42）Howard & Sheth (1969).

43）Brisoux & Cheron (1990), pp.101-109.

44）Brisoux & Cheron (1990), pp.101-109.

45）今井，丸山，山岡（2012），1-10ページ。

46）今井，丸山，山岡（2012），1-10ページ。

47）前野（2008）。

48）井上（2009），3-21ページ。

49）小野（2010b），20-34ページ。

50）Fornell (1992), pp.6-21.

51）久保田（2010a），31-46ページ。

52）Keller (2002).

53）久保田（2010b），1-25ページ。

54）恩蔵，亀井（2002）。

55）Day (1969).

56）パインⅡ＆ギルモア（2000）。

57）Jacoby & Kyner (1973).

58）小野（2010b），20-34ページ。

59）Fournier (1998), pp.343-373.

60）Brisoux & Cheron (1990), pp.101-109.

61）小野（2010a）。

62）シュミット（2000）。

63）石井（2009）。

64）阿部（1987），27-46ページ。

65）ヒューズ（1982）。

66)　アーカー（2005）。

67)　コトラー＆ケラー（2008）。


## 【参考文献】

阿部周造「構成概念妥当性とLISREL」，奥田和彦，阿部周造編著『マーケティング理論と測
　　定―LISRELの適用』中央経済社，1987年，27-46ページ。

石井淳蔵『ブランド価値創造』岩波新書，2009年。

伊藤邦雄「コーポレート・ブランドの評価と戦略モデル」『ダイヤモンド・ハーバードビジ
　　ネスレビュー』3 月号，2002年。

池田央訳「妥当性」『教育測定学』上巻，C. S. L. 学習表間研究所，1973年。

井上淳子「ブランド・コミットメントと購買行動との関係」『流通研究』日本商学学会，第
　　12巻，第一号，2009年，3-21ページ。

今井秀之，丸山泰，山岡俊樹「ブランド価値評価指標開発とその活用」『日本感性工学会論
　　文誌』Vol.11 No.2，2012年，1-10ページ。

遠藤由美『社会心理学』ミネルヴァ書房，2009年。

小野譲司『顧客満足（CS）の知識』日経文庫，日本経済新聞出版社，2010年 (a)。

小野譲司「JSCIによる顧客満足モデルの構築」『MJ季刊マーケティング・ジャーナル』
　　（Summer），117号，2010年 (b)，20-34ページ。

恩蔵直人，亀井昭宏訳『戦略的ブランド・マネジメント』東京エージェンシー，2000年。

恩蔵直人，亀井昭宏『ブランド要素の戦略論理』早稲田大学出版部，2002年。

久保田進彦「同一化アプローチによるブランド・リレーションシップの把握」『広告科学』
　　2010年 (a)，31-46ページ。

久保田進彦「同一化アプローチによるブランド・リレーションシップの測定」『消費者行動
　　研究』Vol.16 No.2，2010年 (b)，1-25ページ。

G. D.ヒューズ（著），嶋口光輝，和田充夫，池尾恭一訳『戦略的マーケティング』プレジデ
　　ント社，1982年。

田中洋『消費者行動論体系』中央経済社，2008年。

デービッド・A・アーカー（著），阿久津聡訳『ブランド・ポートフォリオ戦略』ダイヤモ
　　ンド社，2005年。

デービッド・A・アーカー（著），陶山計介ほか訳『ブランド・エクイティ戦略』ダイヤモ
　　ンド社，2000年。

デービッド・A・アーカー（著），陶山計介ほか訳『ブランド優位の戦略』ダイヤモンド社，

1997年。

デービッド・A・アーカー, エーリッヒ・ヨアヒムスターラー（著）, 阿久津聡訳『ブランド・リーダーシップ』ダイヤモンド社, 2000年。

ドナルド・A・ノーマン, 岡本明, 安村道晃, 伊賀聡一郎, 上野昭子訳『エモーショナル・デザイン』新曜社, 2004年。

バートン・H・シュミット（著）, 嶋村和恵, 広瀬盛一訳『経験価値マーケティング』ダイヤモンド社, 2000年。

B. J. パインⅡ, J. H. ギルモア（著）, 電通経験経済研究会訳『経験経済エクスペリエンス・エコノミー』流通科学大学出版, 2000年。

フィリップ・コトラー, ケビン・レーン・ケラー（著）, 恩蔵直人監修, 月谷真紀訳『コトラー＆ケラーのマーケティング・マネジメント』ピアソン・エデュケーション, 2008年。

藤川佳則「サービス・ドミナント・ロジック「価値共創」の視点か見た日本企業の機会と課題」『マーケティング・ジャーナル』第107号, 2008年, 32-43ページ。

ブランド・ジャパン企画プロジェクト編『ブランド・ジャパン2010』日経BP, 2010年。

マーチン・リンストローム, ルーディ和子訳『五感刺激のブランド戦略』ダイヤモンド社, 2005年。

前野隆司『「脳」はなぜ「心」を作ったのか』筑摩書房, 2008年。

Bolton, Ruth N., Katherine N. Lemon, and Peter Verhoef, "The Theoretical Underpinnings of Customer Asset Management, A Framework and Propositons for Future Research," *Journal of the Academy of Marketing Science*, 32 (3) (summer), 2004, pp.271-292.

Brisoux, Jacques E., Emmanuel J. Cheron, "A Proposed Consumer Strategy of Simplification for Categorizing Brands," in J.D. Summey and R.D. Taylor (eds.), *Evolving Marketing Thought for 1980*, Southern Marketing Association, 1990, pp.101-109.

Day George S., "A Two-Dimensional Concept of Brand Loyalty," *Journal of Advertising Research*, 9, 1969.

Feningstein, A, M. F. Scheier, and A. H. Buss, "Public and Private Self-Consciousness, Assessment and Theory," *Journal of Consulting and Clinical Psychology*, 43 (4), 1975, pp.522-527.

Fornell, Claes, "A National Customer Satisfaction Baromerter, The Swedish Experience," *Journal of Marketing*, 56 (January), 1992, pp.6-21.

Fournier, Susan, "Consumers and Their Brand, Developing Relationship Theory in Consumer Research," *Journal of Consumer Research*, 24, 1998, pp.343-373.

Howard, J. A. and Sheth, J. N., *The Theory of Buyer Behavior*, Wiley, New York, 1969.

Jacoby, Jacob & David B. Kyner, "Brand Loyalty vs. Repeat Purchasing Behavior," *Journal of Marketing Research*, 10, 1973.

Kevin Lane Keller, *Strategic Brand Management, Building, Measuring and Managing Brand Equity*, Printice-Hall, 2002.

Messick, Samuel, "Validity", in *Educational Measurement*, 3rd ed., Robert L. Linn ed. New York, American Council on Education, 1989, p.21, pp.26-31.

Solomon, Michael R. and John Schopler, "Self-Consciousness and Clothing," *Personarity and Social Psychology Bulletin*, 8 (3), 1982, pp.508-514.

Zeithaml, Valarie A., "Customer Perspectives of Price, Quality and Value, A Means-End Model and Synthesis of Research," *Journal of Marketing*, 52 (3), (July), 1988, pp.2-22.

# 第5章 ブランドマネジメントシステムの構築

## 1. はじめに

　顧客満足を経営理念や方針として謳っている会社は，数多存在する。しかし，その顧客満足を企業活動として実践している企業は数少ない。何故ならば，この理念や方針を実践に移す為には，経営層のみならず顧客との接点に最も近い第一線の部署でこの理念が実践され，体質化されていなければならないからである。企業全体が一枚岩のような組織を作り上げ，顧客第一主義を実践できていなければ，この経営理念や方針は「絵に書いた餅」になるのである[1]。

　その実現の為に，例えば経営戦略評価指標の中に顧客評価が取り入れられていると同時にマーケティング部門，商品企画部門にとどまらず製品研究開発部門から川下である営業現場の評価指標にまで，顧客視点が入っていなければならない。顧客満足第一の体質化に向けた，あらゆる工夫が企業全体として実行レベル・現場レベルにまで落とし込まれていなければならないのである[2]。

　これほどまでに大掛かりで時間を掛けて構築されたマネジメントシステムでなければ，顧客に一番近い現場での実践化は図れないものだと思われる。それだけに難易度は非常に高く，実践困難なものになっているのが現実である。ゆえに多くの企業が顧客満足を謳うのである[3]。

　更に，顧客満足度を測る指標の作成も非常に難易度が高い。なぜならば，評価者が一般の顧客であり，その評価視点は直接目に見える有形的な財ばかりではないからである。その商品やサービスの使用経験から蓄積された満足や不満点，あるいは，他者からの口コミ評価，風評など，多角的な視点からの評価が加わるからである[4]。

　その上，時間軸の面も考慮しなければならない。企業イメージ，商品ブランドやサービスに対する顧客満足は短期的な記憶だけではなく，長期的な記憶と心に刻まれた「思い」が，複雑に絡み合い相乗効果を生み出し蓄積されたものだからである[5]。したがって，この顧客満足度測定指標は，本来ならば中長期的な視点に立って顧客評価を観測し，忍耐強く変化を捉えなければならない。そして，その施行された施策効果を短期的・中長期的な視点から適宜判断していかねばならない。しかし，それが定着しないのは何故だろうか。

　それは短期的視点に偏りがちなステークホルダーの眼にさらされている経営者が長期的志向の顧客満足主義といいながら，社内的には売上・利益・シェアといった入手しやすい短期的な経営指標のみを重視するからである。知らず知らずのうちに，顧客や市場を忘れ，競争相手ばかりを意識した短期的な意思決定を無意識のうちに下していくようになってしまうからである。

　その結果，経営方針と実行施策の運用が乖離し，経営層と現場が遊離していってしまう。このようなマネジメントシステムの形骸化が，顧客満足度志向が定着しない要因として考えられる。このように，顧客満足指標自体の複雑性，精度や反応感度の難易度に加え，企業経営トップの意思決定プロセスの中に浸透化させ，定着運用させるための核となる顧客志向システムがないからである。

## 2．システム思考に基づくブランドマネジメント・システムデザイン

### 2．1．ブランドを中核とした経営マネジメントへの移行

　米国マーケティング協会（AMA）によると，最新のマーケティングの定義は，「マーケティングとは顧客に対する価値を創造し，価値についてコミュニケーションを行い，それを届ける為の一連のプロセスであり，さらに組織及びその利害関係者に恩恵をもたらす方法で，顧客との関係性をマネジメントするための，組織の機能及び一連のプロセス」となっている[6]。特に，プロダクト

（財・サービス）を製造販売するメーカーにとっては，「ブランド（本書で定義したように，ブランドとは，一般に思われている名前（ネーミング）のみを指すものではなく，その商品に関するあらゆる情報が記号化され，蓄積された無形資産全体を言う）」を，いかに顧客の心と脳に刻み込ませるかが，最も重要な企業活動となる。

　つまり，メーカーにとって顧客との唯一のパイプ役である「ブランド」を経営資産の中心に置き，経営資源をブランド開発・育成に集中させることこそが，本来の顧客第一主義を目指したマーケティングマネジメント経営になるのではないかと考えられる[7]。その際の計画と・実績の乖離を埋めていくためには，マーケティングマネジメントシステムを，科学的な管理手法でPDCAサイクルを回し，経営管理の中枢におく必要性があるのではないかと考えた。

## 2．2．マーケティングマネジメントの基本プロセス

　採用するマーケティング戦略によって，重点施策のポイントは異なるが，戦略立案の為のマネジメント基本プロセスは変わらない。従って，マーケティングマネジメントの基本プロセスを解説しておく。そのプロセスには，以下の大きく4つの手順（フェーズ）がある[8]。

1．企業の社会的役割とその使命（ミッション）を明確にする（社是経営理念，CB）。これをミッション・ステートメント（P.コトラー）と呼び「見えざる手」として行動規範を捉えている（企業行動・社員の癖）。
2．企業の目的と目標の設定（中期計画：海外売上構成比Etc）
3．事業ポートフォリオの設計と基本戦略の策定（多角化戦略，ボストンコンサルティング・グループのPPM）
4．市場レベル（競争戦略），事業レベル（多角化・新規），製品レベル（ブランドのSTP）のそれぞれに，個別のマーケティング戦略を立案する。
　　1）自社既存業界とはどういう業界か？（○○業界の特徴）
　　2）市場ってどう捉えるの？（市場規模と市場細分化）
　　3）お客様をどう捉えるか？（生活者と消費者行動）
　　4）お客様は商品をどう認識するのか？（消費者の情報処理）

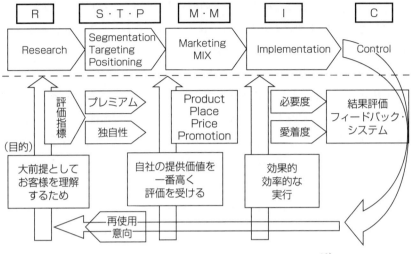

図 5 - 1　マーケティングマネジメント・プロセス[10]

5 ）お客様はどう考えて買おうとするのか？（購買行動）

6 ）商品はどうやって届くのか？（流通構造）

7 ）経営におけるマーケティング・プロセス（企業内意思決定とマーケティング
戦略）

　そこで，マーケティングマネジメントの枠組みを手順化し，概観したものと
してフィリップ・コトラーのマーケティングマネジメント基本プロセスが図
5 - 1 である。フィリップ・コトラーは，マネジメントプロセスを 5 つのステ
ップの連鎖として捉えている。すなわち，企業が効果的なマーケティングを行
うためには，まずは自社を取り巻く様々な環境について，中でも市場環境につ
いて十分なリサーチ（R ＝ Research（マーケティングリサーチ））から始め，そこか
ら得られた情報に基づいて比較的類似したニーズを持つ消費者グループを発見
し，それをセグメント化（S ＝ Segmentation（セグメンテーション））する必要があ
ると説明している。そして複数のセグメントが存在する場合には，どのセグメ
ントの消費者に狙いを定めるべきかというターゲティング（T ＝ Targeting（ター
ゲット設定））を行い，マーケティング投資の効率化や効果を図るべきだとして

いる。さらに，標的としたセグメントの消費者に対して，自社の提供物（製品やサービス）の価値を他社のそれよりも高く評価してもらうために，消費者に明確に認識できるように効果的なポジショニング（P＝Positioning（ポジショニング））を行わなければならないとしている[9]。

　フィリップ・コトラーは，このS・T・Pの3要素を戦略的マーケティングとして位置づけているが，この段階で何よりも重要なのが消費者ニーズについて掘り下げた理解である。消費者のニーズは，常に明確な形で表明されているわけではなく，表明されていないニーズや隠されたニーズがあり，その中から真のニーズを解き明かしていく必要があるのである。

　また，一般的な「あれば良い」というレベルでのニーズだけではなく，価値観やライフスタイルを反映して特定の製品やブランドに方向付けられた「ウォンツ」，購買能力に裏付けられた「デマンド」というように重層的に把握することが重要であるということを説いている。このようにして潜在的ニーズを把握することは，新しい市場機会の発見に繋がり，さらにはニーズの異質性を理解することで市場のセグメント化が可能になることを意味している[11]。本書でも，これまで捉えにくかった，あるいは表明されないニーズや，隠されたニーズから真のニーズについて，行動観察手法やヒューマンデザインテクノロジーなどを活用して消費者をあらゆる角度から分析，アプローチしていく。

　そのコアターゲットとなる顧客に対して，差別化された最も適したマーケティング・ミックス（MM＝Marketing／Mix 一般的には4P（Product, Price, Place, Position）という戦略課題を設定し，市場創造，参入を図る。実際のマーケティング行動としてI＝Implementation（実行）へ，重点化，集中投資を行う。その立案されたものと実際の市場で実現されるように組織やシステムを抑制，統制し，思惑通りに進捗しているかをチェックし，思惑通りの結果が得られていなければ，より効率よく成果が上がるように修正するC＝Control（統制：フィードバック，結果の評価，STP戦略やMM戦術の修正や改善）を実践していくというものである。

## 2．3．ブランドビルディング（育成）のマーケティングを志向する

　ブランドマネジメントにとって重要な 2 点目は，ブランド開発ばかりに注力せず，既存ブランドをいかに育成するかに全神経を注入すべきなのである。なぜならば，ブランド数を自社の経営体力以上に増やすことは投資の分散を招き，最終的にはブランドが生活者の中に浸透しない。マーケティング投資が中途半端になると生活者にブランドが認知・識別されずに，投資が無駄になってしまうからである[12]。ブランドが確立できたからと言って，その維持施策を怠るとその価値は逓減する。ブランドは放置しておくと記憶の中から少しずつ新鮮さが薄れ，その価値が低減していく。これは経済学でいう限界効用逓減の法則と同様の現象で，ステーキがおいしいからといって毎日食べ続けていると飽きてしまうのと同様である。市場内においても競合が同質化戦略や対抗戦略を打ち出してくることにより，類似価値があふれ商品価値が逓減する。

　また，生活者自身のライフステージも変化し，同時にライフスタイルも変化する。時代も変化し日常の常識や文化も変化していく。このようにブランドを取り巻く環境は常に変化しており，その変化に適合し，新鮮で生活者に必要なブランドとして輝き続けるための施策を打ち続けていかなければならない。つまり，長期的視点に立った戦略構築が必要なのである[13]。

　その為には，時にはデザインやパッケージをリニューアルしたり，コミュニケーションメッセージを変更したり，プロダクトラインを拡張したり，季節や香りのバリエーションを企画品として市場を刺激したりして，生活者にその存在と話題を継続的に提供しなければならない。これがブランドビルディングの考え方である。これらを企業組織システムとして実践することにより，顧客に提供するブランド価値の最大化を経営から現場までの行動原理として取り込み，顧客満足を実現できる経営ができる。従って，そのシステムを設計するためのシステム志向の基本について論述していきたい。

# 3. 新ブランドマネジメントシステムの構築

## 3. 1. ブランドマネジメントシステム構築へのシステム工学思考の適用

　一般にシステム論（思考）は，一見複雑で難解に見える社会事象をできる限りシンプルに統一的に捉える思考方法であって，従来の科学技術が専門分野ごとに細分化されつつ発展してきたのとは逆に，専門分野の垣根を取り払い，全ての分野に普遍的に適用できる統一的な理論を展開することを狙っている[14]。その思考は，システムの目的，システムに対する制約，システムを構成する要素，要素間の秩序，および実施に移す案を選ぶ意思決定といった項目の本質を明らかにすることで，システムの特徴を説明しようとするものである。

　それらの項目を適用対象とする解決すべき課題かどうかを，理性的に判断するのがシステム構築の理念である。多くの部署を動かし，長期的視点に立ち制約や秩序を持ってブランド投資の意思決定を行わなければならないマネジメントシステム構築には最適な思考であると考えられる。また，ブランド開発提案書や企画書類には，目的の設定に至った経緯を明確にする為に，最初の項目として計画化の背景，動機，課題及び理念が明記されなければならないことも重要である。このマネジメントシステム構築を特徴付けるシステム思考との関連性について以下に概要説明をしていく。

### （1）システム計画・設計の理念

　多くの場合，組織も個人も多くの課題を抱えている。しかし，それらを解決するために投入できる資源には限度がある。そこで重要性や緊急度を考えて優先度の高い課題から処理していかなければならない。課題を選択する基準が目的の背景・動機になり，システムのあるべき姿を理性面から明らかにしたものが計画の理念である。したがって理念は，取り上げる問題を決めたり，問題解決のための目的に影響を与えたりする優先度の高い制約条件である。

　計画の対象が行動システムである場合は，行動の規範として理念を明確にす

る必要がある。いかに成すべきかの前に，いかに在るべきかが明確にされなければならない。社是，社訓は会社というシステムが，また憲法は国というシステムが挙げている理念である。社是，社訓の内容には，企業が社会の中で果たすべき役割，顧客に対する姿勢，働く人たちの心構え，株主・経営者・従業員相互のあり方が折り込まれ，企業文化の原点になるものである。ブランドマネジメントにおいては，生活者がシステム目標達成の評価者であり，システム目的設定の原点となるような理念になっていなければならない。

### （2）目的の設定

　システム計画・設計の最初の作業が目的の設定である。システムの目的は個人または組織の諸々の欲求の充足という上位目的を達成する為の手段である。したがって，目的の設定はそれを達成することで，本当に問題が解決されたかどうか十分に吟味して設定しなければならない。

　古谷龍一の「システム設計」によると，システムの目的を広義の目的を三種類に分けている（図5－2）[15]。

　たとえば，システムの目的をシャンプーというように「特定なモノ」にしてしまえば，そこからはシャンプー以外の製品は生まれてこない。また，目的が経済性とか安全性といった一般的なものであれば，あらゆる業種，剤，サービ

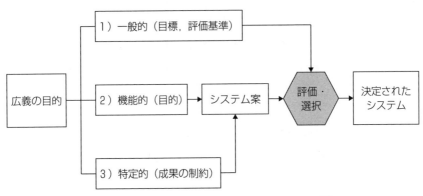

図5－2　広義のシステム目的三種類とその関係[16]

スが対象となり，その結果が不定となり具体的なモノを指定できなくなる。し
かし，「髪の毛を洗髪し，美しさを保つ剤」というように機能的なものを目的
に設定するとシャンプー，石鹸，リンスインシャンプー，リンス，コンディシ
ョナー，毛染め用シャンプーなど多くの製品展開が考えられる。

　このように三種類の目的の中で課題を効果的に解決する為にシステムが目指
すべきは特定的な狭いものではなく，また一般的な目的のように広すぎもしな
い適度の広さを持つ機能的な目的で無ければならない（図5−2）。

　したがって，一般的な経済性，効率性，収益性，安全性といった目的は，シ
ステム計画・設計を進める過程で，複数の選択肢の中からもっとも望ましいも
のを選んだり，十分なシステム計画・設計となっているかを判断したりすると
きの尺度，すなわち評価基準として用いるようにする。特定的な目的は，シス
テムが生み出す具体的なモノである。もし，何らかの理由で特定的なモノが与
えられるときは，それはもはやシステム計画上の目的ではなく，制約条件とす
べきである。

## （3）システムの目標設定

　目的の類似語として「目標」がしばしば使われるが，厳密な使い分けはない
ようである。しかし，どちらかというと目的は抽象的，質的なものに使われ，
目標は具体的，量的なものに向けられる。企業組織で用いられている目標管理
などはきわめて定量的な目標設定を求められ，抽象的な目標については態度の
変容や行動変化にして具体化・客観化が求められる。目的・目標ともにシステ
ムが達成すべきものである。一般的目的はより具体的にした目標であり，これ
だけの目標が達成できたら全体として目的が達成したとみなしうる関係にあ
る。

　大勢の人たちが関わってシステムを計画する場合，統一した目標設定ができ
ない場合がある。前述したように，システムは「同一の目的に向かって機能す
るもの」である。同時にシステムの目的はシステムに帰属するのではなく，シ
ステム設計者・活用者の意志のなかに存在する。同一の方向に向いているはず

のシステムの目的が，人それぞれの都合や問題意識の違いによって作ったときの目的とは異なる目的として取り扱われてしまう性質のものなのである。

　したがって，ブランドマネジメントシステムのような企業組織全体における行動システムにおいては，システムを運用しながら本来の目的に沿うように管理・運営するシステムが無ければならないのである。つまり，業務フロー体系で言うところのPDC（Plan-Do-Check）サイクルシステムが必要になるのである。

### （4）システムの制約・秩序

　企業は，個人がそれらの構成員であると同様に，産業界や一般社会の構成員である。そして個人が企業の中で秩序維持のために制約を受けるのと同様に，企業も一般社会の秩序維持のために制約を受ける。このようにシステム内の秩序が個々のサブシステムに対して制約として働くのと同様である。またシステムの目的も上位システムのなかにあって，サブシステムとして役割を分担しなければならない限定された役割事項であると考えると，一種の制約とみなすことができる（図5-3）。

　ブランドマネジメントシステムが企業全体の経営マネジメントであるため例外ではないのである。また，マネジメントシステムのサブシステム間にも同様な秩序と制約の関係が存在する。マーケティングミックスへの重点投資意思決定，ブランド評価，などをサブシステムとすると，サブシステム間において存在する関係性や結びつきを意味し，個々のサブシステムにとっては構成する要素，手段や対象領域を規定する一種の秩序として作用するのである。

### （5）システムの構成要素

　システムの内容決定とはシステム定義でいう目的に向かって，様々な制約の下で行動するシステムの要素を決め，その間の秩序を明らかにすることである。目的－手段連鎖で言う目的に対する手段を選択することである。マネジメントシステムはサブシステムの合成であるとする立場では，システムの内容を決めることは目的に合致したサブシステムを選び，それらを構造化することであ

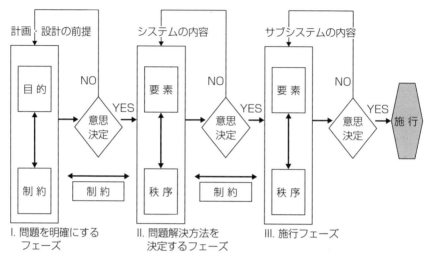

図5－3　一般化した企画・設計システムの項目関係[17]

る。

　企業全体を巻き込んだブランドマネジメントシステムは，大きくて複雑なシステム構造が余儀なくされる。この様なシステムを構築する場合は，幾つかの小さな単位の要素（サブシステム）で構成され，その小さなシステムも，さらに小さな単位の要素（サブシステム）で構成される階層性という基本的特徴を兼ね備えている。

　この場合，サブシステム内の要素はサブシステム内の制約になり，サブシステム間の秩序になる。この様に，システム内は単純なシステムに転換できるように階層的アプローチ法がとられるのが普通である。また，階層性を持ったシステムには課題を解決する為の計画対象システムのほかに，システムを遂行する為の作業を構成する計画遂行（管理・運用・維持）システムも含まれている。

（6）システム意思決定

　マネジメントシステムは行動システムであり，一般システムの中の具体的システムのひとつである。多数の計画作業という構成要素が，時系列的な作業手

順という有機的な秩序を保ち，周囲から種々の制約を受けながら，計画対象システムを得るという同一の目的に向かって機能するよう意思決定され作られたものである。

　その際の意思決定は，結果の与える影響度，重要度，決定者の組織上の地位，与えられる情報の多寡，技術的な難易度などの特長によって３つのレベルに分けられる。戦略的意思決定は，自身の存続を危うくしかねないほど重要な決定であり，自由裁量の余地が大きく組織的には最上位者の役割である。本書が対象としているマネジメントシステムの意思決定がこのレベルで，合理的な決定が難しい為，常に不確実性を伴いリスクへの配慮が欠かせないものである。

　管理的意思決定は，戦略的に下された決定の具体化が中心で，自由裁量は小さいが遂行責任が重く，中間管理職層の役割である。大きなリスクは伴わないが，リスク対策は必要である。

　業務的意思決定はルールに従って，現場の担当者が日常的に繰り返されるもので自由裁量の余地が少ない。このレベルはすでにマニュアル化，コンピュータ・プログラム化され，もはや大きなリスクは伴わないレベルである。

## 3．2．ブランドマネジメント全体概要

　そこで本書では，ブランドマネジメントを経営の中核に置き，ブランドマーケティングをサイエンスとして捉え，客観的な指標の導入によりブランド価値の評価，ブランドフォーメーションの見直し，マーケティング施策の修正などを可能とするマネジメントシステムを構築する（図5－4）[18]。

　このマーケティングマネジメント活動を概括すると次のようになる。まず，ブランドを通じ顧客への提案を行い，常に顧客を観察し，顧客から評価を得，その反響に耳を傾け，ブランド形成施策へフィードバックするマネジメントシステムを構築する。このブランドマーケティングを実践していくために，社内的にブランドビルディング意思決定システム（仕組み）を作ることが必要である。つまり，社内でオーソライズしていく公式の会議体をブランドマネジメント用に作り上げることである。

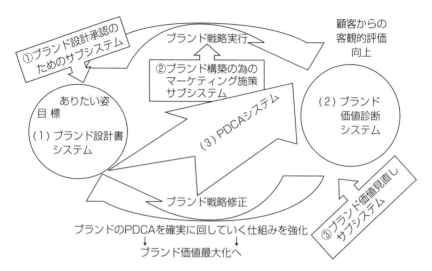

図5-4 ブランドマネジメントPDCAサイクルシステム

　そして，このシステムに必要な要件は，マネジメントシステム全体が統合化されており，各意思決定フェーズにおける判断指標と基準が整備されたサブシステムが必要である。ブランドマネジメント意思決定システムの目的としては，主要ブランド戦略の評価および方向付けの審議，ブランド価値最大化に向けたブランドマネジメントルールの運営・改廃が目的となる。

　ブランドマネジメントを行うにあたっては，管理する経営資産としてのブランドの単位・範囲を定義した（1）ブランド設計書システムと，無形資産としてのブランド価値が顧客の中に，どの程度形成されたかを診断する（2）ブランド価値診断システムを両輪とする。そして計画と実績との間に誤差が生じているのであればマーケティング施策，ブランドフォーメーション，当初に設計したブランドコンセプトや目標値などが修正可能な（3）PDCAサイクル運用可能システムを構築しなければならない。

　さらに，各システムが着実に実行されるような運用サブシステムが組織体質化に向けては必要になる。それらが①ブランド設計承認のためのサブシステム，②ブランド構築の為のマーケティング施策サブシステム，③ブランド価値見直

しサブシステムである。

## 3. 3. ブランドマネジメントのサブシステム概要

　各システムとサブシステムの概要及びシステムを構成するモジュールとしての分析ツールや予測モデルについて記述する。

### （1）ブランド設計書システム

　企画担当者がブランド設計書システムに従って作成する。本書ではブランド設計書（3章にて論述）がそれにあたる。

① 　ブランド設計書承認のためのサブシステム

　作成したブランド設計書を企業経営として承認する（創設・破棄の判断基準）ための会議体を設置する。しかし，設計書内容の是非を判断できる経営者は皆無であろう。したがって，客観的な指標（定量的な消費者調査など）による意思決定可能なサブシステムを構築しておかねばならない。

② 　ブランド構築のためのマーケティング施策サブシステム

　施行してきたマーケティング施策とブランド価値との関係性や，マーケティング施策の効果測定ができる，ⓐブランドコンセプト開発モジュール，ⓑ新製品売上予測モデル，ⓒ最適TVCM作成事前評価モデル，ⓓショッパーモデルなどのような定量的なモデルの事例研究については6章にて論述する。

### （2）ブランド価値診断システム

　構築されたブランドを評価する指標である。定期的に会議体で現状認識を測りブランドの価値を修正すべく施策の検討がなされなければならない。その為には，消費者が判定したブランドの現在価値を把握できるようにしなければならない。その為の評価指標，判断基準を作成し客観的に現状把握ができるシステムを作成する。

③ 　ブランド価値見直しの為のサブシステム

　ブランドの規定・設計書に描かれた目指すべき目標（あるべき姿）に対して，

その進捗状況を把握しなければならない。その状況は社内におけるブランド開発の各段階において，周知徹底し続け，最低3〜5年間に渡って継続的に維持・管理・マネジメントしなければならない。この場合に⒜最適ブランドフォーメーションモデル，⒝ブランド・ライフサイクルモデルなどが有用で，詳細については4章にて考察した。

### （3）PDCAサイクル運用システム

　検討するブランドや投資すべきブランドが多岐にわたる場合，経営として重要度と優先度をあらかじめ検討しておく必要がある。そのためには，①ブランドポートフォリオマネジメント，②検討・審議ブランドの選択ルールや原則が有用となると考えられる。

## 4．ブランドマネジメントシステムの業務体系の構築

### 4．1．ブランドマーケティングシステム全体概要

　前3節で，ブランドマネジメントを構築するために必要なブランド戦略構築のためのブランド設計書システムを提案した。各企業でブランド開発やマネジメントするための意思決定部門や会議体は異なると思われるが，その意思決定のためのシステムや意思決定の判断指標及び基準を同時に構築しなければならない。

　意思決定のための判断基準が各社，各階層にて無いのが問題である。なぜならば，各企業の財務状態や，市場におけるポジショニングが異なるために，採択される戦略が異なるためである。どの企業でも適用可能なシステムとして設計されたブランドを経年に渡ってマネジメントしていくための業務処理システムを構築する。その意思決定のための業務フローとシステムイメージを以下に示す（図5−5）。

　第一フェーズとして，ブランド戦略設計と目標設定を行う。上位概念としての経営戦略（ブランドポートフォリオマネジメント，経営利益計画，事業計画など），保

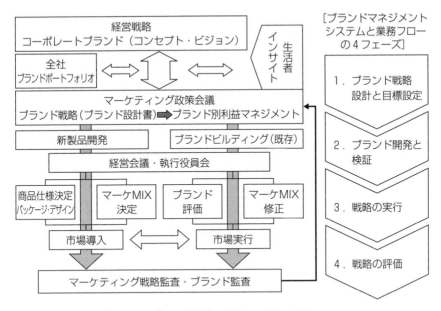

図5－5　ブランド戦略マネジメントシステムフロー

有するブランドのマネジメント規定要因（ブランド設計書，ブランド企画者意志など）からの判断と生活者観察調査などから導き出されたインサイト（潜在的な本音欲求）を所与のものとして当該ブランド戦略を構築しなければならない。ブランドマネジメントに関する意思決定機関を会議体として，マーケティング政策会議（仮称）と記述してある。参加メンバーとしては，マーケティング投資の経営判断が行えるメンバーが参画する。初めに，その場においてブランド設計書・規定書をブランド戦略計画として承認してもらう必要がある。なぜならば，ブランド価値は企業の無形資産であるとしているからである。

　第2フェーズは，上記のブランド戦略に基づき，定常の新製品開発ステップ及び日常のマーケティングミックス投資サイクルにおける意思決定会議に移行していく。そこでは，定量的な調査結果に基づき，これまで構築されてきた判断基準に基づき，上市の是非，および市場導入に当たっての留意点が検討される。

　その決定に従い新製品は，実際に市場へ新規に導入される。既存のブランドについてはマーケティング計画に従ってマーケティング施策投資が実行され，第3フェーズへと移行する。

　そして，そのマーケティング活動の施行結果の実績を定期的に把握・分析・評価し，マーケティング政策会議体へとフィードバックする。ブランド戦略監査・マーケティング施策監査として，その実績結果と起因要素との関係を解明する戦略評価の第4フェーズを迎える。その場での意思決定としては，継続投資か，増額・減額か，計画目標の修正などを審議・判断する会議内容となる。このようにブランド戦略実行のための意思決定PDCAサイクルを回せるシステムを構築しなければならない。

## 4. 2. ブランドマーケティングシステム運用体系の構築

　単にブランド戦略を導入し，科学的手法などの部分的なシステムを導入するだけでは，先述したように経営トップの運用ができず，顧客志向に企業自体が変化できない。そこで，システム思考に基づいたトータル・マネジメントシステムを運用していくためには，2つのシステム設計思想・理念と3つの戦略を策定し，4つの業務改革（イノベーション）を考えなければならない[19]。

### （1）システム設計思想・理念（Philosophy）

　組織全体を対象とした広範に渡るマネジメントシステムでかつ，経営のトップから第一線の現場に至るまでの多階層を巻き込む場合，設計から実行，運用の至るところで，必ずどこかに齟齬や同期のとれない場合が生じる。

　多くの人が介在するシステムでは運用マニュアル通りにはいかないのが現実である。その運用の際の最終的な拠りどころになり，制約や秩序を与えるシステム思想の「理念」が必要である。これを明示しておかなければ必ずどこかに歪みが生じ，このシステムは破たんすることになる。

　そこで，ブランドマーケティングを実現していくうえで，守らねばならないシステム設計思想・理念を下記に示す。

① Ｐ１（Philosophy 1）：全ては生活者から発想する生活者起点

　すべての発想を生活者起点とすることである。短期的な思考に惑わされず，経営判断の拠りどころを常に生活者を中心に考えて，優先順位と重要度を判断していくことが，顧客満足を高めブランドの価値を高める唯一の成功の秘訣であると考える。

　つまりマーケティングの原点であり，ブランドづくり，コンセプト開発において最も重要であり，かつ最終的な評価者となる「生活者起点」をすべての起点におくことである。これが表明・表出できる具体的な行動としては，例えば，人事評価から製品開発評価まで全評価指標にある売上指標から顧客満足に変更する。あるいはCMO（Chief Marketing Officer）のような顧客中心思考のマーケティング業務全般を管理する経営トップが設けられるといった組織マネジメントシステムの変更が行われる。

　このような全社改革が行われなければ，これまでと同様，経営トップが口先だけで現実は変わらない，荒唐無稽な顧客満足主義となるであろう。つまり，経営トップの裁量次第であり，着実に変化させられるかがトップの技量である。なぜならば，この種のマネジメントシステムは，経営トップにしか設計できないシステムだからである。

② Ｐ２（Philosophy 2）：ブランディング志向のマーケティング

　次のマネジメントシステム設計思想・理念（Ｐ２）は，ブランド開発・育成に関する思想である。これまでマーケティングミックスの４Ｐの中でも中核となっている製品コンセプト開発概念ではなく，ブランドを開発し，育成する概念（ブランディング）施策をすべての活動の中心に附置することである。

　ブランド価値の形成先が顧客の心と脳の中に刻むことにあるブランディング志向は，一朝一夕に形成できるものではないために，常に短期的思考に陥ることなく制約として影響する経営活動になるのである。

## （２）ブランドマーケティングマネジメントシステム実現戦略

　これらの基本思想を受け，ブランドマネジメント実現に向けたシステム戦略

として3つの戦略（Strategy）を考えなければならない。

① S1（Strategy 1）：全社ブランド・ポートフォリオ戦略

　重点化投資のための判断指標となるのが全社ブランドポートフォリオマネジメントシステム（S1）である。第5章で提案したようなブランド価値指標によるスコアをY軸にとり，顧客における心と頭の中での占有度を取り入れる。一方，市場の成長率をX軸にとり，利益額や利益率を円の大きさで表し，どのブランドが投資の源となるのか，どの程度の投資額が可能になるのかなど，全社的な視点から経営的な判断が支援できるマップを作成する。経営者が戦略的な判断が行える意思決定システムを経営会議レベルの会議体に，導入することが，第一に着手しなければならないことである[20]。

② S2（Strategy 2）：ブランドマネジメントPDCAシステムの構築

　2つ目がマーケティングにおける最高意思決定機関の会議体にて，ブランド戦略の効果測定や進度状況を判断できる指標の活用である。本書第5章で提案するようなブランド価値指標によるスコアを活用し，ブランド監査システム（S3）を導入する。その結果が次の投資経営判断や予算立案会議に反映できるような循環型PDCAシステム（S2）を導入する。

③ S3（Strategy 3）：科学的マーケティング力強化戦略

　3つ目がブランド開発において市場へ参入すべきかどうかの感度分析や，新製品モデルによる売上予測（第6章で事例記述），大型投資となる宣伝量を，より効率的に投下させるために行うCMオンエア事前の評価システムなど，科学的なマーケティング力の強化システムを導入し，より効率的で，効果的なマーケティング施策を展開できる意思決定支援システムを導入しなければならない。


### （3）ブランドマネジメントシステム実行の為の4業務イノベーション（4 I）

　ブランドマネジメントシステムを実行する為には組織体制や意思決定システムの構築とともに，業務改革や意識変革を同時に行わなければ組織体質は変わらない。そこで以下に4つの業務改革を論述する。

① Ｉ１（Innovation 1）：ブランドの見える化 (ブランド設計書の構築)

　第1に着手しなければならないのが，ブランドの規定・設計書づくりである。つまり，社内外の誰にでもわかりやすくブランドを語ったもので，ブランドの見える化である。その規定・設計書については本書の第3章で論じている。

　このようにブランドを規定し，実現のためのロードマップを作成する。この路線に従いマスターブランドとサブブランドとの関係を明確にし，役割分割する。担当各員が共通認識の下，着実なマーケティング投資によりブランド育成 (ブランディング) を実現していく[21]。

② Ｉ２（Innovation 2）：ブランド開発，拡張提案プロセスの改革

　2つめが，ブランド開発プロセスの革新である。ブランドを開発するに当たり，まずは，ブランドコンセプトや製品コンセプトを作成する。事前に生活者ニーズや要求事項の抽出がどれだけ，今までより革新的であるかどうかである。そのコンセプト開発事例として，製品コンセプトを階層化するステップを導入した，シーズ先行型コンセプト事例を第6章で論述している。

　さらに，6章では平均的な消費者の行動観察をするのではなく，より潜在的な意識を自覚し，表出できるモニターサンプルとして抽出する手法や，グループインタビューなどで高いパフォーマンスを出せる，高感度の消費者モニター (エクストリームユーザという) を抽出する手法と活用法を提案している。これらの調査技術，クリエイティブ向上施策を展開することにより，より高い確率で，受容性の高いコンセプトを作成できるサブシステムが完成する。

③ Ｉ３（Innovation 3）：ブランド監査業務の導入

　これら開発されたブランドコンセプトが，市場現場にて一定の競争環境の中で，マーケティングミックスが展開されることによって，想定された通りの実績を消費者の心と脳に刻印できたのかどうか，顧客との絆づくりはどの程度形成できたのか，投資との関係に見合った反応を獲得できているかどうかなどを，監査する業務システム（Ｉ３）を経営レベルに導入しなければならない。なぜならば，ブランド価値は無形ではあるが経営資産である為，有形資産管理と同様に業務監査を導入すべきである。

④ Ｉ4（Innovation 4）：買い物行動研究による営業活動の革新

　営業活動は商品を売るのではなくブランドを演出するための買場を作る提案活動に変更されなければならない。その為には，買い物行動を起こすショッパー研究から得られるシステムを開発（第6章にて論述）し，ブランドと消費者が一番多く接触する店頭でブランドを主張させる売り場を作る。売り場づくりではなく買場づくりを可能にするショッパークラスター分析を行い，買場提案を支援できるシステムを提案する営業活動となる[22]。

　最後に，マーケティングマネジメントシステムの構築手順としては，全体的な統合システム構想をまず描くことである。次にブランド設計書などでブランドを見える化し，ブランド監査ができる指標を導入する。このことにより顧客へのブランドの浸透度が管理できる。その為，ブランドマネジメントの第1フェーズとしてブランド設計書とブランド価値測定システムの推進が望ましい。

　いずれにしても顧客の志向や生活スタイルの変化に適合できる企業のみが生き残れることを考えると，一刻も早く，このような顧客志向を起点としたマネジメントシステムを構築することが必要であろう。

　このようなブランドを実現するためのシステムマネジメントサイクルの全体概要を図5－6に示す。

## 4．3．ブランドマネジメントシステムの期待される効用とマーケティング活動

　ブランドが構築できると企業にとっての効用は，マーケティングプログラムが効率的かつ有用に効果を発揮する。ブランドロイヤルティが高い顧客が確立しているために，価格についても無用な値引きをする必要がない。流通マージンも顧客が必要以上に支払うことなくストアカバレッジを確保することが可能である。ブランド拡張の際にも最小限のマーケティング投資で済む。流通での取引でのテコになる。競争優位性が発揮できる。など多岐にわたって得ることができる[23]。

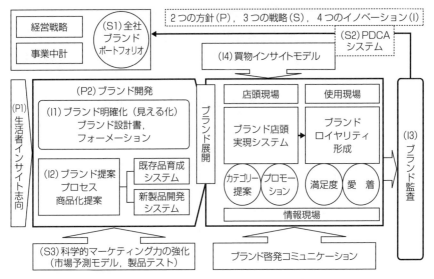

図5－6　ブランドマネジメントシステム運用全体フロー

## （1）マーケティング活動

　製品開発場面で重要なことは「市場競争に打ち勝つこと」ではなく「顧客の
ロイヤルティを獲得すること」である。競合との競争優位性の確立に過度に囚
われると，本来追求すべき顧客価値を見失いブランド価値の本質を踏み外して
しまう。多くの企業がこれまで売上の最大化を追求し，その企画者たちにとっ
て最も大切な創造性を喪失させかねない誤謬であった。企業活動の目標が売り
上げやシェアだけに傾注すると，営業活動の目的も店頭での山積確保，チラシ
掲載など価格交渉のみになり，マーケティングミックスが価格訴求に陥ってし
まう。結果として単品管理，単眼的マネジメント体制となってしまうのであ
る。

　このような顧客へのプロモーション目的が，一時的な興味，関心，刺激重視
の活動になるため，惹きつけられる顧客はトライアル型の浮遊層的志向の強い
顧客が大勢を占めるようになる。したがって，望むと望まざるとにかかわらず，
顧客の財布へ注力したマーケティング活動になってしまうのである。その結果，

企業活動は短期思考的な企業風土を作り出してしまう。本来のマーケティング活動の役割とは，提供するブランドが獲得する顧客満足の最大化を突き詰めることであり，活動の累積的結果としてブランドの絶対的競争優位性が確立されるのである[24]。

　つまり，そのマーケティング活動の原点は顧客視点で生活者行動を探ることであり，生活者の価値観の核心に触れようとする洞察の中から，新しい顧客価値創造に挑戦する。これを具体化し，市場に問わなければならない。

　さらに，マーケターのマーケティング活動視点をブランドに傾注することにより，最前線で歪みを起こしていた営業活動にも変化が表れる。具体的には，営業活動の目的，目標がロイヤル顧客を獲得するための売り場提案型に変化するからである。したがって，その売り場は，顧客にとって買いやすい「買場」となり，販売店にとっては効率のよい「売り場」となる。ブランドを提供するメーカーにするとブランディング活動の顧客との「出会いの場」での大切な自己表現の場作りとなり，3者にとってWin－Winの関係が成り立つ場面となるのである。

　このようにブランドを中核にした活動がスムーズに循環すると，ブランドを支援してくれる顧客も，ブランドとの絆を重視し，愛着を持つようになり，そのブランドへの期待値も高まり，継続的に永く愛用してくださるリピート型の使用・購買形態をとる顧客像となる。したがって，追求すべきマーケティング活動のターゲットは顧客の心と脳（記憶・経験価値）になるのである。その結果として，企業活動は中期的視点での思考パターンとなり，その活動目標や視点はロードマップ上に描かれるようになる。

　そして，その進捗状況の確認指標は，顧客の心と脳の中の，いわゆるマインドシェアであり，記憶再生力の度合いを測るようになるのである。これらの関係を，販売中心的な企業活動志向と顧客中心的なブランドを中核としたマーケティング活動とで比較してみると，下の図5－7のようにまとめられる。

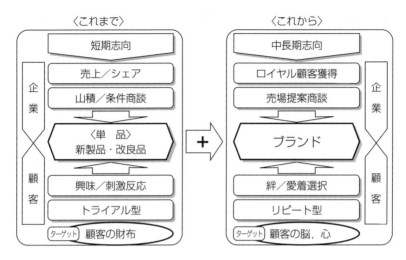

図5－7　売上志向とブランド志向マネジメントとの対比

## （2）コミュニケーション戦略

　ブランド価値の向上を追求していくためには，新しい顧客価値の提案と併せブランドコミュニケーションの質と方法の改善を，顧客視点から継続的に進めなければならない。ブランド価値向上のため，平均的な顧客層から平均的な支持を得るよりも，核となる支持者（ファン）作りが肝要である。各ブランドの「望ましい顧客層」からの認知や好意度についての具体的な目標を立てることが必要になってくる[25]。

## （3）重点的資源配分

　各施策の実行は，重点的な資源配分が伴わなければならない。分散した不十分な資源投下，逐次追認的な資源投下は，共に各施策の成功の最大のリスクであると捉えることが重要である。

　これらを判断するためには，各施策の効果測定が必要であり，予測システムが必要である。本書の6章で述べる「販売計画支援のための新製品予測モデルの構築」事例にあるように，予測された新製品の事業規模，想定される投資額，

利益率や額はビジネスラインに乗るかどうかなどを指標に，一定の判断基準を
設けて意思決定をするシステムを構築しなければならない。


【注】

1）石井（2009a）。
2）カッツェンバック（2001）。
3）嶋口（1994）。
4）シュミット（2000）。
5）アーカー（2000）。
6）コトラー，ジェイン＆マイアシンシー（2002）。
7）ノーマン（2004）。
8）コトラー，ジェイン＆マイアシンシー（2002）。
9）Kotler（2002）.
10）Kotler（2002）.
11）ノーマン（1990），307-359ページ。
12）恩蔵，亀井訳（2000）。
13）コトラー＆ケラー（2008）。
14）井上，陳，長谷川（2011），41-43ページ，55-69ページ，102-103ページ，132-139ページ。
15）古谷（1982）。
16）古谷（1982）。
17）大村（1992）。
18）HRインスティテュート（2007）。
19）今井，丸山，山岡（2012），1-10ページ。
20）アーカー（2005）。
21）ヒューズ（1982）。
22）石井（2004）。
23）アーカー＆ヨアヒムスターラー（2000）。
24）アーカー（1997）。
25）リンストローム（2005）。

## 【参考文献】

石井淳蔵『ビジネスインサイト』岩波新書，2009年 (a)。

石井淳蔵『ブランド　価値創造』岩波新書，2009年 (b)。

石井淳蔵『営業が変わる』岩波書店，2004年。

井上雅裕，陳新開，長谷川浩志『システム工学』オーム社，2011年，41-43ペー
　　ジ，102-103ページ，132-139ページ，55-69ペー
　　ジ。

今井秀之，丸山泰，山岡俊樹「ブランド価値評価指標開発とその活用」『日本感性工学会論
　　文誌』Vol.11 No.2，2012年，1-10ページ。

HRインスティテュート（著），野口吉昭編『マーケティング戦略策定シナリオ』かんき出版，
　　2007年。

大村朔平『企画・計画・設計のためのシステム思考入門』悠々社，1992年。

恩蔵直人，亀井昭宏訳『戦略的ブランド・マネジメント』東京エージェンシー，2000年。

片方善治『システム工学概論』オーム社，1969年，6-15ページ。

ジョン・R・カッツェンバック（著），黒田由貴子訳『コミットメント経営』ダイヤモンド
　　社，2001年。

G. D. ヒューズ著，嶋口光輝，和田充夫，池尾恭一訳『戦略的マーケティング』プレジデント
　　社，1982年。

嶋口光輝『顧客満足型マーケティングの構図』有斐閣，1994年。

デービッド・A・アーカー（著），阿久津聡訳『ブランド・ポートフォリオ戦略』ダイヤモ
　　ンド社，2005年。

デービッド・A・アーカー（著），陶山計介ほか訳『ブランド・エクイティ戦略』ダイヤモ
　　ンド社，2000年。

デービッド・A・アーカー（著），陶山計介ほか訳『ブランド優位の戦略』ダイヤモンド社，
　　1997年。

デービッド・A・アーカー，エーリッヒ・ヨアヒムスターラー（著），阿久津聡訳『ブラン
　　ド・リーダーシップ』ダイヤモンド社，2000年。

D. A. ノーマン『誰のためのデザイン？　認知科学者のデザイン原論』新曜社，1990年，307-
　　359ページ。

ドナルド・A・ノーマン，岡本明，安村道晃，伊賀聡一郎，上野昭子訳『エモーショナル・
　　デザイン』新曜社，2004年。

片方善治『システム工学概論』オーム社，1969年，5-15ページ。

バーンド・H・シュミット（著），嶋村和恵，広瀬盛一訳『経験価値マーケティング』ダイ
　　ヤモンド社，2000年。

フィリップ・コトラー，ケビン・レーン・ケラー（著），恩蔵直人監修，月谷真紀訳『コトラー＆ケラーのマーケティングマネジメント』ピアソン・エデュケーション，2008年。

フィリップ・コトラー，ディパック・ジェイン，スヴィート・マイアシンシー（著），恩蔵直人解説，有賀裕子訳『コトラー新・マーケティング原論』翔泳社，2002年。

藤本隆宏『日本のものつくり哲学』日本経済新聞社，2004年。

古谷龍一『システム設計』日本経済新聞社，1982年。

マーチン・リンストローム（著），岡本明，安村道晃，伊賀聡一郎，上野昭子訳『五感刺激のブランド戦略』ダイヤモンド社，2005年。

山岡俊樹『ヒューマンデザインテクノロジー入門—新しい論理的なデザイン，製品開発方法—』森北出版，2003年。

IEEE1220-2005, *IEEE Standard for Application and Management of the Systems Engineering Process*, Institute of Electrical and Electronics Engineers, 2005.

International Council on Systems Engineering, *Systems Engineering Handbook*, Ver.3.2, INCOSE-TP-2003-002-03.2, 2010.

ISO/IEC 15288, *Systems and software engineering? System life cycle processes*, International Organization for Standardization, 2008.

Pahl, G., Beitz, W., Feldhusen, J., and Grote, K.H., *Engineering Design-A Systematic Approach Third Edition*, Translated by Wallace, K. and Blessing, L., Springer-Verlag, 2007.

Philip Kotler, *Marketing Management Eleventh Edition*, Pearson Education International.（村田昭治監修，小坂恕，疋田聡，三村優美子訳『マーケティングマネジメント』プレジデント社，1996年）

# 第6章 ブランドマネジメントシステムにおけるサブシステム開発事例

## 1. 開発事例のマネジメントシステムとの関係

### 1. 1. はじめに

　この章で取り上げた開発事例を下図のブランド開発のプロセス（ブランド企画 → ブランドコンセプト設計 → マーケティング投資によるブランド化の実践 → ブランドの評価）に沿って図式化した（図6-1）。まず，ビッグデータを利活用し，様々な視点からのデータ・マーケティングを考察した。更に，差別性の高いコンセプト開発手法として，生活者の様々な行動観察からブランドコンセプトの企画やプロモーション開発などマーケティング的効用事例を挙げた。

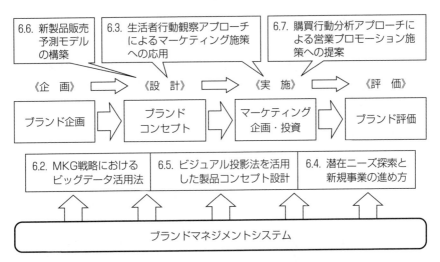

図6-1　ブランドマネジメントシステムと開発事例との関係

214

ブランドを企画し，次にブランドコンセプトを設計・デザイン化を行った後，そのブランドを上市するかどうかの判断を感度分析によって行うが，その場合の事業性を判断するのに必要なシステム要素として，新製品予測モデルの開発事例を挙げた。新製品やブランドを育成するためには，マーケティング４Ｐの中でも店頭で生活者が買いたくなる場，ブランドとの出会いの場面が非常に重要なプロモーション施策になってくる。そこで，購買者を簡易な質問項目により６つのクラスター分析ができるシステムを開発し，その各ショッパークラスターの購買特性や商品選択志向を参考にしながら，各小売業態の店頭におけるプロモーション施策を考察した。

## 2．マーケティング戦略におけるビッグデータの活用法

### 2．1．はじめに

あらゆる製品・サービスをコモディティ化させ，製品寿命が著しく短命になっていく中で，単に良い製品が売れるわけでもなく，まして見劣りするような製品とあれば即，市場からの退場が余儀なくされる厳しい時代の到来である。更に，この現象に追い討ちをかけているのがソーシャルメディアの普及である。平成23年の総務省「次世代ICT社会の実現がもたらす可能性に関する調査研究」によればソーシャルメディアの利用率は42.9％で，10代では71.7％，60代以上でも22.3％と年齢の高い層にも広がりを見せてきている。このソーシャルメディアの普及は，生活者の消費・購買行動にも大きな影響を与え，企業の商品開発を中心としたマーケティング戦略への舵取り変更を求めてきている。

このような不透明な時代であるからこそ，各企業は最先端技術を利用し，将来の製品開発のためのシーズ（タネ）開発を常に行い蓄積している。従って，先にシーズがあり，このシーズが保有している機能を十分に発揮させるマーケティング戦略やマーケティングミックスを開発する場合が散見される[1]。特に，ビッグデータを利活用した製品開発プロセスでは，アイデアの仮説検証型のコンセプト開発以外に，どんなニーズが探索・発見できるかどうか不明瞭な場合

が多く，これまで（マーケットイン，シーズアウト型）とは異なった製品開発プロセスが必要になると思われる[2]。

## 2. 2. ビッグデータ活用での基本的な考え方

まず，始めにビッグデータとは何かを，以下に定義しておこう。「ICT（情報通信技術）の進展により生成・収集・蓄積などが可能・容易になる多種多量のデータ（ビッグデータ）を活用することにより，異変の察知や近未来の予測などを通じ，利用者個々のニーズに即したサービスの提供，業務運営の効率化や新産業の創出などが可能となるようなデータベース，およびその周辺ソフトを一体化して指している。」[3]

その特徴や，これまでの多くの販売データや多様な個人データとの違いを整理しておこう。これまでと変わらない点としては，従来のデータ分析と同様，データから知見を引き出して事業上の優位性につなげることを狙いとして活用できる。これまでと違う点としては，以下の3点が挙げられる[4]。

① 量の違い。ネット上を1秒間に行き交うデータ量は，20年前のネット上の蓄積データの総量を上回る。企業にとっては，ネット上のデータに限らずさまざまなデータを数ペタバイト（1,000兆バイト）単位のデータ・セットとして扱う機会が生まれている。Yahoo月間総ページビュー数　約560億

② 鮮度（時間軸拡張）の違い。リアルタイムあるいはそれに近い情報があると，競合他社よりもはるかに俊敏に動くことができる。Yahoo秒間アクセス数最大5万件。

③ 多様性の違い。SNS上に投稿されたメッセージ，近況情報，画像，センサーからの取得データ，携帯電話からのGPS信号など，さまざまなものがある[5]。

## 2. 3. ビッグデータを活用した新しいマーケティング上での製品開発

従来の分析と同様，ビッグデータの利活用者にとっての意味合いは，データから知見を引き出して事業上の優位性につなげることが狙いである。そこで，

ビッグデータの利活用場面を製品開発前後の2フェーズに分けて議論を進めて
いくこととする。

## （1）製品開発前でのアイデア探索・コンセプト開発・仮説検証時の活用

　まず，製品開発研究者がアイデア探索・潜在ニーズの発見やベビー・コンセ
プトの検証などに活用すべき注目外部データは，ソーシャルメディア普及によ
って誕生した「つながる生活者」とのコミュニケーション・ネットワークの活
用であろう。そのための有効なアプローチがコミュニティ・リサーチである。
コミュニティ・リサーチとは，オンライン上のコミュニティにブランドや特定
のテーマに関心の高い参加者を集め，製品開発やコミュニケーションプランな
どのアイデア・ヒントを探る調査手法である[6]。コミュニティ・リサーチには
その形態によってMROC（エムロック：Marketing Research Online Communities）
とコミュニティ・パネルに大別される（図6−2）。

　MROCは，仮説発見を主目的とする小規模なリサーチ専用コミュニティで
あり，コミュニティ・パネルは仮説発見に加え仮説検証にも対応できる大規模
なものとなっている。その特徴を下記表にまとめている（表6−1）。

　表6−1にあるMROCにもブランドを公開してコミュニケーション調査す

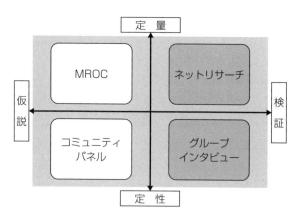

図6−2　コミュニティ・リサーチデータの位置づけ

表6－1　ソーシャル・コミュニティ・パネルの特徴

|  | MROC | コミュニティ・パネル |
|---|---|---|
| 事　項 | リサーチコミュニティ | |
| 方　式 | 招待制 | |
| 登　録 | 匿名（ニックネーム） | |
| 開　示 | 非公開 | 公　開 |
| 規　模 | 20〜200人 | 1,000〜50,000人 |
| 保有期間 | 2週間〜1年 | 1年〜常設 |
| リサーチ | 解釈的 | 解釈的＆検証的 |

るものと製品名を伏せて行う2種類がある。この2つは似て非なるもので，全く別物である[7]。前者は該当製品カテゴリーに興味・関心の強い潜在的顧客の集合体となり，後者はそのブランドの既コア顧客であり，ファンの集いとなっている。従って，従来型のターゲット分析をしたり製品の不満や競合比較をしたりしてコンセプトを探索するコミュニティは前者であり，継続的な対象者との対話と観察を通して，本人たちも気が付いていない潜在的な無意識のニーズを洞察することで企業と顧客による共創開発コンセプトを探索できるのが後者のコミュニティである。

　コミュニティ・リサーチは，対象者の日常生活を投影したコミュニティを長期間にわたって観察し，かつディスカッションやアンケートを通して得られる膨大なデータを分析することで，対象者の感情的・精神的価値の源泉を探る方法である。また，ソーシャルメディア上での生活者の行動履歴をコミュニティ内に再現することで「つながる生活者」の行動や考え方を読み解き，その予兆を推察するヒントにできる。一見無関係なアイデアの組み合わせや，その評価，修正などが可能となり，その繰り返しによって視覚化結果が創出される有用なプロセスが構築できると考えられる。

　筆者らが行った柔軟剤の香りに関するコミュニティの1ヶ月運用事例を紹介しよう[8]。運用期間中に日々の洗濯状況の会話の中から香りのインサイトに関する様々なディスカッションがなされた。母親が赤ちゃんを抱いたときに香り

から感じる幸福感，自宅の香りによるリラックス効果，小学生の子供が同じユ
ニフォームの山の中から自分の家の柔軟剤の香りを探し当てた瞬間など，改ま
っては聞けない心のヒダを多くの気付きのインサイトとして無意識のニーズを
洞察することに役立った。継続的な対象者との対話と観察を通して，対象者の
日常生活の中から本人すら気が付いていない欲求を読み解くことができる可能
性がある。あるいは担当者が持っている仮説にはない意外な『使い（方）（時）（場）
（訳）（手）』を探索することができる。このように生活側面の情報を持ち直接的
に開発アイデアにつなげることができれば，＋αの付加価値情報を収集するこ
とができ，生活者の満足度を向上させる商品サービスも可能とすることができ
る。

　また，慶応義塾大学 清水聰教授によると，上記のように各企業ではビッグ
データを考慮した循環型マーケティング・コミュニケーションが施行されてき
ていると論じている。これをモデル化したものが図6－3である。このモデル

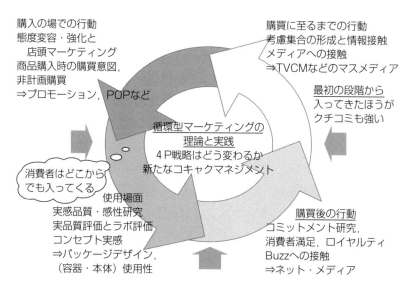

図6－3　ビックデータを考慮した循環型マーケティング・コミュニケーション
出所：清水（2010）。

の特長は，認知から始まって情報共有で終わる一方通行のモデルではなく，情報共有が次の情報探索に影響を与える循環を仮定している点である[9]。

　購買前，購買の場，購買後に消費者はさまざまなメディアに触れる。マスメディアは購買前，プロモーションは購買の場，SNSは購買後に接触され，そのメディア機能・効果を顕在化させる。商品として魅力があり，話題が豊富ならば情報は共有されやすく，その情報を見た潜在顧客が購買し，また情報を共有する，という循環が連続して生じていく。企業がそれに応じて商品改良を行えば循環の輪が何回も回るようになる。情報を循環させることがこれからのキーワードになることは間違いないものと思われる。

　また，各企業には，これまでの過去に蓄積された豊富な内部実験データがある。現在抱えている開発アイデアやコンセプトを，課題解決するための技術シーズ探索・開発時の活用が考えられる。そのためには，過去の失敗・副産物・意外な結果などを参照することができ，探索アイデアとのマッチングができるシステム構築が必要である。これまでの埋没した実験データを現在の顧客ニーズや不満をソリューションできるアイデアとして結び付け，レコメンデーションするようなAI的データベースとして活用するのである。このシステムを誰もが活用できれば，失敗確率の減少，重複実験の削減，現在の保有技術とのシナジー効果を活かし，新しいビジネスチャンスが発見できるかもしれない。

　更に内部データには，これまで多くの研究者が，多種多様な業務に携わり，多くの業績を残している。過去の実験データ，シーズデータ，人脈リストは，現在の自社にとっての宝物なのである。過去の業績は，その手間とこれまで培ってきたノウハウや人脈データベースであり，今後の業務の効率向上とアイデア探索の一助になると考えられる。


## （2）ビッグデータを活用したその他事例[10]

＜日産自動車㈱＞

○自家用車の救急車化：運転中の身体データのモニタリングを行い，急変した
　運転者を自動運転で病院まで搬送するサービス。

○車のプローブデータの流通：走行量に応じた自動車保険，中古車販売（走行・運転状況の情報開示），交通標識・道路設備を改善（走行状況から判断）するサービス。

○消費者の行動データから，車情報のみではなく，他種の生活側面の情報を持つ企業とコラボを行うことで，＋αの付加価値情報の提供により，生活者の満足度を向上させるサービス。

＜㈱ドコモ・インサイトマーケティング＞

○モバイル空間統計：携帯電話がアクセスする基地局データを基に，24時間365日・エリア別に推計。6,000万契約のデータから居住地や属性も把握できる。人の行動状況（動き）から，防災計画，交通計画，まちづくり，観光振興，店舗支援（エリアマーケティングでの活用：出店計画，品揃え計画，広告・販促検証）での活用。

○阪急阪神グループ，NTTグループ，博報堂で，ネット・リアル融合のビッグデータ解析による新たなマーケティングとして，購買促進，電鉄沿線エリアへの送客効果と有効性を評価。阪急阪神グループの店舗・施設にモバイル会員登録後，お客様の好みに合った情報を，その時，その場にお届けするサービスを実施。クーポン配信へのアクセスからネット統計情報の活用により，購買データのみでは把握しきれなかった潜在的なターゲット層へのアプローチが可能になった。ビッグデータを分析・活用することで，売上UP＆ロイヤル化が得られる。

○ドコモ・ヘルスケア　「わたしムーヴ」プラットフォーム事業

　オムロンとの提携による測定機器からデータを蓄積，分析，予測し，お客様には，生涯に渡り健康を軸としたライフスタイルを提案。企業には，からだデータを活用したビジネス機会を提供。

＜ヤフー㈱＞

○ビッグデータを使った爆速マーケティング

　Yahoo JAPANの環境を活用し，「データの収集，統合」「柔軟・詳細なセグメンテーション」を行い，品質・鮮度をキーポイントにターゲットに最適なコ

ミュニケーションを提案。

○圧倒的な鮮度＝人間の最短反応速度「0.2秒」を目指す。

○活用例：店舗入店⇒購入履歴⇒その場で，クーポンを発行

　顧客の声：データの使われ方について，自分にとって利益があればOK（という声もある）。

＜アプライド・プレディクティブ・テクノロジーズ（APT）＞

○テスト販売後の分析：パターン認識でノイズを取り除くことで，似ている店舗を絞り込むことができるため，利益をもたらす，販売店舗を見出すことができる（APT独自手法）。携帯電話の利用者のGPSによる行動状況データを活用した販促提案は無駄がなく，ターゲットに合致する商品を提供することができると考える。通販利用者への情報提供は，お客様の購入履歴（Amazonの通販サイトは，購買履歴から興味関心のありそうな商品情報を提供してくる）や属性などから，価値観に合う生活情報・商品情報を提供することで，生活者の購入意欲を促進させ，売上向上を支援できると考える。

　この様にバナー広告へのアクセス属性などの分析を進めることで，商品のターゲット層を明確にすることができるのではと思われる。携帯電話のバーコード（QRコード）を利用し，商品パッケージなどのQRコードから「商品情報・商品の使い方，Q&Aなど」を提供する。生活者がどのような情報にアクセスしたのかを分析することで，商品やパッケージの改良に繋げられるのではないかと考えられる。

### （3）開発品発売後のマーケティング仮説検証時の活用

　新製品発売後のお客様の購買履歴・閲覧した関連・関心商品情報を分析すると，その購買者属性などから価値観に合う生活情報・商品情報が確認できる。

　現代のソーシャルメディアの伝播力を活用すると，生活者の心理要素（生活者の現状，理想的な生活状況）が推定できるような関連データを収集することができる。また，マーケティング・コミュニケーション設計関連として消費行動要素（使用シーン，使用エリアなどが推定できる購買履歴）のデータを収集・検証する。

そこで，この時点でのバナー広告へのアクセス属性などの分析を進めると商品ターゲット層への浸透状況を確認することができる。その情報を参照しながら，次の商品パッケージなど「商品情報・商品の使い方，Q&Aなど」へ反映させることができるのである。

この他，想定される顧客ターゲットの関連商品購買履歴，競合ベンチマーク商品などの周辺商品併売状況などのデータを収集し，競合からのブランドスイッチを促進する施策へと反映することも可能である。このように，データの収集，統合，柔軟・詳細なセグメンテーションを行うことにより品質・鮮度をキーポイントに，コア・ターゲットに圧倒的な鮮度で最適なコミュニケーション施策の立案にビッグデータを活用した爆速マーケティング・アクションが，差別化競争戦略のツールとして活用できそうである。

## 2．4．今後の更なる活用に向けて

今後は製品開発テーマの広がりと周辺要求事項がどのように関連しているか，その対象となるユーザや消費者の要求事項と対象範囲をどのように拡大するかなど，初期段階での製品コンセプトはいくつかの階層を成すことが想像できる。つまり，①開発シーズが独自機能として保有し差別性・新規性のある要素を包含した製品（プロダクト）コンセプトと，②そのコンセプトを使用シーンや場所・空間という生活場面に焦点を当てたカテゴリー・コンセプトに層別できるであろう。さらに，なぜその商品が必要とされ使用されなければならないかという必然性を追究し収束させていくと，③どのような作用や効用で生活者の不満や潜在的ニーズを満たせば良いかがソリューション・コンセプトとして見えてくる。そして，④これらを一つに集約・統合したコンセプトの方向性が，プロポジション・コンセプトとしてのコンセプト階層構造が見えてくるのではないだろうか。このように，ビッグデータの活用場面を分けることで，今後の製品開発コンセプトの新しいコンセプト構造化ツールとして活用でき，そのコンセプトに適合する研究開発技術の方向性を示唆するツールとして研究していけるのではないかと考えている。

## 3．生活者行動観察アプローチによるマーケティング施策への応用

### 3．1．はじめに

　これまでマーケティングリサーチの中では，ライフスタイル論やライフステージ論，最近では世代論まで多くの生活者分析アプローチが発表されている[11]。人口減少や高齢化が進む中，世帯数がいまだ増え続ける一方で親子世帯が標準ではなくなっている現在，ほんとうに生活者の顔が見えなくなってきているのではないだろうか。そこで，今回筆者は，実際の生活者の行動観察からその行動の裏にある心理を探索することを目的に家事行動（洗濯，掃除），歯磨き行動や衛生（清潔意識）行動を観察することにした。

　これまで，企業で生活者行動の観察調査を行っていなかったわけではないが，以前のようなビデオ撮影による観察調査手法では，局所的且つ非日常的な調査視点しか得られなかった。何故ならば，掃除も歯磨きも家の中を動き回る為に，固定した撮影方法が不可能であり，どうしても人的撮影が必要であった。そのため家の中に他人が入り撮影する為，普段どおりの行動の再現性に限界があり，実験協力者が非日常を演じてしまう（家の中が汚いことは恥ずかしい「手抜き」は主婦の恥などの意識が自然に働く），あるいは実験協力者自身がバイアス（目立ちたがり屋・ナルシスト的）のある人しか集まらないなど，普段の行為を再現するには非常にハードルの高い観察領域であった[12]。

　したがって，今回の家庭内行動領域を観察し，要求事項が発見できればマーケティングミックスのサブシステム開発，システム要素としての製品コンセプト開発及びプロモーションコンセプトの開発，業務系システムのプロセス開発に適用できるのではないかと考えた。

## 3. 2. 本章における観察手法と調査方法[13]

### （1）調査目的

　下記の4つの目的に対し，それぞれの行動を新しい観察手法を試みる。①歯磨き行動観察を通じてオーラルケア行動への潜在意識を探り，今後のマーケティング施策へ反映する。②お掃除行動観察を通じ，そこに潜む潜在意識を浮き彫りにし，汚れや洗剤に関する不満や不満足を明らかにする。③お洗濯の実態行動を観察し，今後の商品開発のヒントにする。④衛生・清潔行動観察を通じ，今後の生活空間関連商品カテゴリーを探索する。

### （2）調査方法

　マーケティング企画等のデザインや設計に，これまで以上に生活者意識構造調査の効用を上げるためには，これまでと同様の行動観察手法でなく新しい手法の取り込みが求められてきている。調査フィールドと潜在的な意識構造を解釈することに適しているとするエスノグラフィという調査手法を取り入れる（フェッターマンがエスノグラフィを定義しているが，簡単に言えば「ある集団を観察するフィールドワーク」と「解釈」の2つの機能に分けられるものと咀嚼できる）[14]。

　本調査研究でのエスノグラフィは「エクストリーム・ユーザ（平均的な生活者ではなく，普段の不満や意識を浮き彫りにするために，正規分布を仮定した場合の「端」に当たる行為と意識を有する人）という潜在意識を顕在化した実験協力者を対象とする。またその行動観察は家族にビデオ撮影を依頼し，日常行動の再現性を最優先し観察者は直接行動観察をしない。ビデオ撮影後，撮影者の家族とともに，観察者がインタビューを行い，行動の背景心理情報を収集する」。その後，行動解釈としての論議を他職種の担当者で議論する。これら一連の調査手法をビデオ・エスノグラフィ・リサーチとして実施した。

　従って，まずは行動観察の為のビデオ撮影を記録する。この場合，行動の前後も撮影し約一人8時間。対象者の家族が対象行動を撮影する。普段の行動の再現性を高める工夫をする。調査員は同行しない。

**（3）調査ステップ**

① 調査テーマでの常識行動を定義しエクストリーム・ユーザを定義・抽出した。

（a）歯磨の行動観察の実験協力者については，歯磨き実態調査結果の平均に準拠しながら下記のように分散させながら決定した（N=10）。1日の歯磨回数＝1回〜3回を実態調査分布に準拠し実験協力者を抽出する。実験協力者の都合により10代と60代は1名，20代〜50代は各2名ずつを抽出する。行動観察は家族によるビデオ撮影，記録を依頼する。

（b）家事行動の実験協力者については，清潔・衛生意識の高い主婦を抽出（N=10）。また，草食系男子として2名を抽出。1日8時間の行動観察取材を行った。

② 下記のような手法（図6−4）で実調査を行った。

実調査1：対象者の行動観察またはビデオ撮影

実調査2：インタビューまたは意識アンケート

実調査3：映像を見て対象者自身及び撮影家族アンケート

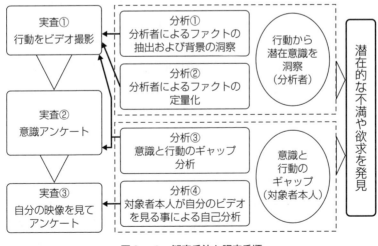

図6−4　観察手法と調査手順

## （4）調査分析プロセス

　①ファクト分析（分析者，本人の気付きアンケート ⇒ ②潜在的な不満や欲求の発見）⇒ ③ハイブリッド型のタスクチームによる「潜在意識（インサイト）の構造化」を行う。この間メンバーに求められる能力はデータを読む「読解力」と行動の陰に潜む心を読み切れる「読心術」が必要になる。初めからマーケティング戦略やマーケティング・ミックス施策への適用を考えれば，タスクチームのメンバーには研究開発・商品企画・マーケティング・スタッフ・宣伝・調査部などプロジェクトチームを組織し取り組みを行う。

　各々のチームメンバーは分析の為のビデオ分析プロセスから参画し，生活者の行動心理の構造化プロセス解明を行う。「行動の奥」に潜む心理の解明は映画のシナリオを解きほぐしていくようなもので（「シナリオ解明」と呼ぶ），このことにより各メンバー間に共通体験が創出され，有機的なコラボレーションができる。④コンセプト開発についても行動観察から得られた知見を，より有効に活用するためには新しいプロセスを導入すべきであると考えられる。これまでのようにおぼろげに見えてきた消費者欲求からダイレクトに製品コンセプトを開発するのではなく，その前段階の「プロポジション（コンセプトをより抽象化した，いわば偶像化した概念）」を「行動心理の構造化」された構図から不満因子や解決すべき欲求，満たすべき欲望へと結び付ける「キーワード」「キラーワード」「キービジュアル」など創造的作業を行う。創出されたキーワードなどは，新ブランドであればブランドの骨格に直結することになる。この概念は⑤コンセプト受容性定量調査・コミュニケーション戦略立案などマーケティング・ミックス施策検討に入る。

## （5）調査分析方法

　調査分析方法は以下の２つの方法により，６つの行動観察視点から行動事実の整理を行い，当該行為（歯磨き，洗濯など）の前後をアクションビューとして行動全体を分析対象とする。その行為に至った背景となる物理的・心理的要因を分析する。

① 分析機軸アプローチビュー 6 視点（例：身体的視点，時間的視点〜五感的視点）×アクションビュー（行為の前後及び最中から分析を行う）その後，潜在意識下にある欲求や不満を解消するためのコンセプト開発を次のような手順で行う。

② コンセプト・メイキング・アプローチ

多種多様な職種の企画開発メンバーの共通概念化を早期に行う為に，コンセプト開発ステップに未完成でもよい，柔らかい段階のコンセプト開発段階（ベビー・コンセプト，プロポジション・コンセプト）を入れる。

（a）潜在意識下にある欲求や不満をインサイト・キーワードとして創出する。

（b）ベビー・コンセプトとして企画開発メンバーがイメージできる漠然としたアイデアレベルのコンセプトを開発する。

（c）出てきたベビー・コンセプトなどを達成した場面，心理状態など抽象化した統合概念化（プロポジション・コンセプトと名付ける）を行い，企画開発メンバーが具体的な日常生活を創造できるまで練り上げる。例えば，iPodを聞きながらリズミカルにサッと掃除を済ませ，家族との絆づくりの時間を確保できる日常生活の為の掃除用具の開発をイメージする。

（d）そこから実際に技術的，品質的に実現可能で独自性を担保したプロダクトコンセプト及びコミュニケーションコンセプトの開発を行う。

## 3．3．調査結果

### （1）超丁寧歯磨き行為者結果

＜ファクト分析＞下記（図 6−5）のような対象者プロフィールの実験協力者を行動観察した。

① 1 日 3 回の歯磨き行動で，1 回に費やす時間 6 分〜9 分（日本人平均 1 分 30 秒以内）以上であった。毎日欠かさず歯磨きを行っている。

② 豊富な歯磨き材を使用（歯ブラシ，フロス，ピック，洗口液）する。

③ 磨き過ぎによる歯肉の後退，沢山の磨き残し（本人の自覚なし）があった。

④ 丁寧なつもりの歯磨き意識と実際の行為とのギャップが生じていた。

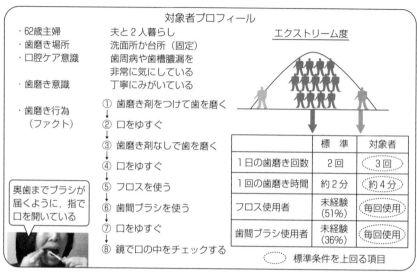

図6－5　超丁寧歯磨行動観察事例

⑤　潜在心理＜インサイト＞として，入れ歯になりたくない，だから丁寧に磨くという行為をしていた。

⑥　丁寧に磨くということは歯磨きの回数・道具の多さ・力強く磨く行為であり，この「強さの量」こそが，汚れを落とす実感である。その行為や実感が虫歯や歯周病などにならない行為と考えているようであった。

## （2）キレイ好き（自称）主婦の掃除行動結果

＜ファクト分析＞

①　気になるところ・見えるところはキチンと掃除・洗濯していた。

②　どこからか埃が生まれてくる，なんだか臭う。

③　潜在心理として他人にキレイ好きと言われるぐらい，きれいに掃除をしているつもりであった。いつの間にか汚れが発生し，心地よくないニオイまでするのは誰のせいかよくわからない。不安であった。見栄やプライドによる汚れ発見意識や行為を回避したいと考えている。

④　掃除をしていない場所があるのを認めたくない認識と実際の行為とのギャップに気付いていなかった。

## （3）洗濯行動結果
＜ファクト分析＞

①　何気なく多めに洗濯物を洗濯機に詰め込み，手で上から押し込む。いつの間にかシミが，ニオイがとれない。

②　衣料の繊維素材の変化（ウールや綿100％ばかりでなく複合化）や洗濯機の技術進歩に対応した洗濯方法がわからない。

③　繊維に対応した，あるいは被洗物に応じた洗剤選びなど，正しい家事技術を知らない，教えてもらったことがない。

④　潜在心理として小さな不満・失敗の積み重ねギャップを感じていた。

## （4）草食系男子の超清潔生活行動結果
＜ファクト分析＞

①　部屋の中は常に綺麗にしていた。

②　食事の内容（栄養・無農薬）に気を配っている。

③　カラダ・顔は常に綺麗にお手入れを欠かさず行う。

④　潜在心理として，自分は元々キレイで無垢な存在でいたい。

⑤　汚れた部屋，部屋のこもった匂い，農薬の付いた食材，ニキビ菌の肌を嫌う。

⑥　これらに触れると自分の身体・肉体ばかりではなく精神面も「穢れる」という意識が顕在化している。

## 3. 4. 考　察
### （1）本書における行動観察手法について

　4パターンの行動観察から，これまでの観察手法より普段の行動観察への再現性は向上したと思われる。例えば，歯磨行動観察を対象にした実験協力者の

中から入浴中での歯磨行動シーンが2件ビデオで収集できたり，朝の寝起きのヘアスタイルのまま台所で歯を磨く18歳の少女が撮影できたりなど，普段の行動にほぼ近い行動が記録されていたのではないかと考えている。

　また，実験協力者自ら自分の行動を見ることにより，自分の行動に偏りがあったり思ったほど実際の行動時間が少なかったりと，想像以上に驚きと発見がなされ潜在的心理的プロセスを自らの発見や気づきが収集できた[15]。

　更に，この調査手法の意外な副産物として，撮影協力者である家族が，自分の行動との大きな違いに驚き，素直に，その実験協力者の行為に疑問を投げかけ，その背景にあるもの，つまり潜在意識を聞きだしてくれる等，良いモデレーターの役割を果たすことは，大いなる発見であった。

　また，今回は実験協力者にエクストリーム・ユーザという概念を入れ，より潜在的な意識を増幅してくれる実験協力者としてインサイトを検出し易いのではないかと考え対象とした。その結果は，歯磨行動に対する不安感やその行為への潜在的期待感が如実に浮き彫りにされ，平均的な使用者を実験協力者に選択するより効率的であり且つ，モデレーターの技量により左右されること無く，より客観的に再現され，行動観察手法には有用な手段であり，サブシステムにおけるシステム構成手段・要素として有用であると考える。

## （2）行動観察調査結果からの考察

　今回の主要目的である，それぞれのマーケティング施策提案に結びつく仮案として筆者の経験（2005年～2008年まで商品開発事業部長）からも，下記のような施策展開へ活用できるのではないかと考えられる。

① 超丁寧歯磨き行為者からは，『丁寧磨き』を，これまでの各メーカーの最適歯磨行為啓発から，非常に歯磨き意識の高い実験協力者を対象者として選出した。しかし，図6－6に見られるように歯磨意識の低いと思われる実験協力者と歯を磨く部位に全く差が無く，磨き部位にムラが生じていた。

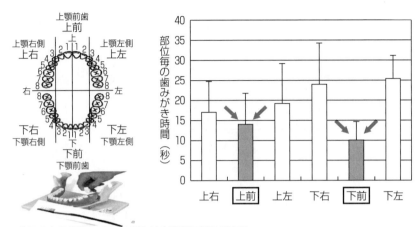

・お口の中の部位によって歯みがき時間に偏りがある
・前歯（特に下の前歯）をみがく時間が短い

＜2010年ライオン㈱歯磨行動実態調査，N＝8名＞

図6－6　歯の部位ごとの歯磨き時間

②　自称キレイ好き主婦のお掃除行動からは，これまでのN＝4,000名を対象に生活実態調査した結果によれば，掃除に対する意識や態度は下記のような8クラスターに分類（クラスター1：キレイなお家は主婦の誇り派，2：掃除はクセみたいなものです派，3：洗剤や道具には頼りません派，4：何か優れものはないかしら派，5：ちゃちゃっと掃除は済ませたい派，6：面倒だから洗剤頼みです派，7：掃除なんて，大嫌い派，8：掃除は適当にやっておけば良い派）でき，実験協力者はクラスター1に属している（図6－7）。

この実験協力者は，掃除行動には前向きな態度が調査では見られるはずであった。しかし，その潜在意識構造として，掃除行動というのは，その行為の成果物に対し，家族には褒められることも無く，洗ってもすぐに汚され，やった達成感も無い，非常に不満度の高い，不快な行動として捉えられていた。その不快な掃除行動を道具や洗剤等の剤により，より効果的に且つ，効率的に行うことによりマイナスの気持ちをゼロベースまで持ち上げ，ニュートラルな気持ちにまで解消していた。そして，その行為を毎日，毎回実行しなければならな

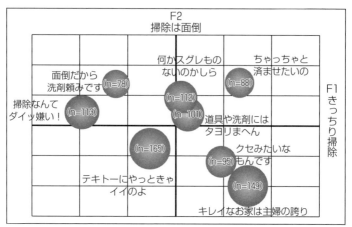

そうじに対する意識と行動で，お客様を8タイプに分けることができる。
タイプごとに，求める商品や共感するキャッチフレーズも違う。

図6－7　掃除実態調査（2008年ライオン㈱）

い主婦は，なんとかして自分の気持ちを，プラスの方向にまで動機付けしていることが見出された。その時のキーワードが「ウキウキ・イキイキ・ドキドキ」とした気持ちを抱ける，「気持ちを上げる」という行為であり，もう一つが「まったり・ゆったり・なにもしない」といった「気持ちを弛める」という時間帯の創出であった（図6－8）。

　従って，この行動調査のマーケティング戦略転換へは，具体的に「やった結果が見える」，「手ごたえを感じられる」といった遣り甲斐を示すことができれば「暮らしの達成感」を上手に表現することに繋がり，「気持ちを上げられる」ことへの共感性が高められることを示唆していると思われる。また，「五感で感じられる効果」や「快適感」が感じられる「暮らしのヒフ感覚」に訴えられる製品コンセプト作りができれば，これまでとは違う「気持ちを弛められる」効果が期待できる製品開発サブシステム構成要素に活用できる。

　また，このような「あっ！　そうそう」「そうなのよ」「そうだったんだ」という気付きや共感度を高めるためのインサイトワードの発見により，サブシステムとしてのプロモーションミックス構成要素として，より共感性の高いコミ

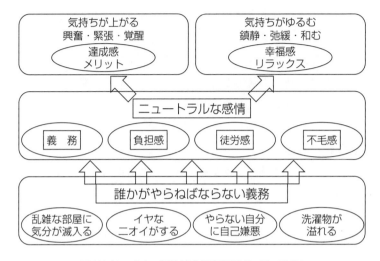

<2009年ライオン㈱快適生活実態調査，N=10名>

**図6-8　暮らしの心地よさ構造**

ュニケーション・キラーワード，CMやパッケージ等への展開が可能である。

③　洗濯行動の調査結果からは，何気なく洗濯物を上から押し付ける行為や被洗物の分別不足など，洗濯機や掃除機などの「技術進歩」やウォッシャブル・スーツの出現やヒートテック素材の肌着や洋服などの「時代変化」に対応し切れていない行動から，よく原因が分からないがための欲求不満やストレスの意識行動が散見された。したがって，洗剤や掃除道具を上手に使いこなせる「洗濯技術力＝家事力」アップへの支援情報提供は，コミュニケーションシステムの構成要素として，その企業への信頼や安心感の醸成，ひいてはコーポレート・ブランド価値向上というブランドマネジメントシステムの大きな目標達成に貢献できるのではないかと思われる。

④　草食系男子の超清潔生活からは，生活者の新しい若者達の快適性への価値観・兆しへのインサイトが発見でき，製品開発システムプロセスの中でサブシステムのプロセス開発構成要素として，長期的ビジョンの研究開発技術ネタ素材への活用が考えられる。もちろん，このコンセプト自体が初期

のブランドコンセプト素材として活用できるのではないかと思われる。

　以上のことから，これまでとは異なった視点からのアプローチが可能になることは，マーケティングミックスにおける新しいサブシステムへの展開やサブシステム内の構成要素への適用など，ブランドコンセプト開発システムに大いに役立つのではないかと考えられる。

### 3. 5. 残された課題

　今回のビデオエスノ手法によるマーケティング施策への活用は，まだ開発段階の途中であり，今後は開発されたこのコンセプトやキラーワードを適用した商品や宣伝の効果を客観的に測定する必要がある[16]。また，エクストリーム・ユーザの定義や常識行動の定義自体が曖昧なものになると，開発への説得力も発見アウトプットも陳腐なものになるため，調査に入る準備・検討期間を十分にとる必要がある。つまりサブシステムの構成要素として成り立つには，調査品質を確保する手法を制約条件としていかなければならない。

## 4. 潜在ニーズ探索と新規事業化への進め方

### 4. 1. はじめに

　人口減少や高齢化が進む中，2015年までは世帯数が増え続けると予測されている（人口問題研究所）。一方でその世帯構造は，単身世帯＋2世帯が全世帯の約6割を占め，親子世帯が標準ではなくなっている現在，ライフスタイルが大きく変化していると容易に想像できる。また，最近ではパンデミック（病気の世界的流行）や食の安全など，日常生活の中での衛生意識が大きく変化しており，意識・行動の実態は捉えられていない。

　そこで実際の生活者の行動観察から，その行動の裏にある深層心理（インサイト）を探索目的に，お洗濯，お掃除や衛生（清潔意識）行動を観察することにした。行為目的の心理を把握するためには，前後の行動導線も把握する必要があることから一人約8時間，実験協力者と行動を伴にし，普段の行動の再現性

を高める工夫をした。実験協力者を選ぶにあたっては平均的な生活者ではなく，不満や意識を行動として顕在化させるエクストリーム・ユーザと筆者が名づけている生活者を対象とした。彼らは行動頻度を正規分布すると仮定した場合の「端」に当たる人物像となる。

　ユーザの要求事項の抽出から構造化コンセプトを構築するに当たって，初期段階から情緒的価値構造（メンタルモデル）を構築し，今まで以上の驚きと共感性の高い製品開発及びプロモーションコンセプトの開発を目指した[17]。今回の要求事項が発見できればマーケティングミックスのサブシステム開発，システム要素としての製品コンセプト開発及びプロモーションコンセプトの開発，業務系システムのプロセス開発に適用できるのではないかと考えた。

## 4. 2. 新規事業・製品コンセプト開発方法に関する先行研究

　新製品開発におけるコンセプトやアイデアの重要性，そしてその開発プロセスのマネジメントの重要性はこれまで多くの研究，テキストによって指摘されてきた。例えば，ヴァンデルメルエ[18]はクーパー[19]，ローゼンベルク[20]の研究を引用し，最終的に市場に投入される製品の革新性は，まさに最初のアイデアに依存すると指摘している。そしてクーパー＆クレインシュミットらの研究では，アイデアがあって初めてスクリーニング，開発，評価段階からなる一連の新製品開発プロセスが成立すると指摘している。ここでいうアイデアとは本書でいうコンセプトに相当している。これらの研究にあるように意外と新製品開発に関する研究の中でも，アイデアとコンセプトの区別は必ずしも明確ではない[21]。

　フィリップ・コトラーは，製品アイデアを"その企業が市場に提供しえる製品"（A product idea is a possible product the company might offer to the market.）とし，製品コンセプトを"消費者自身にとって意味ある言葉によって表現された，より洗練された製品アイデアの型"（A product concept is an elaborated version of the idea expressed in meaningful consumer terms.）と定義している[22]。アーバン＆ハウザーはプロトタイプの前段階を表す言葉として基本的に「アイデア」

を用い，「コンセプト」はほとんど用いていない[23]。一方，クラフォードは主に「コンセプト」のみを用いている[24]。

　そこで本書では，実務的にも曖昧に取り扱われている，この2つの概念を，次のように定義しておく。新製品開発の前段階を表す言葉として「アイデア」を用い，「コンセプト」は新製品を開発する意思決定システムのプロセス段階に入ったものを指すこととする。実務家たちが連想する定義と同様に，一般的にも取り扱いやすいと考えられる[25]。

## 4．3．市場差別化機軸の再考

　市場差別化機軸は大きく4－5つぐらいに整理されるが，その中からより潜在意識に近い形でアプローチし，少し切り口を変えた事例を紹介する。

（1）「人」での差別化軸・・・年齢・性別による人口減少，少子化，高齢化という当たり前なアプローチから脱却した差別化視点は無いのだろうか。人口減少化の一方で，両親の長寿化により子供としての役割を持つ人口の増加は明確である。この視点から子供の役割を担う人数として再定義すると，その人口は「総子化（未成人18％子供＋成人50％子供＝87百万人68％）」として捉えられる。親が子を思い，子が親を思う情緒的市場は拡大する一方で，それをIoTやネットワーク技術により地理的，物理的，時間的障害を取り除いた市場は創造できないのであろうか。

（2）「場面」での差別化軸・・・これまでの洗濯洗剤の機能評価の場面は，洗濯機から取り出す場面（白さ，汚れ落ち確認）であった。近年では，洗濯物を干す場面が，天日干しから部屋干へ移行（香り，柔らかさ，仕上がり感重視）することにより，求められる洗剤への機能ニーズが白さから無臭，芳香という仕上がり感（知覚品質や情緒的品質）へと変化している。その生活者の洗濯行動における潜在意識は，お洗濯という誰かがやらねばならない労働への義務感や洗濯してきれいになってもすぐに汚れてしまう不毛感からの脱皮であり，誰からも承認・褒賞されない家事労働の達成感や満足感への貢献手段へ意識転換されたものと捉えられる。

（3）「時間」での差別化軸・・・睡眠時間の減少，朝型から夜型へ生活時間が変化してきている。同様に，家事労働時間も夜へ移行（家事労働の夕方従事時間比率は平均24％，単身52％）してきている。夜，洗濯しても音が静かで振動の少ない洗濯機の出現。朝の歯磨きでの最重要ニーズである爽快感が，昼歯磨きでは，香味機能（爽やかさ）に加え，容器形状のカワイさ・コンパクトさや収納のしやすさなどが重要な価値として見られるようになってきている。

（4）「物（剤）」での差別化軸・・・男性用のヘアスタイル剤は古くはポマード（固形）からヘアトニック（液）⇒ヘアムース（泡）⇒ヘアワックス（ジェル）へと変化し，その剤型ごとにニーズが変化している。大きくは，ヘアスタイルの整形のしやすさやヘアスタイル維持時間といった基本的機能から，使用時の知覚品質（べたつく，速乾）やリ・メイクのしやすさやナチュラル感といった利便性へと利用者のおしゃれ感覚や意識の変化に対応して技術も機能も進化している。

　　最近では，洗濯洗剤が顕著で，長年日本では洗濯洗剤といえば粉で大形（4.1kg）の箱型が大勢を占めていた。その容器形状が米国の様に，液体が主流になってきたのが10年前（粉と液体の構成比がほぼ半分）。その後，一気に液体比率が8割を超え，同時に組成技術も革新し，その重量が以前の約十分の一の超濃縮となり，約0.4kgの液体容器が当たり前の時代となっている。もう，家庭の主婦が自転車のかごに大きな洗剤とトイレットペーパーを乗せてふらつく買物行動は見られなくなっている。

（5）「空間」での差別化軸・・・芳香消臭剤・空間 ⇒ 消臭，布用 ⇒ 除菌 ⇒ 空気を洗う，菌を洗うという空間洗浄市場は拡張してきている。安全・安心意識の高まりは，これまでの快適・自己実現という上位の概念欲求だけではなく，同時に基本的欲求を満足させたいハイブリッド欲求が顕在化してきているのではないだろうか。このまま進化すれば，「地球を洗う」コンセプトとして，温暖化現象の一つである都市部のヒートアイランド現象を引き起こす道路のアスファルト改善，ライフサイクルアセスメントの視

238

点から，川や海水の汚染水流出防止や水質改善剤などが大きな市場として
注目を浴びそうである。

　これらのように生活者の潜在意識（インサイト）へ着眼点を変えてみると，こ
れまでのモノづくり発想の視点が変わってくるのが理解して頂けるのではない
だろうか。

## 4. 4. 新規事業・製品コンセプト開発へのステップ

　明確な市場差別化を見出し，新規コンセプトを開発する為の一般的なプロセ
スと分析手法・手順は，①現象・現実（ファクト）分析 ⇒ ②潜在的な不満や欲
求の発見 ⇒ ③タスクチームによる「潜在意識（インサイト）」の構造化。このイ
ンサイト発見の際の生活者の行動心理の構造化プロセス解明を行う際に有効な
手段が「行動の奥」に潜む心理を映画のシナリオを解きほぐしていく「シナリ
オ解明法」が活用される。コンセプト開発者達はあたかも其の当事者になった
つもりで，心の時間的変化を斑模様のように辿っていく。俳優（アクター
(Actor)）のように振舞うことからカスタマージャーニーと呼ばれる。⇒ ④こ
のインサイトから得られた知見をニーズとしてコンセプト開発に活用する[26]。

　そこで，これまで以上にコンセプト開発の有用性を高める為には，いきなり
抽象度の高いインサイト欲求からダイレクトに製品コンセプトを開発するので
はなく，その前段階の「プロポジション（コンセプトをより偶像化した概念）」を
「行動心理の構造化」された構図の中に取り入れることを推奨したい。この開
発ステップを大きく分けると①ファクト分析・事象を捉える，②その背景にあ
る潜在意識（インサイト）を推察する，③その心理的不満足（ニーズ）を解消す
る対応行動の分析，④その解決策（メタファー）のための技術開発，⑤コミュニ
ケーションのためのキーワード・キービジュアル開発となる。

　特に留意すべき点は，③のインサイト発見から抽象的コンセプト開発の段階
で，これまでのコンセプト開発より前段階の「プロポジション（コンセプトをよ
り偶像化した概念）」を作成し，大まかに技術チームや研究開発チームと価値観
の共有化を図るステップである。その共有化された，内容をパフォーマンス・

コンセプト（不満因子や解決すべき欲求（ニーズ））と，ソルーション・コンセプト（満たすべき欲求（メタファー））に整理する。そして製品開発用のプロダクト・コンセプト（製品開発用に社内共通認識される識別概念）へと結び付け，当該不満や，不快や不安を解消できるニーズを満たすべく，自社独自の研究技術を最適化していくことになる。なぜならば，開発技術や目標品質が明確になるからである[27]。この段階での研究技術者と製品企画者のすり合わせが十分に行われないと満足を十分満たすだけの品質になっていなかったり，異なったソルーション技術でなかったりした状態で上市することになるからである。結果的には後に顧客の使用場面で大きな心理的離齬が生まれ失敗の原因に繋がるのである。

　また，この④段階で製品としての識別機能品質や共感性実感とすべき言語の「キーワード」「キラーワード」「キービジュアル」など創造的作業を行えることが望ましい。ここで創出されたキーワードなどは，同時にパッケージデザイン，CMのキャッチコピーやタグライン，新ブランドであればブランドの骨格を規定するブランド（約束）設計書に活用することになる。

## 4. 5. 衛生概念への潜在ニーズ（インサイト）分析によるコンセプト開発事例

　そこで，日常生活における衛生感覚を探索した行動観察から潜在的な不満や欲求の発見を行ったうえで，顧客の衛生潜在意識の構造化を行った事例を紹介する。これまでのコンセプト開発より前段階の「プロポジション（コンセプトをより偶像化した概念）」を作成した事例を紹介する[28]。

### （1）衛生意識の階層化

　生活者のインサイトをマズローの欲求5段階に適合させてみると，フィジカル面の生理的・安全欲求段階という狭義の「衛生」部分は満たされており，生活者のニーズは上位の欲求に広がっている。その潜在意識には①嫌なヤツ，変な人と思われないための衛生意識，②守るべきものは，身体の健康から心の健

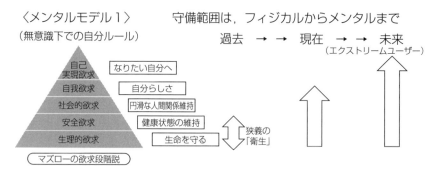

狭義の「衛生」部分は満たされており，生活者のニーズは上位の欲求に広がっている。
・現在の中心は社会的欲求レベル。嫌なヤツ，変なヤツと思われないための衛生。
・守るべきものは，身体の健康から心の健康へ広がる。
・今後は，自分らしさ実現のための衛生，目指す自分のための衛生に広がると推測
　　　　　　　　　　　（きれい好き若年男子にはすでにその傾向あり）

心の衛生ケア

図6－9　生活者インサイトから見た心のケア要素

康へ広がる，③最終的には，自分らしさ実現のための衛生，目指す自分なりの
衛生に階層的に拡張していると思われる。④特に，きれい好き若年男子にはす
でにその傾向がある。つまり現在の衛生意識は，図6－9のように，より高次
元のメンタルな社会的欲求や，自我欲求，更に自己実現欲求にまで昇華した心
の衛生ケア軸で表現できる。

（2）衛生意識の水平拡張化（敵はインビジブル）

　以前は清潔な生活を過ごす上で脅威となる原因が分かっており，予防が可能
（インフルエンザ予防接種）な要因であった。しかし，パンデミック（SARS，新型
インフルエンザなど）により，最近では予測不能原因が出現し，予防が出来ず不
安が増幅してきている。したがって，狭義の生命を守るための衛生意識がより
広範囲化してきているのではないかと推察できる。その結果，全ての予防効果
施策を受け入れようとする行動にまで発展している。

　従って，得体の知れないものから全方位的に自分・家族を守りたいという防

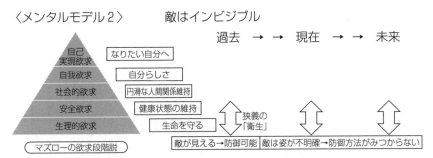

図6－10　衛生意識の不安要素範疇の拡大

衛本能から，少しでも効果があれば試して安心したい。また，その対象が目に見えないものにまで対処しようとする意識の広がりまでが顕在化してきていると思われる（図6－10）。

（3）衛生意識のコンセプト・マップ化

　これら抽出された衛生欲求コンセプトを，Y軸に階層化概念を取り，X軸に防衛したい対象範囲の広がり概念をとる2軸にマップ化し，これまでの洗濯洗剤コンセプトと既存製品とを一緒に布置すると図6－11のようになる。

　このことから，左上の自己実現欲求へ向かう②「自分なり仕上がり追求」から，右下の目に見えない広範囲な物にまで対応する③「家族を外の菌の運び屋にしない」欲求まで広がっている。現代の衛生欲求の広がりは，点線で描かれている現在の洗濯洗剤ブランドなどでは満足されない範囲を，網羅していることが分かる。このマップから技術的イノベーションによる新規ブランドを開発するか，洗濯洗剤という製品カテゴリーを超えた剤による商品開発を行うか，

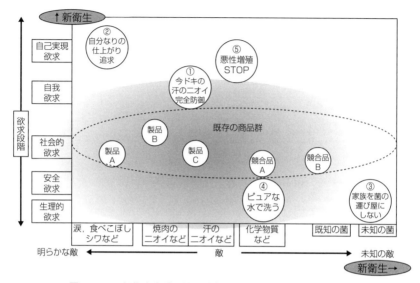

図6－11　新衛生意識と洗濯洗剤市場でのコンセプト・マップ

あるいは既存品の改良によりポジショニング変更をするかは，自社の保有製品と技術，他社の保有製品と技術の強みと市場ポジションと技術的優位性から判断していくのが製品開発戦略となる。

## 4.6. 新規事業への展開方法

　これまでファクト分析から潜在的な不満や欲求の発見を行ったうえで，顧客の潜在意識（インサイト）の構造化を行った新製品コンセプトの開発事例を紹介した。しかし，事業化に至るまでには下記のような3つの壁のいずれかに，多くの会社が悩まされているのが実態である。そこで，その障害を乗り越えられる施策を下記に提案する。

（1）デビルリバー（魔の川）の壁（基礎研究から応用研究までの間の難関や障壁の概念で，技術的なイノベーションの流れの速さに対応できず基礎研究で終わってしまう事象）

　上記の現象が生じている場合は，次の3つにその原因が集約される。①開発

技術の難易度が高い場合，②資金力等の経営資源の不足，③研究内容が市場ニーズを無視して開発推進される場合である。これらの解消策として，下記のような施策を早い段階から対応することが重要である。

- TLO（Technology Licensing Organization（技術移転機関））などを活用して大学の技術との連携を高める。
- 研究段階における有望なシーズを数多く創出（発散型開発）するチームを組み，情報を収集。

（2）**デスバレー（死の谷）**（製品化にいたるまでの開発コスト不足により商品化に至らない事象）

上記の現象が生じている場合の解消策として，下記のような施策が効果的となる。

- 顧客ニーズを踏まえ投資開発技術を絞り込む。
- 営業部門・マーケティング部門を開発の早い段階から開発に巻き込み，開発スピードを上げる。

（3）**ダーウィンの海**（製品化に成功しても，事業化にならない場合）

事業として，ビジネスラインに乗せるためには採算ベースに乗る市場規模になるための施策が必要となる。したがって，マーケティング戦略や原材料・生産設備などの充実と柔軟性が必要になる。そこで，下記のような施策を早い段階から，考慮していることが重要である。

- 大企業とのアライアンスを活用し，市場競争に勝ち抜くための販売網や生産設備を整備する。
- 中小規模の組織を活かし生産・マーケティング・アフターサービス部門の連携を密にし，市場浸透へ向けて団結する。
- 生産を外部化し，製品企画・設計に資源を集中する。

## 4. 7. 今後の課題認識

　大きく技術革新（IoT，AI，ビッグデータ化など）が行われている現在こそ，短中期的な視点（3〜5年）に立ち，早い段階から新規事業の可能性を見極めなければならない。以前では大量の多品種多様なデータを収集すること，そのものが競争力となりえた。しかし，現在では，他分野から想像以上の大量データを保有する企業が，これまでの参入障壁を乗り越え，新規参入者として一気に市場占有率を高めることが容易となっている。このような時代にこそ，マーケティング視点から新市場を他社よりも半歩先んじて創造できるかが，今後の企業の生き残りの源泉になることは明確である。しかし，一方で失敗のリスクが減ったわけではなく，これまで以上に失敗しても早期に立ち直るスピード感と柔軟性と持久力を持つ着眼大局，着手小極のスキームが重要となってきているのである。したがって，この時代にはいきなり尖ったコンセプトを創造するのではなく，出来る限り汎用化したプロポジションというベビー・コンセプトを活用し，技術開発の初期段階から研究技術者を巻き込んだ，柔軟な新製品開発プロセスが有効ではないかと考えられる。

# 5. ビジュアル投影法を活用した製品コンセプトの設計

## 5. 1. はじめに

　一般消費財における生活者の購買決定要因が，商品・サービスの機能的価値や便益から情緒的価値に比重が移っていることは周知の通りである。特に最近は「快適価値」が注目され，商品の差別化ポイントとなっている。しかし，快適価値の概念は広く，企業によってその解釈は様々であり，また，研究分野ごとにその領域内での定義に留まっているのが現状である[29]。

　そこで，生活者に商品やサービスを通じて快適価値を提供する立場から，「生活者が日常生活の中で実際に感じる快適」を明らかにすることを試みた。

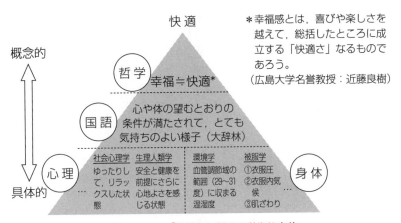

図6−12　「快適」に関する学術的定義

## 5．2．快適感情に関する先行研究

　これまで，感情に関する研究は主に心理学の分野で行われてきた。民族や文化の違いによらず普遍的にいくつかの感情が存在するとする「基本感情説」，Wundt（1924）の提唱以来活発に展開されている「次元説」などがある[30]。「次元説」は，感情は離散的に特定できるものでなく，次元上のひとつのベクトルとして表現できるとするもので，その代表的なモデルのひとつがラッセルの感情円環モデルである[31]。全ての感情は快−不快，覚醒−睡眠の2軸の平面で表現できるとしている。

　最近は，人間とコミュニケーションをとることができるロボットの開発のために，感情の研究が感性工学や情報処理分野で工学的に扱われており，ベクトルの方向と距離で感情の種類と大きさを表すことができるラッセルの感情円環モデルはよく利用されている。また，企業においても，人間工学，心理学，生理学からアプローチする「快適研究」が盛んに行われている（図6−14）。

　しかし，快適価値を提供するための商品・サービス開発に際しては，快適についての多面的で詳細な理解が必要不可欠であるが，現状では必ずしも十分ではない。生活者が快適を感じたその瞬間をリアルに捉えることができているのか，あるいは，深層意識下でどう感じているのかまでを捉えているのか，など

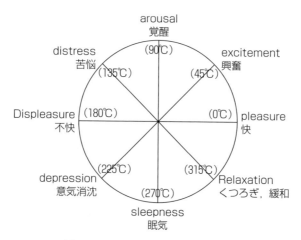

図6－13　ラッセルの感情円環モデル

| ①人間工学<br>アプローチ | ②心理学的<br>アプローチ | ③生理学的<br>アプローチ |
|---|---|---|
| トヨタ，TOTO，など | 花王，清水建設，など | 資生堂，サンスター，など |

〈トヨタの事例〉

視覚，聴覚，触覚，温感，体感と快適の関係をモデル化。シートの位置を変えて「見え方」を変えると車内の快適性が向上することを発見し，商品開発に反映（東大との共同研究）。

〈花王の事例〉

快適な場面を想像し，辞書や文献から抽出した感情語との適合性を分析。「快適感」は，16種類の感情で構成されることを解明。

| 熱中・興味 | 対人的<br>好感情 | （強さ） | やる気<br>・前向き |
|---|---|---|---|
| 豪華さ | ときめき | 自信 | 感動 |
| 安静・<br>リラックス | 満足・幸福 | 爽快・<br>リフレッシュ | 親和・<br>愛情 |
| （活気・陽気） | 気楽・気軽 | 開放感 | 達成感 |

〈資生堂の事例〉

バラの香りによる快適性向上をストレスホルモンで実証

〈サンスターの事例〉
脳解析技術を応用しシャンプーの清涼感を数値化（長岡技術大学との共同研究）

図6－14　企業における快適研究

出所：各社広報資料，学会発表より作図。

が未解決の問題として残されている。

　そこで筆者らは，生活者が実際に感じている快適の場面を日常生活の中から切り出し，生活者目線での快適の定義・分類を行うこととした。

## 5. 3. 調査内容

### （1）調査目的及び操作仮説

　生活者が，いつ，どんな場面で，どのような感覚を得て快適を感じるのか，つまり快適実態を調査し，快適の定義・分類を行うことを目的に，下記の3つの仮説を持ってアプローチした。

仮説1：性別や年代，生活場面によって出現する快適感情は異なる。

仮説2：快適には，瞬間に感じるものと記憶された快適とが存在する。

仮説3：快適感情と五感は密接な関係がある。

### （2）調査手法

　上述したように，筆者らは，快適には「瞬間で感じすぐ忘れ去るもの」と「記憶として留まるもの」があるとの仮説をもっている。記憶化された快適は，アンケートなど記述式の手法でも調査可能であるが，瞬間的な快適は従来の方法では捉える事が難しい。また，快適は表現しにくい概念であるため，文字だけで回答させることにも限界がある。従ってこの2つの問題点を解決するための新しい調査方法の開発を行った。

　まず，瞬間的な快適を捉えるために携帯電話を活用することとした。携帯電話は，現代人の生活に24時間密着しており，生活者が快適だと感じた瞬間を

（反応が出やすい120枚の写真）

質問に回答
・写真から感じる
　快適
↓
・自分の感じた快適
　シーン
　五　感
　気持ち

感じた快適と合致する写真を選ぶ。写真をトリガーとして，意識下にある心理を表層化させる

携帯電話

快適！

図6－15　携帯電話を用いた快適調査手法

切り取ることに適したツールである。また，回答の仕方としては，心理学分析で用いられる「ビジュアル投影法」を用いることとした。過去の事例から人が反応しやすいことを実証している120枚の画像を調査対象者に携帯電話の画面を用いて提示し，対象者が感じた快適感情と最も合致した画像を選ばせることにより，深層で感じている快適について表層化することが可能であると考えた。

（3）調査内容

【調査地域】全国，【調査対象】15〜64歳　男女700名
【調査手法】携帯電話による調査，【調査実施期間】2011年2月
【快適の種類】
①今感じた快適，②さっき感じた快適，③記憶に残る快適
【調査概要内容】
①年齢，性別などのデモグラフィック項目
②快適を感じたり，思いだしたりした際の気持ちに合致した画像の選択
③写真から感じる快適
④自分の感じた快適（五感，気持ち，シーン）

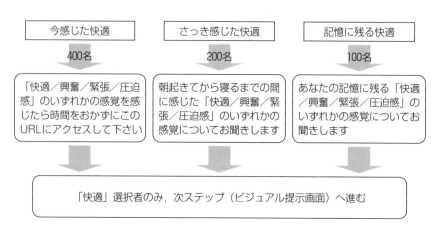

図6−16　捉える快適と割付

## 5. 4. 結　果

### （1）生活者目線での「快適」の類型化

　700名の男女から収集した1,899件の快適事例について以下のように解析を行い類型化した。

① 　キーワード抽出

　1,899件の「快適」および快適関連項目「シーン」「五感」「気持ち」に関する自由回答をKJ法にて分類し，キーワードを抽出。

表6－2　快適およびその関連項目のキーワード例

| 快　適 | シーン | 五　感 | 気持ち |
|---|---|---|---|
| 解放される | 仕事が終了 | 温かい | ストレス<br>発散できた |
| 落ち着く | 食事中 | 冷たい | ゆったり |
| 自由になる | 入　浴 | 風を感じる | 解放的 |
| ⋮ | ⋮ | ⋮ | ⋮ |
| （46個） | （38個） | （45個） | （27個） |

② 　クラスター分析

　「快適」を中心に，クラスター分析を実施（ウォード法）。16個の快適クラスターに分類されることがわかった（図6－17）。

③ 　コレスポンデンス分析

　コレスポンデンス分析を行うことにより，上記の16快適は，「動的」⇔「静的」，「満たす」⇔「出す」の2軸で構成される次元で表現することができた（図6－18）。

　以上のステップを経て，筆者らは，生活者が実際に感じている快適を16個に分類し，またその類似性と対称性から円環モデルとして表現することができた。

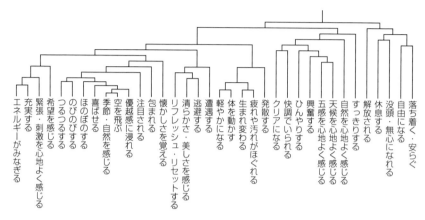

図6-17　快適の階層的クラスター樹形図

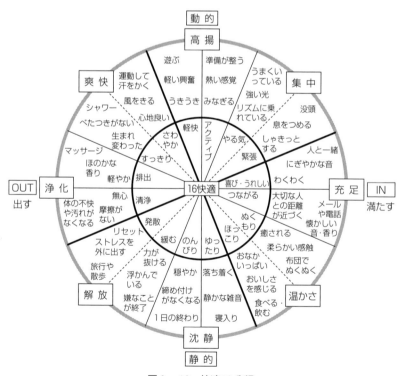

図6-18　快適16分類

**（2）仮説に対する結果**

　仮説1「性別や年代，生活場面によって出現する快適感情は異なる」については，年代，生活行動別で発生する快適には違いがあり，支持されたが男女差は確認できなかった。

① 　性別による快適発生率の違いなし。

② 　年代による快適発生率の違いでは，35－49歳で解放での快適が大きく検出していた。

③ 　生活行動別違いでは，睡眠で沈静，仕事・家事などの拘束行動では集中と浄化が，自由行動では高揚，解放，充足での快適が大きく検出していた。

　仮説2「快適には，瞬間に感じるものと記憶された快適とが存在する」は支持された。

　①今感じた快適，②さっき感じた快適，③記憶に残る快適別の快適発生率のグラフを下に示す。①は「浄化」の快適が最も多く，汚れを取り去ることによ

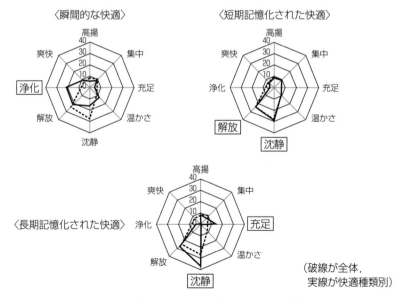

図6－20　瞬間的な快適と記憶された快適の感情比較

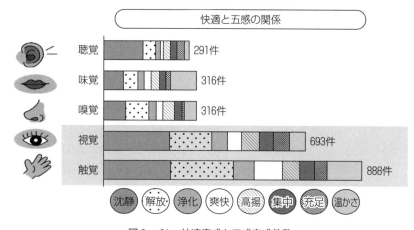

図6-21　快適実感と五感実感件数

る快適や心身のストレスを排出することによる快適が多く存在した。「浄化」
の快適の存在は，今回の携帯電話を使った「快適の瞬間を切り取る」手法によ
り明らかになった貴重な視点だと思われる。

　また「記憶に残る快適」は「充足」の快適にピークが存在することが特徴で
ある。特に，人とのつながりによって得られた「満ち足りた気持ち」や「幸せ
な気持ち」を過去の思い出と結び付けて快適と感じたという事例が多く，長期
記憶との深い関係性が示唆されている。

　仮説3についても支持された。

　多くの快適発生シーンにおいて，五感との強いつながりが示された点では仮
説通りである。しかし，一般に五感の中では視覚からの情報が多いとされてい
るが[32]，快適においては，触感から快適を感じる事例が最も多く存在した。
商品開発の際の快適実感要素として注目すべきものと考えられる。

## 5. 5. 考　察

　人々の複雑な快適感情は大きくは「動的 ⇔ 静的」「満たす ⇔ 出す」の軸で
整理され，16通りの快適感情が存在することが分かった。また，16の快適感

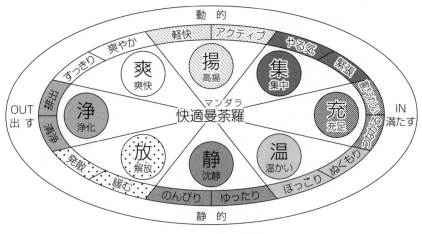

図6－22　快適曼荼羅

情は，その類似性と対称性から円環モデルとして表現することができた。筆者らはこれを「快適曼荼羅」と命名した（商標登録済）。曼荼羅とは仏教の世界観を表したものであり，「快適曼荼羅」とは快適の世界観を表し，今後の商品コンセプト開発に活用できる可能性があると考える（図6－22）。

## 5. 6. 残された課題

　生活者が実感する表現し難い「快適」という概念を「瞬間の快適」をも携帯電話を活用して捉え，網羅性と深層性を両立させた調査方法を確立し，快適価値を提供する商品開発につながる「快適曼荼羅」を開発できた。今後は，この手法を活用して，ライフステージやライフスタイル別の毎日の生活の中で，習慣的に使われる一般消費財における快適価値を提供する商品開発に，どう活用するのが効果的・効率的かを検証する必要がある。

## 6．販売計画策定支援のための新製品販売予測モデルの構築

### 6．1．はじめに

　経済不況になり思惑通りに新製品の実績が上がらなくなった場合，失敗リスクが高いからといって思い切ったマーケティング投資をせず途中で投資を中止したり，その原因追求もなしに闇雲に方向変換したり，と非常に非効率的なマーケティングが展開されがちである。これらの現象を引き起こす多くの原因のうち，主たる要因は二つあるのではないかと思われる。1つが新製品・改良品に対してマーケティング投資の意思決定のための簡易で精度の高い予測モデルが無いという「意思決定システムの為のツール」の問題である。2つ目は計画と実績とに乖離が生じた場合に原因追求をするための「経営マネジメント」，つまりマーケティング・マネジメントを行うシステムやプロセスがその企業に無い為の問題である[33) 34)]。

　この課題は企業経営全体に係わる問題であるため，本書では1つ目のマーケティング投資に関する「意思決定システム・ツール」に関して，特に新製品売上予測モデルをより実務に適合した使い勝手のいい，より効率的で精度の高いモデル開発を目指して論じていきたい。従って，本書で目指すものは，実務家がこのツールを入手することでマーケティング投資の意思決定をする際に事前に，高い精度で複数の選択肢を比較し，これまで勘や感性に偏りがちであった意思決定を科学的に行えることを目指したい。

　従って，本書で目指すものは，実務家がこのツールを入手することでマーケティング投資の意思決定をする際に事前に，高い精度で複数の選択肢を比較することができることにより，これまで勘や感性に偏りがちであった意思決定に，科学的な意思決定評価軸を導入することにより，マーケティング投資のリスクを最小限に抑えられることを目指す。

## 6.2. 目　的

　これまで多くの研究者たちが取り扱ってきた新製品に関する研究は，地域を限定して販売する方法や何店舗かを選別してテスト販売してもらう方法等「テスト・マーケティング」により得られたデータにより作られた新製品予測システムが発表されてきたが，それらのデメリットは以下の通りである[35]。

（1）テスト期間が長期に渡る為，市場導入の時期が遅れると同時に，変化が激しい市場では導入のときに，このテスト結果が活用できないようになっていることがある。

（2）最も大きな問題は新製品開発の概要をライバル企業に知られてしまうことである。つまり競争相手が適確なディフェンスを行う準備期間を与えてしまうことを意味するのである。

（3）さらに実際にある地域でテスト・マーケティングを行う場合，ライバル企業が自分の製品価格を意図的に大きく下げ，新製品が不成功に終わるような印象を与えようとするかもしれない。

（4）今ひとつはテスト費用がかなりの額に上るということである。テスト・マーケティング用の本場と同じ試作品を作るために，ほぼ2倍の投資が予想される。

（5）さらに安全性が大きく問題となる現在では，企業信用が失墜してしまい企業業績が危ぶまれるリスクを含んでいるため，テストとはいえ本番と同じ環境作りに多くのスタミナと協力者が必要になってくる[36]。

　以上の課題認識から，より簡単かつ短期間でローコストにより実験調査が行える方法が「プリ・テスト・マーケティング」である。この方法は，実際の店舗ではなく仮想店舗をつくり消費者（被験者）を呼んで，購買を模擬実験するシミュレーション・タイプの方法である。これらは，なるべく小規模で限られた期間の実験により得られた顧客データから1年後の将来予測を行うことが目的である。しかし，このようなプリ・テスト・マーケティングのモデルを利用する際に共通して問題になるのは，パラメータの推定に必要且つ十分な時系列データを収集することができない点である。従ってデータ量が少ない場合にパ

ラメータの設定に際して，しばしば主観的判断に頼らざるを得ないということである。主観的判断の妥当性は判断を与える人がどの程度，同じような状況を経験してきたかに依存する。その意味では，過去に新製品導入の経験がどのくらいあるか，さらにその経験がどの程度利用可能な情報として，蓄積されているかが，予測精度を大きく左右することになる[37]。従って，今回のモデル構築に当たっては，この簡便性の高いプリ・テスト・マーケティングを前提としつつも，主観的判断が極力抑えられたモデル構築を目指し経験不足の人材でも一定の成果が導き出せるようなものとして作り上げることを試みる。

## 6. 3. 研究の進め方

### (1) 多様な先行モデル

　これまで多くの新製品を予測するモデルが発表されているが，その予測モデルも対象とする新製品の購入頻度により大きく2つに大別できる。一つは住宅や車など反復購買の非常に長いのが耐久消費財である。主にこの商品分野を対象として試用層の予測課題を解決しようとしたのが「普及モデル」である。このモデルは一般消費財の試用（トライアル）層の予測モデルの概念としても，有用な概念として用いられることが多く，その代表的なモデルがBASSモデルである。

　一方，先述したような一般消費財には消費者の試用購買から反復購買を対象とした「行動モデル（トライアル・リピートモデル）」があり，このモデルは反復購買の購入頻度の大きさが取り扱われている。また，新製品の発売前に小さくテスト・マーケティングを行い消費者の製品属性への選好態度（態度モデル）を測定し，それらの測定結果を行動モデルと収束させていくことで精度を高めるのが「収束モデル」である。このプリ・テスト・マーケティングを題材に最初に研究開発されたモデルが1968年のヤンケロビッチLTM（Laboratory Test Market）モデルと言われている[38]。

　従って，このように多様な過去研究の中から，「普及モデル」の代表としてBASSモデルを紹介し，「行動モデル」の代表であるトライアル・リピートか

らトラッカーモデルを取り上げる。そしてプリ・テスト・マーケティングをベースに発達し「収束モデル」の基本を作ったといえるアセッサーモデルとそれをベースに改良されたパーフィット＆コリンズモデルを記述する。そして，それらの中から消費財市場の中で特に変化の激しい日用品市場に最も適合し簡潔で実務家の意思決定に沿い，使い勝手のよいモデルを選択する。

### （2）BASSモデル：「普及モデル」の代表モデル

#### ①　モデル概要とその構造

　製品導入の初期段階はオピニオンリーダーなどの革新者が認知し，口コミ効果などで他の消費者へ伝播していくとしたRoger（1962）による「革新の伝播」と呼ばれている消費者への浸透過程を前提としている。従って，①購入者は自らの意思で購入決定する『革新者』と，普及の様子を見ながら購入決定を行う『模倣者』からなる。②『革新者』数は，その期の『未購入者数』に比例する。③『模倣者』数は，その期の『購入者数』に比例する。④この間，市場規模は一定とする。

#### ②　モデルの適用範囲・特筆すべき点

　このモデルの活用は導入後，市場データから実測値が得られてくれば推定できるが，初期段階では不安定な推定値しか得られない。一方，安定する頃にはモデルなしでも大体結果が見えてしまう。従って導入前に予測するためには予測者が経験と勘によりパラメータを入力することになり精度の高いモデルには時間がかかってしまう。従って楽観的な場合と悲観的な場合の値を想定し，その幅で対応策を準備しておくことが肝要である[39]。

### （3）アセッサーモデル：Silk and Urban（1978）

#### ①　モデル概要とその構造

　このシステムの特徴はテスト・マーケティングを行う前に，全ての測定値を実験室によるテスト・マーケットにて行うことにより本格導入時のシェアを予測するものである。このモデルの大きな特徴は2つの異なるモデル（選好態度

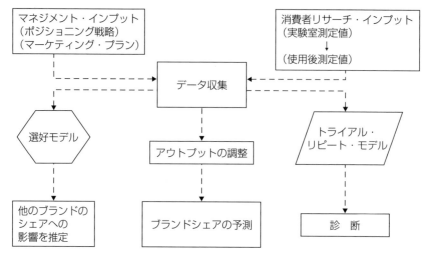

図 6 – 24 「アセッサーモデル」の概念図

モデルとトライアル・リピートモデル）から予測された結果を収束させ，予測精度を上げる工夫がされていることである（図6 – 24）。

　このモデルの目的は新製品の長期的なマーケット・シェアと売上を予測することであるが，この２つのモデルの基本構造は同様であり，使用するデータも同一である。従って，購買者がその商品属性の特徴をよく知る代替案の集合が形成されると考えると，選好モデルが個人レベルのモデルに対し，後者のトライアル・リピートモデルはマルコフ型の集団レベルのモデルであり，概念的には区別されるが，実質的な意味から判断すればほぼ同等であると考えてよい[40]。

② モデルの適用範囲・特筆すべき点

　このモデルは売上やシェアの予測ができるだけでなく，①新製品のシェアの源泉，すなわちどの競合ブランドからシェアを奪うのか，自社のほかのブランドとのカニバリゼーション（共食い）を起こすのかといった点を明らかにする。製品改良，広告コピーやプロモーション計画の改善などの診断的な情報をもたらす。③価格変更，パッケージ変更といった代替的なマーケティング計画の大

雑把な評価を行うことにある[41]。これらのモデルが対象とする消費財の場合は早い段階でピークを迎えることが多く，その後，売上やシェアが徐々に落ちたり，急に落ち込むというパターンが起きる。するとどの時点の予測をしたのか曖昧となることがおきることがある。経験的には革新的購入者が4〜5回程度購入を終えた時点でのシェア予測ということになり，購入間隔がヘビーユーザーで1ヶ月という製品であれば5〜6ヶ月後の予測をしているということになる。実務家としては発売後の需給やマーケティング施策の判定・見直しに結び付けようとすると，普及モデルのように時間的な売上推移の予測が必要になりアセッサーのような予測モデルだけでは不十分となる[42]。

（4）パルフィット＆コリンズモデル

① モデル概要とその構造

　上記のモデルのようにトライアル率およびリピート率を測定し予測するモデルとしては，この他にエスキンモデル[43]，ナカニシモデル[44]，HPKZモデル[45]などがあるが，このモデルは反復購入の方が新規購入より重要視される一般消費財の既存品市場に参入した新製品（ブランド）の究極的なシェアを予測するモデルである。なぜならば，究極シェアを決めるキー・パラメータとして普及率（何パーセントの人が当ブランドを試用購入するか）と反復購入した人が，その後の購入機会に平均何パーセント当ブランドを購入するか，を挙げており，これらのデータは全くの新規市場では入手することが困難になるからである。

　そのモデル構造としては，新製品の市場導入後のトライアル率と再購入されるリピート率を予測するモデルで，①何度も購入される商品群である一般の消費財に適している。②累積トライアル率は，上に凸の指数曲線的に右肩上がりになる。一方，定点におけるリピート率は固定客が安定的に購入し始めたときに右肩下がりの凹型指数曲線になり一定率に落ち着くことになる。もし，固定客が得られないときは時間と共にリピート率は0に近づく。

② モデルの適用範囲・特筆すべき点

このモデルではその構造が非常に単純なゆえに，マーケティング・ミックス効果を考慮していないとか，トライアルの前のブランド知名の段階が入っていないという問題を残している。これらの問題は，トラッカーモデルやアセッサーモデルでは何とか解決策を見出してきている[46]。

（5）トラッカーモデル（Blattberg and Golanty）

① モデル概要とその構造[47]

トラッカーモデルの構造は，図6－25に示されているように，消費者の試用・反復購入のそれぞれのステージに対応して知名率モデル，トライアル・モデル，予測モデルの3つの部分に分かれている。消費者の購買行動は認知，評価，購買，購買後の行動といった一連のプロセスからなる。トラッカーモデルの推定に必要なデータは，新製品導入後製品の購入サイクルに合わせて（通常は4〜5週間おきに）3回，1回につき500〜1,000サンプルのデータをその製品のターゲット・ユーザーから質問表で収集する。収集するデータとしては製品の使用状況と使用頻度，助成なしに想起したブランドと消費者自らが再生想起したブランド，最後に購入してからの期間とそのブランド，使用したことのあるその他のブランド，それらのブランド選好順序，反復購入を希望するブランドといった項目である。このほか競合他社のそれぞれの価格，媒体ミックス，配荷率などのデータが必要とされる。

トラッカーモデルでは，アセッサーモデルのように評価の部分は無く，反復購入部分に工夫の跡が見られる。購入のインターバルは平均的な購入量から計算される。ただし，このモデルでは一旦非購入者のグループに入った顧客は二度と購入者グループに復活しない点に注意を要する。従って第一期目にはじめて試用購入した顧客，第二期目にはじめて試用購入した顧客というように顧客は区別され図6－25のようにそれぞれの期で試用購入する人と反復購入する人の合計により，購入者数が計算される。

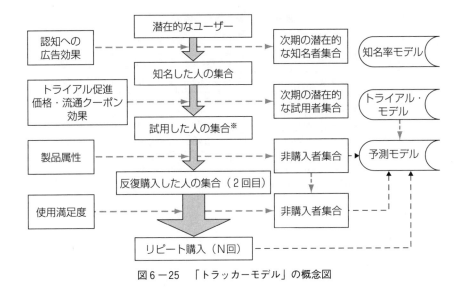

図6－25　「トラッカーモデル」の概念図

② モデルの適用範囲・特筆すべき点

　トラッカーモデルの一つの大きな問題点は，一度反復購入をやめると非購入者の集合に入ってしまい二度とこのブランドを購入することがないということを仮定している点である。購入頻度の高い日用品の分野ではブランド間のスイッチングはあたりまえのことであるが，これを許容しないこの仮定は必ずしも現実的なものではない[48]。このトラッカーモデルにおいても，購買サイクルにあわせて3回から4回の観測データからすべてのパラメータを推定しなくてはならない。このためには，類似した製品についての過去の体験をデータベースに蓄積しておくような努力が必要である。また，分析するブランド・マネジャーの主観的判断もかなり反映されることになる。

## 6．4．本調査研究のモデル開発における基本的な考え方

　反復購買が新製品の成功に決定的な影響を与える消費財・日用品市場では，トライアル・ユーザーの予測に加え，その何割がリピート・ユーザーとして継続的に残ってくれるかを予測することを基本とするトライアル・リピートモデ

表6－3　購入意向と購入

| 購入意向 | 実際の購入比率 | |
| --- | --- | --- |
| | 乗用車 | 家電製品 |
| 必ず買う | 0.53 | 0.105 |
| ほぼ買うつもり | 0.48 | 0.184 |
| 買うかもしれない | 0.41 | 0.111 |
| 買うかどうかわからない | 0.19 | 0.053 |
| 絶対に買わない | 0.07 | 0.017 |

出所：Urban, Hauser (1980).

ルをベースとする[49]。従って，パルフィット＆コリンズモデル[50]にマーケティング・ミックス概念を組み込んだトラッカーモデルを採用し，一度離反したユーザーが再購入者ともなり得る混合回帰モデルとして構築する。前述のように，どのプリ・テスト・マーケティング・モデルにも共通して言えることであるが，パラメータの推定にブランド・マネジャーなどの属人的・人為的入力変数がモデルに必須条件として組み込まれている。しかし筆者たちは誰もが活用できるように属人的入力項目の少ないモデル構築を目指す。

　その際，どの企業でも新製品開発調査で活用しているコンセプトの購入意向と使用後の購入意向を調査（筆者達の調査データは7段階）で収集し，それぞれトライアル率とリピート率を説明する変数として使用する。その調査における購入意向データも主観的判断を加味するか経験則から判断して取り扱ってきた。従って，これまでの予測モデルで使用されていた消費者調査で回答された「購入意向」が，どの程度実際の購入に結びつくのかはベテラン・ブランドマネジャーやマーケティング・リサーチャーの経験（ノーム）値に頼るしか方策は無かった。このモデルでは，できる限り多様な実務家に適合できるように，その変換率の規則性を見出すこととする。因みに，海外における自動車や家電製品における過去の調査データ（5段階尺度）を下記に示しておく。

　これまで見てきたように，多くのモデルが発売後1年後や究極的な状況での

予測値あるいは一般的な消費期間が一巡した後の時点だけしか予測できないが，実務的には保有するマーケティング投資計画期間に則した，より細かな時点が予測できるよう，新製品発売後3ヶ月，6ヶ月，9ヶ月，12ヶ月後時点のシェア予測ができるモデルを構築する。予測期間としては，月々の予測結果が算出されるのが理想ではあるが，現実の実務では全てのマーケティング投資データが月別に収集されるケースが少なく，現実的には上市後3ヶ月，6ヶ月，1年後等の目標と投資額設定がされている。従って，開発提案時での意思決定のためのツールとしては，4半期ベースで各々の予測値が算出できれば，非常に現実的なモデルとなり得ると思われる。

### （1）採用モデル構造と対象製品，各変数

① 実務対応型シェア予測モデルの構造図

　この実務家用モデルは新製品の試用購買行動（トライアル）と反復購買（リピート）が，一定の確率で累積される「行動モデル」であるトライアル・リピートモデルを基本に構築している。ただし，トラッカーモデル構造との違いは，一度購入して離脱した非購入者が再度購入者になることが，通例となっている消費財であるため，購入者を層別して購入確率を算定していくような構造にはしていない。

② 対象商品，期間

　・歯磨き：8品，発売期間（05年〜07年），・衣料用洗剤：5品，発売期間（06年〜08年），・台所洗剤：5品，発売期間（05年〜07年）。また，筆者たちの独自の購買者調査データ（2008年実施N=5,415）によると，店頭における日用品の商品選択購入決定率が50％〜70％（表6-4）と非常に高いことがわかっている。

表6-4　ブランド購入決定率

| 衣料用洗剤 | 51% |
|---|---|
| 台所用洗剤 | 63% |
| 歯磨き | 71% |
| ハブラシ | 60% |

　この店頭接触の機会をどのくらい多く且つ継続して保有できるかが現実の世界では一番説得力ある説明変数ではないかと考え選択している。何故ならば，発売直後は新規性や広告投下により流通での取り扱いが促進されるが，現実的には3ヶ月も過ぎると新製品の売れ行きも流通の段階で判断されるため，強い営業力や商品の店頭回転率が伴わない限り継続的に店頭露出を継続していくことは，この競争環境の厳しい時代にはほとんど不可能に近い現象である。従って，継続して店頭露出が出来ていることは，トライアル購入とリピート購入の機会に多くの大きな影響を及ぼすマーケティング説明変数として凝縮している変数と言えるのである。

③　予測モデルの算定式構造
　この予測モデルは大きく3本の予測モデルで成り立っている（図6-26）。第一の予測モデルは，①「トライアル率予測モデル」で目的変数をトライアル率におき，アセッサーモデルでのプリ・テストマーケットに準じて説明変数として消費者調査（C/Pテスト：コンセプト提示し，その後プロダクト使用調査）による使用前の「使用購入意向」データを用いている。商品を市場導入していくための「マーケティング関連の説明変数」として消費者の試用購入機会を表す「加重販売店率」を用いている。それに準じて店頭接触率・店頭認知率の代理変数として山積率を説明変数として用いている。トラッカーモデルでの知名率モデルに説明変数としてある広告宣伝量（GRP：Gross/Rating/Pointで広告到達率（%）×平均接触頻度）を用いた。更に，時系列予測を行う為に購入頻度や購入間隔を表わす指標として，参入する既存品分野のカテゴリーの購入世帯率を説明変数と

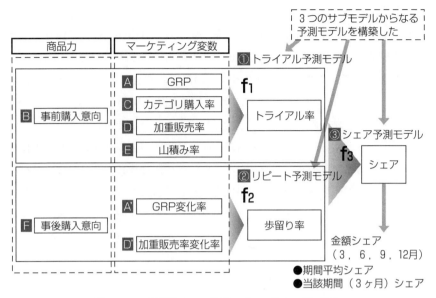

図6−26　新製品シェア予測モデル　算定モデル構造

して用いてトライアル率を予測している。

　二つ目の予測モデルは，②「歩留まり率（リピート率）予測モデル」である。反復購買を牽引するための商品力を表す説明変数として消費者C/Pテスト調査による「使用後の購入意向」を用いている。また，マーケティング関連の説明変数では，購入確率の説明変数として発売導入当初との比較により加重販売店率変化率，商品認知率の変化代理変数としてGRP変化率を説明変数として用いてリピート率を予測している。第三の予測モデルは，これらのトライアル率とリピート率を説明変数としてシェアを予測する③「シェア予測モデル」となっている。そしてその説明変数を大きくまとめてみると「商品力」を表すカテゴリーと実務家がコントロールできる，「マーケティング変数」カテゴリーから構成されている。

④　企業保有値とモデル変数との関連

　モデル構造における消費者の購買意思決定プロセス概念と企業が保有するデータ及び各説明変数・目的変数の関係をまとめと，トライアル購入を喚起する説明変数として，企業保有データと同一の消費者調査によるC/Pテストデータを用いる。また，その製品の店頭における購入機会の一つの説明変数として，企業はメーカーからの出荷データしか把握できない為，その製品カテゴリーの購入確率を表わす「カテゴリー世帯購入率」を世帯パネル調査データで代替させている。購入頻度の高い消費財にとって，どの販売店にでも取り扱いがあるという商品接触機会や店内での露出度合いを顕著に表わす変数としては，理想は入手不可の定番のフェースシェアデータであるが，店内で大量に露出されている「店頭山積率」で代替した。本来ならば，企業が直接コントロールできる保有データを説明変数にすべきではあるが，消費者の購買行動に直接影響する変数とメーカーコントロールできる変数との間には，人的要因（セールスパワー）やそれに関連した多様な流通段階や経路があり，多くの変化要素が介在する為，このモデルでは説明変数と企業保有データによる変数との関連だけを把握し，常時その見直しが図れるようにしておくこととした。

## （2）消費者調査データの採用の検証

　選好モデルとしての商品力データとして，一般的には新製品のコンセプト及びデザイン・ネーミング・価格までを提示して購入意向調査を行う。この場合，使用前購入意向（コンセプト魅力度を測定しトライアル率を推定する為の商品力）や，使用後購入意向（リピート率を推定する為の商品力）の値は，市場全体を現す値ではなく，その新製品がターゲットとする対象者をリクルーティングした上で測定するものであるため，市場でのシェアを予測する為には，何らかの加工が必要と思われる。

　過去の研究からも消費者属性がトライアル購買に及ぼす影響についてフォックス＆ゴールドスミス[51]やガチーノ＆トーマス[52]らは，初期購買者の特性に消費者属性が影響することに言及していることから，ターゲットを絞った消費

者調査の結果を予測モデルに活用する場合は，その数値を何らかの形で加工する必要があると言及している[53]。そこで，調査対象とするサンプル者を対象市場の使用者（カテゴリーユーザー）と細分化市場での使用者（サブカテゴリーユーザー），競合・ベンチマーク対象商品使用者（直接競合ブランドユーザー）に分類できることから，事前に使用前購入意向とトライアル率との相関係数を比較し，そのままの購入意向の調査データを使用したほうが良いのか，市場ごとに大別できるものなのかを検証してみた。

　消費者によるテスト商品使用前・後の購入意向調査の対象者は，主に上市予定ブランドの「ターゲット」に絞った設計が主であるが，シェアを予測するにあたっては，市場全体において当該ブランドを「買う」人の占める割合を推定する必要がある。従って，カテゴリー・ユーザー全体における購入意向を推定するために，以下の3つの購入意向とトライアル率との関連を見ることとした。（1）消費者調査の購入意向をそのまま適用したもの（カテゴリー・ユーザー全体が調査対象者とほぼ等しい意向を示すと考えられる場合）。（2）消費者調査の購入意向に，サブカテゴリーユーザー比率を勘案したもの（サブカテゴリーのユーザーが消費者調査の対象者と同様の意向を示すと考えられる場合）。（3）消費者調査の購入意向に，調査対象者比率（おもに競合ブランドユーザー）を勘案したもの（競合ブランドユーザーしか，新商品に意向を示さないと考えられる場合）。

## （3）消費者調査データの評価検証結果

　次にその検証結果であるC/P事前購入意向スコアとトライアル率との相関関係から次のことが検証できた。

① ファミリーユースを中心とした，ハウスホールド分野の商品については消費者調査による使用前購入意向スコアをそのまま適用したほうがトライアル率との相関が高くなった。

② 但し，ハウスホールドの分野商品の中でも，ターゲットを非常に絞り込んだニッチの商品（アレルギー用柔軟剤，食器洗機用専用洗剤など）については，サブカテゴリーユーザーの世帯購入率データを消費者調査の購入意向デー

タにも説明変数の係数として用いた方が相関係数に良化が見られた（0.72
⇒0.83）。

　従って，この分野でも特殊なニッチ商品のようにターゲットを絞って消
費者調査を行った場合については，サブカテゴリー比率を係数として加味
する。

③　パーソナルケア商品分野（この場合は歯磨き市場）に関しては，消費者調査
　　による使用前購入意向スコアにサブカテゴリーユーザーの購入世帯率を係
　　数として算入した方が相関係数は良化した。従って，その対象商品カテゴ
　　リーに応じてタイプを２つに分けてモデル構築を行うようにした。

④　上記のような調査対象者の属する商品への関与カテゴリーに関係なく，こ
　　れまで筆者たちがノーム値として保有していた，発売前使用調査による生
　　活者の購入意向の回答レベル（７段階尺度）に一定のバイアスを持って回答
　　していることが検出できた。その値は（Top 1 Box=0.9, Top 2 Box=0.5,
　　Top 3 Box=0.1）であり，どの市場にも関係なく一定であることが見出せた。

## 6. 5. 採用モデル構造と算定式

　モデルの採用に当たっては，反復購買を重要視している，トラッカーモデル
をベースにパルフィット＆コリンズモデルに包含されているマーケティング・
ミックス計画変数を取り入れ，より実務に合うように３，６，９，12ヶ月間
の期間平均シェア及び，４半期毎の期間平均シェア（第一４半期は３ヶ月間の平均
シェアと同一となる）を混合回帰モデルで予測することとした。

### （１）発売３ヶ月シェア予測モデル算定式

　同じ消費財でも食品飲料と違い日用消費財は使い切り期間に平均１〜２ヶ月
間を要するために発売３ヶ月間はトライアル率モデルのみでシェアを予測して
いる。各説明変数は先述したモデル概念構造図に対応する変数となっている。
上記以外には「消費者調査データの採用検証」で述べたように消費者調査によ
る使用前購入意向の値にターゲットを絞り込んだ影響をカテゴリー世帯購入率

として加味し，モデル構築できるようにダミー変数を用いている。

　従って，今回のモデルではハウスホールドとパーソナルケア（一部ハウスホールドの中でも極めてニッチな商品を含む）2つのカテゴリー定数を設定した。更に，対象とする新製品の革新性のレベル（新規ブランド・既存ブランドでのライン拡張，あるいは既存ブランドの改良なのか）により，BASSモデルにあるように「革新の伝播」スピードやパターンが異なる為，市場浸透のスピードや店頭認知度などの違いをモデル上に反映するダミー変数を設定している。従って，リピート率予測モデルにはこの変数は設定しないこととなる。

## （2）発売6ヶ月，9ヶ月，12ヶ月シェア予測モデル算定式

　発売3ヶ月シェア予測モデル構造式との違いはリピート率予測モデルが追加され，シェア予測モデルがトライアル率とリピート率の変数にて予測されている構造式となっている（図6－27）。

　各説明変数は3ヶ月モデルで記述したようにモデル構造図に対応する変数となっている。ただし，この各期間でトライアル率予測に使用されるマーケティ

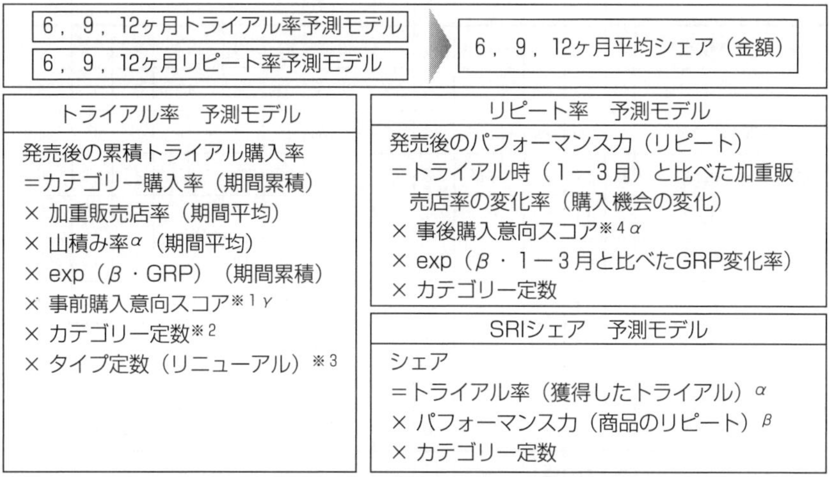

図6－27　6ヶ月，9ヶ月，12ヶ月　予測モデルの算定式

※1. 事前購入意向スコア，※2. カテゴリー定数，※3. タイプ定数は3ヶ月モデルに準拠。

ング・ミックスデータは，各々の期間累積データとなっている。また，リピート率予測に使用される消費者調査データである購入意向の値は，もちろん使用後購入意向値である。いずれの場合も購入意向値はTop1，2，3の比率にそれぞれ0.9，0.5，0.1のウェイトを乗じて加重平均した値を使用している。

## 6. 6. 結　果

　下記に示している結果データ（表6−5，6−6）が今回対象とした合計18品のうちのハウスホールド商品の各期間における予測値と実績値の比較表となった。

## 6. 7. 考　察

　これまで数多くの新製品予測モデルが開発されているが，説明変数のデータ

表6−5　ハウスホールド分野の予実績金額シェア比較

| 区分 | カテゴリー | ブランド | 3ヶ月平均金額シェア | | | 6ヶ月平均金額シェア | | | 9ヶ月平均金額シェア | | | 12ヶ月平均金額シェア | | |
|---|---|---|---|---|---|---|---|---|---|---|---|---|---|---|
| | | | 実測 | 予測 | 誤差率 | 実測 | 予測 | 誤差率 | 実測 | 予測 | 誤差率 | 実測 | 予測 | 誤差率 |
| 新商品 | 食器野菜洗剤 | A | 5.7 | 4.9 | −13.5% | 5.1 | 4.5 | −13.2% | 4.6 | 4.1 | −10.4% | 4.2 | 3.8 | −8.4% |
| | 食器野菜洗剤 | B | 0.3 | 0.5 | 82.8% | 0.5 | 0.7 | 43.5% | 0.8 | 0.8 | 4.2% | 0.7 | 0.8 | 14.8% |
| | 洗濯用洗剤 | C | 1.6 | 1.1 | −31.4% | 1.4 | 1.0 | −23.4% | 1.2 | 1.1 | −10.6% | 1.1 | 0.9 | −13.8% |
| | 洗濯用洗剤 | D | 2.4 | 2.6 | 7.8% | 2.2 | 2.5 | 11.7% | 2.1 | 2.5 | 16.0% | 2.1 | 2.4 | 16.1% |
| | 洗濯用洗剤 | E | 0.1 | 0.1 | 0.4% | 0.1 | — | — | 0.1 | — | — | 0.1 | 0.1 | 7.4% |
| | 洗濯用洗剤 | F | 3.4 | 3.9 | 13.8% | 3.5 | 3.7 | 6.7% | 3.4 | 3.4 | 2.1% | 3.3 | 3.5 | 6.1% |
| | 柔軟剤 | G | 0.2 | 0.2 | 20.3% | 0.2 | 0.2 | 4.5% | 0.2 | 0.2 | −0.5% | 0.2 | 0.2 | −7.1% |
| 拡張品 | 食器野菜洗剤 | H | 0.9 | 0.6 | −30.7% | 0.8 | 0.6 | −23.8% | 0.8 | 0.6 | −16.1% | 0.7 | 0.5 | −23.7% |
| | 食器野菜洗剤 | I | 2.9 | 2.3 | −23.1% | 2.9 | 2.5 | −14.8% | 2.9 | 2.7 | −6.2% | 2.8 | 2.7 | −3.5% |
| | 食器野菜洗剤 | J | 1.2 | 1.4 | 18.8% | 1.3 | 1.6 | 23.7% | 1.3 | 1.8 | 36.1% | 1.3 | 1.7 | 29.1% |
| リニューアル | 洗濯用洗剤 | K | 5.2 | 5.1 | −1.6% | 6.1 | 6.4 | 4.9% | 6.9 | 6.5 | −5.0% | 7.2 | 6.8 | −5.7% |

※誤差率＝（予測値−実測値）／実測値×100

表6－6　実務対応型トライアル・リピートモデル検証

| 区分 | 3ヶ月平均<br>金額シェア | | 6ヶ月平均<br>金額シェア | | 9ヶ月平均<br>金額シェア | | 12ヶ月平均<br>金額シェア | |
|---|---|---|---|---|---|---|---|---|
| | 相関係数 | 決定係数 | 相関係数 | 決定係数 | 相関係数 | 決定係数 | 相関係数 | 決定係数 |
| モデル | 0.96 | 0.92 | 0.97 | 0.94 | 0.98 | 0.95 | 0.98 | 0.96 |

が入手困難であったり，説明変数がユーザーではコントロールできない変数であったり，ベテランのブランド・マネジャーでなければ入力することができない変数が存在し，その結果が大きく予測を左右するような属人的要素が入っておりユーザーが限られるなど，様々な事由から実務家には活用され難いツールとなっていた[54]。しかし論理的には精緻であり且つ，精度の高いモデルであり研究者にとっては有用なモデルであった。しかし今回開発したモデルは，以上の与件を回避したモデルが開発できたものと考えている。それを整理してみると下記のようになる。

（1）これまでの予測モデルをトライアル率，リピート率をそれぞれ予測し，最終的なシェアを回帰モデルにて予測するように加工することで実務家が活用しやすいシンプルなツールでの情報サービスが提供できるようになった。

（2）入力変数・説明変数を実務家がコントロールできる変数（商品力変数群，マーケティング計画変数群）に絞っても予測精度の高い（各時点での金額シェア予測値の決定係数が0.9を超える）モデルが構築できた。

（3）多くのモデルが発売後1年や安定期に入った時点での予測を前提としているが，より細かな時点で予測できるようになった（発売後3ヶ月，6ヶ月，9ヶ月，12ヶ月後時点のシェア予測が可能）。そのことにより意思決定時点にタイムリーに情報サービスができるシステム構築を可能にした。

（4）これまで商品開発時調査に行う商品力テスト結果（使用前購入意向や使用後購入意向比率）に，過去研究モデルにおいても経験豊かなベテランにしか

ウエイト付けができなかった係数に対し，どの市場にも，また消費者の製品に対する関与度に関係なく一定の係数（Top 1 Box=0.9, Top 2 Box=0.5, Top 3 Box=0.1）で適用できることが見出せた。

（5）これまで研究されてきたモデルは消費財か耐久消費財かの違いでモデルが構築されたが，同じ消費財でも消費者の商品に対する関与度の高いパーソナルケア用品と家庭・家族用のハウスホールド商品分野では別タイプとして分けた方が，より精度の高いモデル構築ができることが明らかになった。

（6）また，トライアル率には新ブランドによる新製品か既存品のライン拡張品であるか，あるいは既存品の改良品（リニューアル）なのかといったように新製品の革新度合いにより違いがあることがわかった（モデル構造上もタイプ定数として変数を設定）。従って，新ブランド品や既存ライン拡張品を早く普及するためには，早期にトライアル購買を阻害する知覚リスク（消費者が感じる知覚リスクとは，人々の主観に基づく危険性評価のことで客観的な確率値で示される危険性ではない）を除去する必要があると考えられる[55]。従って，トライアル率を高める施策としてサンプリング，共感性の高い広告や店頭POPなど様々なプロモーションが重要となることが示唆できるものと考える。

## 6. 8. 今後の課題

今回適用できる市場として完成した3市場はタバコやコーヒーや化粧品等の様な嗜好品とは違い一般日用品の中でも特に消費者の関与度が低いため，より消費者関与度が強いと思われる医薬品や化粧品分野への，このモデルの適用拡大は今後サンプル数を拡大しながら検証が必要と思われる[56]。また，対象とする新製品の新規レベルであるが，このモデルは既存市場を前提にした調査データを下にトライアル率モデルを構成しているために，企業にとっても消費者にとっても革新的な新製品への適用については一考の余地があると思われる。一方，モデル構築に使用した説明変数データの絶対値に大きな違いがあるため，

各被説明変数の影響力を比較する場合は，その平準化を行う必要があるのではないかと思われる。また，価格要因が大きな消費財であるが，価格を変動させた場合の感度分析までサービスできていないので，この点は今後の大きな課題と考えている。

# 7．購買行動分析アプローチによる営業プロモーション策への提案

## 7．1．はじめに

　世界同時不況により，生活防衛と言う言葉の下に低価格化が進み，ニーズの多様化という言葉の下に，日々大量の新製品が市場に投入されている。その生活者の節約意識に応じるべく，店頭の価格競争が進んできている。しかし，人々が価格に敏感に反応するようになっているとはいえ，買い物に安さだけではない，新しい価値が求められてきている兆しがあるように思われる[57]。

　確かにメディアでは生活防衛に応える低価格品が取り上げられてきているが，価格が安いだけでは昔からあったPB（Private Brand）も第3のビールも現在のようには支持されない。つまり消費者は価値÷価格で導き出される商品の価格と価値のバランスを，よりシビアに見るようになってきているのである。そこにはユーザでも消費者でもない，ショッパー（購買者）の気持ちがあり，特有の潜在意識があると思われる。

　このような価格の消耗戦から一歩抜け出るためにも，ショッパーのインサイトに基づいた新しいマーケティング提案が店頭にも，そしてメーカーの商品開発担当者にも必要とされてきている[58]。しかし，ここで提案すべき新しい企画の切り口が，提案側の独り善がりでは売り手側論理の「売場」となり，決してショッパーには評価されない。これまで以上に確実性が高く，新しい市場を作り出す企画を生み出すためにも正確に且つ詳細に「ショッパー」を掴み，買い物意欲を喚起する「買場」にすることが必要である。

　特にショッパーとコンシューマは，これまでも使用されてきた言語でありな

がらも混同されがちであり，コンシューマに向けた企画であれば店頭でも評価されるだろうという考え方もあった[59]。しかし，事前に購入するカテゴリーやブランドまでを詳細に決めて購入する確率が非常に低い日用品等のファミリーユースを中心とした消費財については，購入者と使用者が異なることが多いとされる歯磨・歯ブラシ・シャンプーにおいてさえも広告が進化しても店頭の購入決定率が変わらない。ということはコンシューマとショッパーは，もちろん重なる部分はあるにせよ同一ではないと言うことである[60]。

　更に，店頭競争を難しくしているのは，TV宣伝のような大規模且つ画一的な展開が出来るマス・プロモーションとは違い流通との調整，エリアや店舗の個別性など，店頭企画提案にはマスとは違う提案力と実現力が求められている。

　したがって本研究調査では，ショッパーが潜在意識の中で決めている購買行動欲求や店舗選択理由を明らかにし，その買い物行動からクラスター分類する。そして，その商品カテゴリーによって，どのような店舗に行きたくなるのかを分析した上で，そのショッパータイプ別に最適な販売促進システムでの施策や営業活動支援システムへの有効活用を目指して論じていきたい。コンシューマとは違う面からショッパーに新たな買い物への希望や欲求を刺激する提案ができれば，新しい購買者機軸でのプロモーションミックス・サブシステムが構築できるのではないかと考えている。

## 7. 2. 購買行動アンケート調査概要

### （1）調査目的

　日用雑貨品を購入する購買者の特色は2008年の筆者らのグループインタビューなどの独自調査結果から，①価格に対する関心度，②購買に対する態度（楽しい ⟷ 義務感），③購入ブランドに対する執着性・ロイヤルティで6つのクラスターに分類できるのではないかという仮説を構築した[61]。従って，その6種類のショッパータイプの理解・分類（出現率の把握）及び購買行動（店内行動特性，店舗選びの重視点，価値観など）を理解し，今後の店舗におけるショッパー

タイプに合わせた購買意欲を喚起できる店頭サービスや定番POP及びメーカーセールスによるブランド・プロモーション施策の検討に役立てることを目的とする。

## （2）調査方法と対象者

・インターネットにより2010年4月にアンケート調査を実施した。

・東京・大阪・名古屋在住女性，各カテゴリー購入経験者：各約700人（計N=2,938）。

・調査カテゴリー：衣料用洗剤，食器用洗剤，歯磨き粉，歯ブラシ。

・対象カテゴリー商品を自宅使用のために，自分で選んで購入していること。

・対象カテゴリー商品を2ヶ月に1回以上購入していること（年間平均購入個数が最大でも10個を超えない市場である為，購入態度や意識を測定する為には購入頻度が一定回数以上を確保した）。

## （3）調査内容

　ショッパータイプの理解・分類（出現率の把握）及び購買行動理解から次のような質問項目とする。①購入店舗業態，②日用品を購入する場合の店舗選択の重視点，③お店の中で当該商品を買う場所，④商品を買うときに注意を払う順番，⑤よく買う銘柄，⑥売り場で記憶に残っている要素。クラスター分類に当たっては下記図6－28のような質問構造（①価格に対する態度・姿勢，②ブランド・ロイヤルティ度，③当該商品の購入重視点）で把握し6クラスター分類を想定した。

## 7．3．調査結果と考察

### （1）ショッパー構成比

　商品カテゴリー毎のショッパー構成比率は，下記図6－29のような割合になった。各ショッパーの全体でのボリューム構成比としては「価格こだわり派」が12％，「保守派」16％，「倹約大好き派」10％，「マイベスト派」21％，「効

3つの質問でショッパータイプを判別する

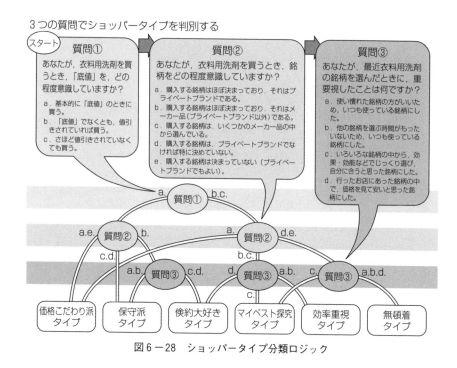

図6−28　ショッパータイプ分類ロジック

率重視派」28％，「無頓着派」12％となっており，各商品別にはそれぞれ少し
ずつ構成比が変わっている。いずれの商品でも一番多いショッパータイプは
「効率派」で各購買者層の約4分の1以上を占めた。

　このことはひとえに短時間で買い物を済ませたいと考える日用品の特徴だと
考えられる。第二位は衣料用洗剤の「保守派」タイプを除き「マイベスト派」
タイプとなっている。一方，日用品であるため価格が重視されるのは当然であ
るが価格だけが優先される「価格こだわり派」は「無頓着派」とほぼ同数の約
12％を占めていることが明らかになった。従って，価格以外で「買い物欲」
を刺激するチャンスがあることが示唆された。

　商品別の特徴として全体との差のt検定（有意水準5％）を行った結果，衣料
用洗剤では，保守派・倹約派が全体より多くお洗濯に使い慣れている洗剤を出
来るだけ安く購入するクラスターが多く存在し，マイベスト探索・無頓着派が

少なくなっていることから，パーソナルケア分野よりは嗜好性は低いが毎日の洗濯行動であるが故に一定の拘りがある様が推察できる。食器用洗剤では無頓着派のみが全体より多数派として検出されたが，この分野は使用場面における洗浄効果は「スポンジ＋手による擦るチカラ＋洗剤品質」であることから，どのブランドも一定以上の品質を担保していると認知されていることが起因しているものと思われる。

　歯ブラシでは歯のケアを考えるマイベスト探索派と歯が丈夫で道具に無頓着派の両方が多数派として検出され二極化が見出された。その一方で保守派と倹約派が全体より少数派であることが分かった。このことは使用者（消費者）とショッパー（購買者）が異なる現象がこの結果にはっきりと出ていると思われる。つまり，家族間の機嫌を損なわないように気配りをして物を購入する「保守派」が少なく，安い物を購入して楽しむ「倹約大好き」も少ないのは虫歯ケア意識の高さという商品特性が購買行動に表出しているものと思われる。

　歯磨については効率重視派が一番多いクラスターであり，価格こだわり派が最少の８％を占めている。従ってこの商品群は銘柄指名率が高く店頭で想起されるだけのブランド力があることが大切であり，店舗管理者の立場であれば機

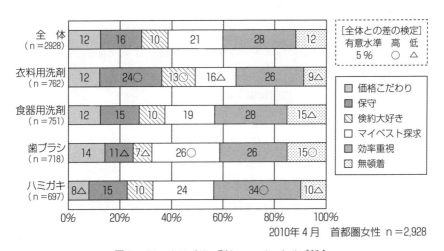

2010年4月　首都圏女性　n＝2,928

図6－29　カテゴリー別ショッパータイプ割合

能訴求や商品特徴が銘柄とすぐに判別できるような店頭作りが顧客満足を高める施策に繋がるものと捉えられる。

## （2）ショッパー毎の特徴と購買行動特性

　6つのクラスタータイプ特性を（a）購買に関する姿勢・態度特性，（b）商品選びのポイント，（c）各商品カテゴリーでの出現率（構成比率），（d）店舗における商品を買う場所，（e）店に欲しい銘柄の商品が無かったときの行動などで比較した。その事例としてタイプ1「価格こだわり派」の特性を下記に示すこととする。

① ショッパータイプ1「価格こだわり派」の特性

（a）購買に関する姿勢・態度特性について

・店内やチラシ広告での「お一人様2つまで」とか「今だけお買い得」といった価格における底値表示を想起させる限定感・希少価値フレーズに非常に弱く，買う予定ではないものまで購入するタイプなので纏め買いする傾向があり家庭内在庫は多い。

・日用品の買物意識は自分への拘りが無く，質より量的充足感が強い為義務的。

（b）商品選びのポイント

・とにもかくにも安い物を選択基準の最優先に位置づけている。

・プライベート・ブランドに抵抗は無くブランドというより安さが一番。

（c）各商品カテゴリーでの出現率（構成比率）

・商品カテゴリー間におけるタイプ別出現率では大きな格差は見られない。

・歯磨剤での出現率8％と他のカテゴリー（12％以上存在）より少ない。

（d）店舗における商品を買う場所

・定番での購入率が56％で山積場での商品選択が41％と4割を超えて特売場で購入意思決定をしている（全体が定番で購入する率が67％で山積特売場が32％である）。

（e）店に欲しい銘柄の商品が無かったときの行動

・「同じ銘柄を同一店舗で別の機会に購入した」とする比率が42％と底値で
　購入したことへの拘りが見られる（他のクラスターは「他の銘柄を買った」とする
　比率が一番多かった）。

## （3）ショッパーの購買意識に関するポジショニング

　各ショッパーを価格感度と買い物に対する積極性の2軸でマッピングしてみ
た。価格感度軸Y軸に沿って上下「価格こだわり派」〜「無頓着派」が配置さ
れ，一方X軸では，購買を積極的に楽しむ姿勢を持っているか義務感により，
仕方なく行動しているかといった，購買行動に対する積極性をX軸に沿って左
右に「買い物義務派」〜「こだわり派」として配置できた。

## （4）ショッパーの店舗選択基準のポイント

　商品カテゴリー毎に各ショッパータイプが何を優先して店舗を選択するかと
いった店舗選択理由を，衣料用洗剤を事例に掲載した。例えば，衣料用洗剤全
体では効率重視派が26％で最も多く，次に保守派が24％と続いている。これ
に対し差のt検定結果（有意水準5％）からドラッグストア郊外型でマイベスト
探求派が9％と他の業態より特に少なくなっている。優位差はないものの効率
重視派，保守派が最大の28％を示していることから，いつも決まった銘柄購
入が行われていることが想定され，銘柄が判別しやすい店頭作りが必要となっ
ている。

　一方，ホームセンターでは価格こだわり派が4％と少なく，反対に保守派が
33％と，どの業態よりも一番大きなクラスターが購入層となっている。この
ことはこの業態が常に底値で販売をしていることを前提として購入されている
為であり，失敗のない購入実態が垣間見ることができる。コンビニエンススト
ア（CVS）では価格こだわり派が24％，マイベスト探求派21％，無頓着派
20％と価格の乱れていない自分の都合にあった商品選びを求めた購買行動が
このCVS業態での特徴となっている。保守派が少ないのは困った人が必要な

280

ときに購入すると言う店舗の業態コンセプト通りの顧客層が利用されていることを表すように，家族への配慮の必要のない購入態度が推察できる。

　同様の分析を食器用洗剤でも行ってみると，全体では効率重視派が28％で最も多く，次にマイベスト派19％と続いている。多くの業態が同じ傾向を示しているのに対し，差のt検定結果からドラッグストア（DRUG）の郊外店では保守派が最大クラスターの25％で，効率派が19％と特徴ある傾向を示した。これは，DRUGストア郊外店では商品選びを失敗したくないという消費者心理が働いた商品選びがこのDRUG郊外店の特徴となっている。

　歯ブラシにおける各クラスターの店舗選択基準重視点を図6－30に示したが，差のt検定（有意水準5％）結果からもその選択重視点の日用品の品揃えが豊富であること，欲しい商品が探しやすい，値段が見やすい・分かりやすい等の項目が他のクラスターよりも上位にあがってきておりマイベスト派が特に商品の品揃えに拘りを持って店舗選択をしている様子が顕著に表出した結果とな

【全体との差の検定】
有意水準　高　低
　5％　　○　△

| | 価格こだわり派 14% | 保守派 11% | 倹約大好き派 7% | マイベスト探求派 26% | 効率重視派 26% | 無頓着派 15% |
|---|---|---|---|---|---|---|
| 1位 | ポイントカードや特典が充実(75%) | 他の店より安く買える(83%)○ | 他の店より安く買える(74%) | 日用品の品揃えが充実(75%)○ | 他の店より安く買える(73%) | 家から近い(71%) |
| 2位 | 他の店より安く買える(74%) | ポイントカードや特典が充実(72%) | ポイントカードや特典が充実(72%) | 他の店より安く買える(74%) | 家から近い(71%) | 日用品の品揃えが充実(69%) |
| 3位 | 家から近い(67%) | 欲しい商品が特売している(70%) | 日用品の品揃えが充実(70%) | 家から近い(70%) | ポイントカードや特典が充実(67%) | ポイントカードや特典が充実(68%) |
| 4位 | 日用品の品揃えが充実(66%) | 家から近い(70%) | 欲しい商品が特売している(66%) | ポイントカードや特典が充実(70%) | 日用品の品揃えが充実(63%) | 他の店より安く買える(65%)△ |
| 5位 | 欲しい商品が探しやすい(65%) | 日用品の品揃えが充実(63%) | 家から近い(60%) | 欲しい商品が探しやすい(69%)○ | 欲しい商品が特売している(59%) | 欲しい商品が特売している(57%) |
| 6位 | 欲しい商品が特売している(58%) | 欲しい商品が探しやすい(59%) | 棚にある商品の価格が安い(59%) | 価格が見やすい，わかりやすい(61%)○ | 欲しい商品が探しやすい(59%) | 欲しい商品が探しやすい(56%) |

2010年4月　首都圏女性 n＝2,928

図6－30　歯ブラシ購入店舗選択理由重視点一覧表

っている。

　歯磨きは全体では効率重視派が34％で最も多く，次にマイベスト派24％と続いている。どの業態も同じ傾向を示しているのに対し，やはりCVS業態店ではマイベスト派が最大クラスターの27％で，無頓着派が21％と特徴ある傾向を示した。これは，CVSでは困ったときのいつもの歯磨きを商品選びの選択視点という消費者心理が働いたものとなっているものと推察できる。同様にハブラシでも最も多いクラスターはマイベスト派であり自分に合った商品選びが大切な店舗選択基準になっている。しかし，CVS業態のみ2番目に価格こだわり派の25％が入っているのは，急な旅行や来客時など，取り敢えず購入しなければならない緊急時の購買様子が伺える。

## 7. 4.　考察のまとめ

　想定していた6つのクラスター間において各商品カテゴリーの買い物場面での買い物に対するインサイト，欲求に違いがあることが抽出できた。したがって，この簡潔な質問だけでショッパー診断システムモデル（3つの質問に答えるだけでクラスター分類出来る）ができるサブシステムが開発できたのではないかと考えている。

　具体的には，店舗マネジャーにとっては，どのような顧客が，何を期待して購入し店舗選びをするのかが明らかになった。したがって，店内での陳列方法や店頭での販売促進に注力する商品はどんなカテゴリーなのか，商品別顧客特性別に店頭展開施策を工夫し，固定客作り施策の参考情報となるであろう。各ブランド・マネジャーにとっては，今までは消費者視点しかなかったが，もう一歩顧客に近づいたショッパーという視点から，店頭におけるプロモーション進策のコンセプト機軸が加えられたものと思われる。

　また，ショッパー別の店舗選択基準の調査結果から分かるように，商品によりどのタイプの顧客が何を購入場面において優先的に考えているかを明らかにできた。営業活動支援システム関連では，顧客への期待に応えるべく，ブランド育成において何を重点的に販売促進などで強調しなくてはならないか，ある

いは購買者の特性により購買意欲を喚起する施策に変化の必要性も発見できた。

　さらには，上記以外にも各店舗・売り場で印象・記憶に残った要素分析を総合して取り込めば，より具体的な店頭プロモーションシステムの要素改善施策提案が出来，ブランドを記憶・想起して顧客が再来店するための店舗特性強化や購入意欲を喚起させる「買場」作りへの足掛りになるものと思われる。

　この様に，このサブシステムを用いて各店舗の顧客分類が出来れば，営業活動支援システムの中で，その店舗に合わせたブランドのプロモーション施策が展開でき，店舗への固定ファン増加に貢献できるものと考えられる。


## 7. 5. 残された課題

（1）流通業と協働になって顧客サービス向上の観点から業態別の顧客構成比に合わせた店作りをした場合の効果検証をしていきたい。

（2）今回は日用品を購入する場合の購買者特性を明らかにしたが，より個人嗜好性の高い化粧品や薬品などにおける購買行動とは一線を画すと考えられるため，商品範囲を広げて比較検討が必要と思われる。

（3）メーカーのコントロールできない店頭プロモーション毎の影響を加味して検証を検討しなければならないのではないかと考えている。


【注】
1）石井（2009）。
2）情報通信審議会ICT基本戦略ボード（2000）。
3）情報通信審議会ICT基本戦略ボード（2000）。
4）朝野編著（2014a）。
5）朝野編著（2014a）。
6）朝野編著（2014b）。
7）日本能率協会総合研究所（2007）。
8）今井，原，山岡（2011b）。
9）清水（2010）。
10）情報通信審議会ICT基本戦略ボード（2000）。

11）Kotler (2002), p.223.

12）今井，原，山岡（2011a）。

13）今井，原，山岡（2011b）。

14）今井，原，山岡（2011b）。

15）今井，原，山岡（2011b）。

16）山岡（2008）。

17）今井，原，山岡（2011a）。

18）Vandermerwe (1987), pp.256-264.

19）Cooper (1986), pp.17-25.

20）Rothberg (1981).

21）Cooper & Keinschmidt (1987), pp.169-184.

22）コトラー＆ケラー（2008）。

23）Urban & Hauser (1993).

24）Crawford (1984), pp.85-91.

25）今井，原，山岡（2011b）。

26）今井，原，山岡（2011b）。

27）今井，原，山岡（2011a）。

28）磯野（2011），43-58ページ。

29）濱，鈴木，濱（2001）。

30）濱，鈴木，濱（2001）。

31）Russell (1980), pp.1161-1178.

32）教育機器編集委員会編（1972）。

33）石井（2004）。

34）嶋口（1994）。

35）日本能率協会総合研究所（2007）。

36）Roselius (1971), pp.55-61.

37）中村（2003）。

38）Bass (1969).

39）朝野，山中（2000）。

40）片平（1991）。

41）Imai & Yamaoka (2010a).

42）片平（1991）。

43）Eskin (1973), pp.115-129,

284 |

44) Nakanishi (1973), pp.242-249.

45) Hahn, Park, Krishnamurthi & Zoltners (1994), pp.224-247.

46) 古川，守口，阿部 (2006)。

47) Blattberg & Tracker (1978), pp.192-202.

48) 陸 (2001)。

49) Imai & Yamaoka (2010b), pp.417-424.

50) Parfitt & Collins (1968), pp.131-146.

51) Foxall & Goldsmith (1994), pp.9-42,

52) Gatignon & Thomas (1991), pp.316-348.

53) 中村 (2003)。

54) 今井，山岡 (2011)，63-71ページ。

55) Nakanishi (1973), pp.242-249.

56) 今井，山岡 (2011)，63-71ページ。

57) コトラー＆ケラー (2008)。

58) 田中 (2008)。

59) Engel & Blackwell (1982).

60) 今井，山岡 (2010)，20-23ページ。

61) 今井，山岡 (2010)，20-23ページ。


【参考文献】

(6. 2)

朝野熙彦編著『ビックデータの使い方・活かし方』東京図書，2014年 (a)。

朝野熙彦編著『マーケティング・サイエンスのトップランナーたち』東京図書，2014年 (b)。

石井淳蔵『ビジネスインサイト』岩波新書，2009年。

今井秀之，原憲子，山岡俊樹「シーズ先行型商品開発における高感度モニター活用によるマーケティング・プロモーション開発事例」日本感性工学会関西支部大会，2011年 (b)。

清水聡「循環型マーケティング」について，『AD STUDIES』掲載資料，慶応義塾大学，2010年。

情報通信審議会ICT基本戦略ボード「ビックデータの活用に関するアドホックグループ」資料，2000年。

日本能率協会総合研究所『最新マーケティングリサーチ・テクノロジー全集』日本能率協会総合研究所，2007年。

(6. 3)

今井秀之，原憲子，山岡俊樹「生活者インサイト研究活用による商品開発事例」日本感性工学会関西支部大会，2011年 (a) (2011. 5. 20-5. 21)。

今井秀之，原憲子，山岡俊樹「シーズ先行型商品開発における高感度モニター活用によるマーケティング・プロモーション開発事例」日本感性工学会関西支部大会，2011年 (b) (2011. 5. 20-5. 21)。

山岡俊樹『ヒット商品を生む観察工学』共立出版，2008年。

Kotler, Philip, *Marketing Management Eleventh Edition*, Pearson Education International, 2002, p.223. (村田昭治監修，小坂恕，疋田聡，三村優美子訳『マーケティング・マネジメント』プレジデント社，1996年)

(6. 4)

磯野誠「創造的視覚化を活用する新製品コンセプト開発」『季刊マーケティング・ジャーナル』Vol.120，2011年，43-58ページ。

今井秀之，原憲子，山岡俊樹「生活者インサイト研究活用による商品開発事例」日本感性工学会関西支部大会，2011年 (a) (2011.5.20-5.21)。

今井秀之，原憲子，山岡俊樹「シーズ先行型商品開発における高感度モニター活用によるマーケティング・プロモーション開発事例」日本感性工学会関西支部大会，2011年 (b)。

遠藤功『見える化』東洋経済，2005年。

神田範明編『商品企画七つ道具 よくわかる編』日科技連，2000年，24-64ページ。

フィリップ・コトラー，ケビン・レーン・ケラー（著），恩蔵直人監修，月谷真紀訳『コトラー＆ケラーのマーケティング・マネジメント』ピアソン・エデュケーション，2008年。

山岡俊樹『ヒット商品を生む観察工学』共立出版，2008年。

Amable, Teresa M., *Creativity in Context, Boulder, Colorado & Oxford,* Westview Press, 1996.

Bhattacharaya, Shantanu, Krishnan, V. & Mahayan, Vijay, "Managing New product Definition in Highly Dynamic Enviroments", *Management Science*, Vol.44, No.11, 1998.

Cagan, Jhonathan & Vogel, Craig M., *Creating Breakthrough Products*, Prentice Hall PTR., 2002.

Cooper, R. G., "New Product Performance and Product Innovation Strategies", *Research Management*, 1986, pp.17-25.

Cooper, R. G. & Keinschmidt E. J., "New Products, What Separates Winners from Losers?", *Journal of Product Innovation Management*, (4), 1987, pp.169-184.

Crawford C. Merle, "Protocol New Tool for Product Innovation", *Journal of Product*

*Innovation Management*, (2), 1984, pp.85-91.

Csikszentmihalyi, Mihaly, *Creativity-Flow and The Psychology of Discovery and Innovation*, Harper-Collins Publishers, 1996.

Kelley, Tom, *The Art of Innovation*, Doubleday, 2001.

McWilliam Gil & Dumas, Angela, "Using Metaphors in New Brand Design", *Journal of Marketing Management*, 13, 1997, pp.265-284.

Rothberg, R. R., *Product Innovation in Perspective, In Corporate Strategy and Product Innovation*, ed Rothberg, Free Press, 1981.

Urban, Glen L. & John R. Hauser, *Design and Marketing of New Product*, Prentice-Hall Inc., 1993.

Vandermerwe, Sandra, "Diffusing New Ideas In-House", *Journal of Product Innovation Management*, 4, 1987, pp.256-264.

(6. 5)

濱治世，鈴木直人，濱保久『感情心理学への招待』サイエンス社，2001年。

教育機器編集委員会編『産業教育システム便覧』日科技連出版社，1972年。

James A. Russell, "A Circumplex Model of Affect", *Journal of Personality and Social Psychology*, Vol.39, No.6, 1980, pp.1161-1178.

(6. 6)

朝野熙彦，山中正彦『新製品開発』朝倉書店，2000年。

石井淳蔵『マーケティングの神話』岩波現代文庫，2004年。

今井秀之，山岡俊樹「実務型新製品予測モデルの開発」，第12回日本感性工学学会『日本感性工学会論文誌』Vol.10. No.2，2011年，63-71ページ。

日本能率協会総合研究所『最新マーケティングリサーチ・テクノロジ全集』日本能率協会総合研究所，2007年。

片平秀貴『マーケティング・サイエンス』「第7章　新製品予測」東京大学出版会，1991年。

嶋口光輝『顧客満足型マーケティングの構図』有斐閣，1994年。

古川一郎，守口剛，阿部誠『マーケティング・サイエンス入門』有斐閣アルマ，2006年。

中村博『オペレーションズ・リサーチ』Vol.4，2003年。

陸正『マーケティング・サイエンス』Vol.9，2001年。

Bass, F. M., "A New Product Growth Model for Consumer Durables", *Management Science*, a5 (Jan), 1969.

Blattberg, C. R. and J. Golanty, Tracker, "An Early Test Market Forecasting and Diagnostic Model for New Product Planning", *Journal of Marketing Research*, Vol.15 (May), 1978, pp.192-202.

Eskin, G. J., "Dynamic Forecasts of New Product Demand Using A Depth Repeat Model", *Journal of Marketing Research*, Vol.10 (May), 1973, pp.115-129.

Foxall, G. R. and R. E. Goldsmith, *Consumer Psychology for Marketing*, Routledge, 1994, pp.9-42.

Gatignon, H. and S.R. Thomas, "Innovative Decision Process", in Roberstson, T. S. and H. H. Kasarjan Eds., *Handbook of Consumer Behavior*, Englewood Cliff, Prentice Hall, 1991, pp.316-348.

Imai Hideyuki, Toshiki Yamaoka, "Convenient-fully of Forecasting for New Product", International Conference for the 40th anniversary of Human Ergology Society and 45th annual conference of HES., 2010 (a).

Imai Hideyuki, Toshiki Yamaoka, "Forecasting Model for New Product at Service Design", SIDC2010, 2nd International Service Innovation Design Conference, 2010 (b), pp.417-424.

Hahn, M., S. Park, L. Krishnamurthi and A. Zoltners, "Analysis of New Product Diffusion Using a Four-Segment Trial-Repeat Model", *Marketing Science*, Vol.13, No.3, Summer, 1994, pp.224-247.

Nakanishi, M., "Advertising and Promotion Effects on Consumer Response to New Product", *Journal of Marketing Research*, Vol.10 (Aug), 1973, pp.242-249.

Parfitt, J. H. and J. K. Collins, "Use of Consumer Panels For Brand Share Prediction", *Journal of Marketing Research*, V (May), 1968, pp.131-146.

Roselius, T., "Custmer Ranking of Risking of Risk Reduction methods", *Journal of Marketing*, Vol.35 (Jan), 1971, pp.55-61.

(6. 7)

今井秀之，山岡俊樹「ショッパーインサイト研究による店サービスへの一考察」人類働態学会東日本大会，No.92，2010年，20-23ページ。

田中洋『消費者行動論体系』中央経済社，2008年。

フィリップ・コトラー，ケビン・レーン・ケラー（著），恩蔵直人監修，月谷真紀訳『コトラー＆ケラーのマーケティング・マネジメント』ピアソン・エデュケーション，2008年。

Engel, J. F. & Roger D. Blackwell, *Consumer behavior, 4th edition*, Chicago The Dryden Press, chap.2, 1982.

# あとがき

## 1. 本書の問題意識

　従来のマーケティングでも，その出発点は顧客主義であり，ユーザー満足，欲求であった。しかし，そのマネジメントシステムにおける目的や目標は，売上金額，利益，シェアなどマーケティング目標までもが販売目標に大きく重点が置かれてシステム構築されている。

　物が売れない時代こそ，本来のマーケティング発想，顧客第一主義を忠実に反映した，ブランド中心のマネジメントシステムを構築する必要がある。なぜならば，購買決定の最終的な手掛かりとして想起・再生されるものは最終的にはブランドであり，そのブランドの価値を蓄積し，記憶に残すことができるのは唯一，消費者本人だからである。したがって，マーケティングマネジメントもブランド価値を中心としてマネジメントができるシステムへと再構築しなければならないというのが本研究の着眼点であった。

　これまでマーケティングマネジメントの中で４Ｐ戦略を構築する場合，ブランドは単なるプロダクト（Product）の一部として，あるいは宣伝や販売促進といったプロモーション（Promotion）の際の媒介として取り扱われることが多かった。しかし，これからのブランドを起点にした製品開発では，製品コンセプト構築をする際に，そのブランドが持つ世界観や提供できるイメージについても同時に設計・デザインしておかなければならない。したがって，製品コンセプトもこれまでとは異なるコンセプト構造でデザインすることが必要になるのである。

　マーケティング学者であるフィリップ・コトラーも，近年の世界政情不安や

市場の成長路線が停滞あるいは減速・下降してきている現代社会において，企業が安定的，継続的に生き残っていくためには，消費者が購買選択する際に究極的に手掛かりとする「ブランド」というものをマネジメントしていくことが，最終的には企業の生き残る手段であると強調している[1]。

　一方，企業の中では，一つの商品ブランドが消費者に届くまでに，営業・宣伝・商品企画・デザイン・研究技術開発など様々な部署が介在している。その中における一人の仕事を取り上げてみても，複数の商品ブランドを手掛けており，当初は共有化されていた商品ブランドの意味やシナリオが分散，希薄化し，目の前の雑事に追われて置き去りにされてしまうことは日常，散見されがちである[2]。したがって，ブランドを構築およびマネジメントしていく際には，マーケティング，消費者行動論等のマーケティング視点からのアプローチだけではなく，人間工学，感性工学やシステム工学など多数の構成要素が有機的な秩序を保ち同一目的に向かって行動する，システム的視点を加味した学際的，多角的視点からデータ・マーケティング的アプローチが必要であると考え，本書に着手した。

## 2. 本書の全体概要とまとめ

### 2. 1. 本書の全体概要

　本書では，経営戦略，マーケティングの変化として，まず第1章において消費者行動論とマーケティングの変化について論じ整理した。ここでは，これまでのマスマーケティングの限界と商品への消費者の期待価値が機能価値ばかりではなく，商品を使用した際の経験価値や情緒的価値への重要性が増していることに言及した。今後はブランドを中心としたデータ・マーケティングの必要性から生活者行動篇や意識変化を生活者行動体系として構造的に捉え，ブランドに関する態度，ブランドリレーションシップおよびブランドロイヤルティを第3章で論じた。さらに，ブランドロイヤルティの理解を深めるために顧客満足についても論じている。

　これまでのマーケティングマネジメント上での課題を受け，ブランド価値測定の指標を新たに開発・検証し，実践的にも活用可能なものとして構築した。さらに，経営マネジメントとして具体的な課題解決のためにシステム工学的アプローチの活用性について言及し，第5章でブランドマネジメントシステムとして構築した。下図が本書全体の概要を図示している。

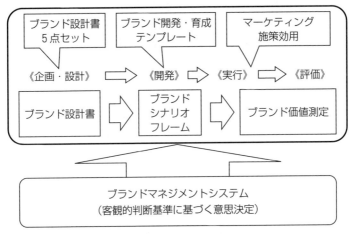

図1　本書の全体構成

## 2. 2.　ブランドマーケティング戦略の今後の方向性

　現在のマーケティング戦略は，モノが豊富にはあるが欲しいモノがないという時代背景が語っているように，脱コモディティ化に向けた施策を必要としている。終わりに，生活者欲求の変化に対応していかなければならないブランドマーケティングの今後の方向性について，筆者の考え方を整理しておきたい。

　本書第4章のブランド価値分析アプローチで紹介したように，ブランドを育成しコモディティ化の渦に巻き込まれない為には，そのブランドがライフサイクル上に置かれている状態によって，大きく2つのアプローチがあると考えられる[3]。1つは新ブランドとして上市し，成長過程にある場合である。この場合は，機能価値と必要度を構成する心理的価値を向上させなければならない。

もう1つは，なじみブランドやコモディティブランドのように成熟期に入り，その他ブランドと識別性がなく輝きを失ったブランドに，再度輝きや鮮度を与えるための施策が求められる。つまり，コモディティ化が進行したブランドや市場浸透しているが成長性が減衰した信頼ブランドなどは，ロイヤルティと個性，必要度スコアを改善していかねばならない。その施策の方向性としては，ロイヤル顧客との会話をすることにより，感性的価値や機能価値向上に向けたブランド価値共創戦略が考えられる[4]。

これらのようにブランドがコモディティ化から脱皮する為に日用品市場ブランドの価値スコアを活用すると，次のようにブランドのより高い識別性（存在価値，機能属性）強化へのアプローチと顧客との絆作りの為の共創による空間的アプローチ化に分類できる。それをブランド価値開発の方向性と顧客アプローチの方向性とで一覧化してみると図2のようにまとめられる。

表頭はブランド価値の強化すべき内容を五感で知覚される実感・機能的品質

《　ブランド価値　》

| | | 情緒的価値<br>（感性的価値・経験価値） | 機能的価値<br>（機能的価値・使用，操作性価値） |
|---|---|---|---|
| 顧客共創アプローチ | 実感価値アプローチ | 《心で感じる効能・効果<br>感性イメージ訴求ブランド》 Ⓐ<br>（心地よい，爽快，達成感etc）<br><br>⇒使用実感・経験価値の探究 | 《実感感，五感で感じる<br>ベネフィット訴求ブランド》 Ⓒ<br>（汚れ落ち，ふんわり，達成感etc）<br><br>⇒技術（知覚品質）イノベーション<br>（基本機能の高度化追求・使用性・<br>操作性の充実アプローチ） |
| | 意味開発・創造的アプローチ | 《社会的価値訴求ブランド》 Ⓑ<br>（こんな人に見られたい欲求）<br>《所有価値，経験価値訴求ブランド》<br>（カレーは母の味，海外旅行の香り）<br><br>⇒マーケティング・イノベーション<br>（ブランド意味，象徴的価値の強化，<br>絆構築アプローチ） | 《高機能訴求ブランド》 Ⓓ<br>（機能価値の再開発，用途拡大）<br>《機能付加，複合機能化ブランド》<br><br>⇒新カテゴリー創出，価値の転換<br>アプローチ<br>（顧客との新接点開発アプローチ） |

図2　脱コモディティ化に向けたブランド戦略モデル

から，商品を使用することで感じられる感性的・情緒的品質（爽快感，高揚感，リラックス，沈静感）など，製品開発技術のイノベーションが必要な側面である。

　一方，表側には顧客とブランドの間に共感や感情的価値を創出する自己実現的価値，そのブランドを所有することでもたらされる社会的価値など，顧客とブランドとの共有価値の創造といったマーケティングイノベーションが必要な側面である。

　Aの象限を志向するブランド価値は，感性に訴求する情緒的価値を目指すブランドである。そのブランドを使用すると心地よさや，爽快感が心に残るプロモーションによるイメージ戦略が大きく影響するブランドである。具体的な施策としては，ブランドが持つ独自個性の強調，他のブランドイメージ資産を活用したシナジー戦略，タレントイメージ戦略やCMによるプロモーション開発などである[5]。

　Bの象限は，今以上に顧客とブランドとの間のリレーショナルシップを深め，絆を作る戦略である。例えば，そのブランドを使用していると，きれい好きの清潔感あふれる女性感を醸し出したり，社会的地位を表しセレブ感を出したりするなど，所有価値や社会的価値を高める施策を打ち，マーケティングイノベーションを起こしブランドの世界観を醸成する必要がある[6]。

　一方，Cの象限は研究技術的イノベーションによって，より基本的機能を開発する。組成変更による剤型の変革，容器の変更や操作性の向上など，実感品質・知覚品質を高める技術イノベーションが必要になる[7]。

　Dの象限は機能的価値を付加して高機能化へ進化させたり，周辺市場の機能を取り込んだ複合機能化へ向かったりと，新規価値の創出による新カテゴリーを作る努力や価値の転換による新規カテゴリーの創出が必要になる。

　このようにブランドのライフサイクル上の位置を意識し，マーケティング施策の強化の方向性や技術開発の方向性，および顧客との関係性を整理しながら生活者変化に適合していけるよう，修正を加えていかなければならないと考えている。

【注】

1）青木（2001）。
2）阿久津（2002）。
3）今井，丸山，山岡（2012），1-10ページ。
4）アーカー＆ヨアヒムスターラー（2000）。
5）ノーマン（2004）。
6）コトラー＆ケラー（2008）。
7）リンストローム（2005）。

【参考文献】

青木幸弘『価値共創時代のブランド戦略』ミネルヴァ書房，2001年。
阿久津聡『ブランド戦略シナリオ』ダイヤモンド社，2002年。
今井秀之，丸山泰，山岡俊樹「ブランド価値測定指標開発とその活用」，第13回日本感性工
　　学学会『日本感性工学会論文誌』Vol.11 No.2（Special Issue），2012年，1-10ページ。
デービッド・A・アーカー，エーリッヒ・ヨアヒムスターラー（著），阿久津聡訳『ブラン
　　ド・リーダーシップ』ダイヤモンド社，2000年。
ドナルド・A・ノーマン，岡本明・安村道晃，伊賀聡一郎，上野昭子訳『エモーショナル・
　　デザイン』新曜社，2004年。
フィリップ・コトラー，ケビン・レーン・ケラー（著），恩蔵直人監修，月谷真紀訳『コト
　　ラー＆ケラーのマーケティング・マネジメント』ピアソン・エデュケーション，2008
　　年。
マーチン・リンストローム（著），ルーディ和子訳『五感刺激のブランド戦略』ダイヤモン
　　ド社，2005年。

# 謝　辞

　本書は和歌山大学大学院システム工学研究科博士後期課程に在学中の研究成果を発展させたものです。また本書内にある研究成果は，ライオン株式会社に在職中に行ったものです。多くの方々からのご支援に励まされながら遂行することができました。研究の遂行や社外発表に対してご理解いただき，ご支援や温かいご声援をいただきましたライオン株式会社の関係各位に，改めて感謝の意を表します。

　本書作成に際し，様々なインフラをご提供いただいた㈱クロス・マーケティングの皆様，そして出版社の㈱創成社西田様には懇切丁寧なご指導，ご鞭撻を賜りました。ここに，深甚なる感謝の意を表します。

　最後に，妻である今井真弓さん，司法試験受験にて勉学の手本になってくれた一人娘の今井優にも，温かく支援・心配りをしてもらいました。心より深く感謝します。

**《著者紹介》**

**今井秀之**（いまい・ひでゆき）

1955年生まれ。
学習院大学経済学部卒業後，1979年ライオン歯磨㈱（現，ライオン㈱）
入社。営業4年，企業派遣にて慶應義塾大学大学院経営管理研究科
（MBA）修得。その後，同社にてシステム部，市場調査部，人事部（13年
間，採用教育，人事企画，処遇業務を歴任），リビングケア商品企画事業
部長（取締役待遇），生活者行動研究所長（執行役員），マーケティング・
シニアフェロー（特命顧問）。2018年8月退職。2013年和歌山大学システ
ム工学研究科にて博士（工学）を修得。2014年作新学院大学経営学研究
科で特任教授として教鞭をとりながら，マーケティング・リサーチ会社で
の研修・業務支援を行っている。専門は，実践的ブランド戦略及び人的資
源管理。現在は，栃木県の農産物ブランディングにも参画。

（検印省略）

2020年4月20日　初版発行　　　　　　　略称―ブランディング

# データ・マーケティング時代の
# ブランディング

著　者　今井秀之
発行者　塚田尚寛

発行所　東京都文京区　**株式会社　創　成　社**
　　　　春日2-13-1

電　話 03（3868）3867　　FAX 03（5802）6802
出版部 03（3868）3857　　FAX 03（5802）6801
http://www.books-sosei.com　振　替 00150-9-191261

定価はカバーに表示してあります。

─────────── 経営・マーケティング ───────────

| | | | |
|---|---|---|---|
| データ・マーケティング時代のブランディング | 今 井 秀 之 | 著 | 3,200円 |
| 流 通 ・ 市 場 ・ 情 報<br>─ シ ス テ ム と 戦 略 ─ | 大 驛 潤 | 著 | 2,300円 |
| 現代マーケティングの基礎知識 | 嶋 東 正 徹 | 編著 | 2,300円 |
| マ ー ケ テ ィ ン グ の 新 視 角<br>─顧客起点の戦略フレームワーク構築に向けて─ | 有 吉 秀 樹 | 著 | 1,800円 |
| 消 費 入 門<br>─消費者の心理と行動，そして，文化・社会・経済─ | 佐 野 美智子 | 著 | 2,500円 |
| グ ロ ー バ ル ・ マ ー ケ テ ィ ン グ | 丸 谷 雄一郎 | 著 | 1,800円 |
| マ ー ケ テ ィ ン グ ・ ブ ッ ク | 小 川 純 生 | 著 | 1,600円 |
| 商 品 化 戦 略 の 基 礎 | 實 多 國 弘 | 著 | 2,800円 |
| 現 代 消 費 者 行 動 論 | 松 江 宏<br>村 松 幸 廣 | 編著 | 2,400円 |
| I T マ ー ケ テ ィ ン グ 戦 略<br>─消費者との関係性構築を目指して─ | 大 﨑 孝 徳 | 著 | 2,000円 |
| 経営情報システムとビジネスプロセス管理 | 大 場 允 晶<br>藤 川 裕 晃 | 編著 | 2,500円 |
| e ビ ジ ネ ス の 教 科 書 | 幡 鎌 博 | 著 | 2,200円 |
| 企 業 経 営 の 情 報 論<br>─ 知 識 経 営 へ の 展 開 ─ | 白 石 弘 幸 | 著 | 2,400円 |
| 経 営 戦 略 の 探 究<br>─ポジション・資源・能力の統合理論─ | 白 石 弘 幸 | 著 | 2,700円 |
| 環 境 経 営 戦 略 の 潮 流 | 高 垣 行 男 | 著 | 2,600円 |
| 現 代 組 織 の 構 造 と 戦 略<br>─社会的関係アプローチと団体群組織─ | 磯 山 優 | 著 | 2,500円 |

（本体価格）

─────────── 創 成 社 ───────────